CATALOGUE

DE LIVRES

ET D'UNE BELLE

COLLECTION DE CARTES GÉOLOGIQUES

PROVENANT DE LA BIBLIOTHÈQUE

DE FEU M. P.-L.-A. CORDIER

MEMBRE DE L'INSTITUT (ACADÉMIE DES SCIENCES),
ANCIEN MEMBRE DE LA COMMISSION SCIENTIFIQUE DE L'ARMÉE D'ÉGYPTE ;
PROFESSEUR-ADMINISTRATEUR AU MUSÉUM D'HISTOIRE NATURELLE (CHAIRE DE GÉOLOGIE) ;
INSPECTEUR-GÉNÉRAL ET VICE-PRÉSIDENT DU CONSEIL GÉNÉRAL DES MINES ; ANCIEN PAIR DE FRANCE
ET CONSEILLER D'ÉTAT ; GRAND OFFICIER DE LA LÉGION D'HONNEUR ;
ETC., ETC., ETC., ETC.

PRÉCÉDÉ D'UNE NOTICE SUR SA VIE ET SES TRAVAUX

et d'une liste chronologique et raisonnée de ses ouvrages.

La vente aura lieu le lundi 17 mars 1862 et jours suivants, à sept heures du soir
maison Silvestre, 28, rue des Bons-Enfants, salle n° 3, par le ministère de Mᵉ FOURNEL,
commissaire-priseur, rue de l'Échiquier, 40.

PARIS

BENJAMIN DUPRAT

LIBRAIRE DE L'INSTITUT, DE LA BIBLIOTHÈQUE IMPÉRIALE ET DU SÉNAT

Rue Fontanes (Cloître Saint-Benoit), 7

1861

Prix : 3 fr.

CATALOGUE

DE LIVRES

ORDRE DES VACATIONS

1re vacation, Lundi 17 mars. . . . . n°s 1 à 220.
    —   Mardi 18. . . . . 221 — 440.
    —   Mercredi 19. . . . . 441 — 660.
    —   Jeudi 20. . . . . 661 — 880.
    —   Vendredi 21. . . . . 881 — 1100.
    —   Samedi 22. . . . . 1101 à la fin.

Il y aura, chaque jour de vente, exposition de 2 à 3 heures.

Les livres vendus devront être collationnés sur place, dans les 24 heures de l'adjudication. Passé ce délai, ou une fois sortis de la salle de vente, ils ne seront repris pour aucune cause.

Les articles au-dessous de 12 francs ne seront admis à rapport que dans le cas où ils seraient incomplets.

Les adjudicataires payeront, en sus du prix d'adjudication, 5 centimes par franc, applicables aux frais.

Le libraire chargé de la vente remplira les commissions qui lui seront adressées.

Paris. — Imprimerie de W. REMQUET, GOUPY et Cie, rue Garancière, 5.

CATALOGUE

DE LIVRES

ET D'UNE BELLE COLLECTION

DE CARTES GÉOLOGIQUES

PROVENANT DE LA BIBLIOTHÈQUE

DE FEU M. P.-L.-A. CORDIER

MEMBRE DE L'INSTITUT (ACADÉMIE DES SCIENCES) ;
ANCIEN MEMBRE DE LA COMMISSION SCIENTIFIQUE DE L'ARMÉE D'ÉGYPTE ;
PROFESSEUR-ADMINISTRATEUR AU MUSÉUM D'HISTOIRE NATURELLE (CHAIRE DE GÉOLOGIE) ;
INSPECTEUR-GÉNÉRAL ET VICE-PRÉSIDENT DU CONSEIL GÉNÉRAL DES MINES ; ANCIEN PAIR DE FRANCE
ET CONSEILLER D'ÉTAT ; GRAND OFFICIER DE LA LÉGION D'HONNEUR ;

Membre de la Société philomatique et de la Société géologique de France ; associé et correspondant de la Société d'Émulation d'Abbeville, de la Société des Sciences de Clermont-Ferrand, des Sociétés linnéennes de Bordeaux et du Calvados, de la Société des Sciences naturelles de Cherbourg ; membre honoraire et associé étranger des Sociétés géologiques de Londres et de Cornouailles, de l'Institut national des Sciences de Washington, de la Société d'Émulation de Liége, de la Société des Sciences de Gênes, de Catane, de la Société minéralogique de Saint-Pétersbourg, des Académies de Naples et de Munich ;

PRÉCÉDÉ

D'UNE NOTICE SUR LA VIE ET LES TRAVAUX

DE M. CORDIER

et d'une liste chronologique et raisonnée de ses ouvrages.

———

LA VENTE AURA LIEU LE LUNDI 17 MARS 1862 ET JOURS SUIVANTS,

A SEPT HEURES DU SOIR,

Maison Silvestre, RUE DES BONS-ENFANTS, 28, salle n° 3

PAR LE MINISTÈRE DE Mᵉ FOURNEL, COMMISSAIRE-PRISEUR

RUE DE L'ÉCHIQUIER, 40

PARIS

BENJAMIN DUPRAT, LIBRAIRE DE L'INSTITUT

DE LA BIBLIOTHÈQUE IMPÉRIALE ET DU SÉNAT

rue Fontanes (cloître Saint-Benoît), 7.

———

1861

AVERTISSEMENT

En jetant les yeux sur la série des livres que nous avons trouvés dans le cabinet d'étude de M. Cordier, on s'étonnera peut-être de ne pas y voir figurer beaucoup d'ouvrages de géologie que les dernières années ont vus naître. Nous avons éprouvé nous-même ce sentiment de surprise, et nous ne comprenions pas d'abord qu'un professeur si éminent n'eût point rassemblé chez lui les plus récents travaux de géologie. Mais tout cela n'était-il pas sous sa main dans la riche bibliothèque du Muséum d'histoire naturelle, toujours au courant des productions scientifiques de la France et des pays étrangers, grâce au zèle éclairé d'un bibliothécaire initié lui-même aux sciences dont il conserve les monuments? Et puis, la véritable raison qui dispensait M. Cordier de s'entourer de tant de volumes, c'est le caractère même de sa science, où rien ne lui arrivait de seconde main, où tout était le produit d'un commerce direct et assidu avec la nature. Ce n'était pas dans les livres qu'il allait puiser ses connaissances : ses excursions, ses méditations au milieu des montagnes lui expliquaient des problèmes dont il eût peut-être vainement cherché la solution dans son cabinet. Lui-même l'avait dit dès son début dans la carrière : « Une demi-« heure passée à réfléchir sur une sommité..... agrandit, « élève et instruit l'esprit plus que la lecture de la plupart « des livres. » (*Lettre de* 1801 *à Dolomieu*, citée plus loin, page 8.)

Nous avons désiré joindre à ce catalogue, comme nous l'avions fait en d'autres circonstances, une notice biographique et bibliographique, et notre intention à cet égard a été remplie d'une manière que l'on ne saurait manquer d'apprécier. On trouvera, dans le double travail que nous croyons pouvoir nous féliciter de placer ici, un portrait fidèle de M. Cordier, une appréciation équitable de l'un des noms les plus honorables de notre époque. Pour beaucoup de lecteurs, ce sera la révélation tout entière de ce savant professeur, uniquement renfermé dans son enseignement du Muséum, et préoccupé de science bien plus que de renommée. On suivra avec intérêt la série de ses travaux dans la liste raisonnée des Mémoires dont il a enrichi les Recueils de l'Institut et des diverses Sociétés savantes qui l'avaient admis dans leur sein. Espérons que les précieux manuscrits qu'il a laissés, et où sont déposées, avec les fruits de ses voyages, les vues d'ensemble de cet esprit original et puissant, seront bientôt livrés à l'impression sous la surveillance de quelques amis ou disciples du grand géologue (1).

Cependant, quelque restreinte que soit la collection de livres que nous offrons au public, elle n'est pas indigne de l'attention des hommes spéciaux, qui sauront bien y découvrir des pièces qu'il serait fort difficile de se procurer ailleurs. On y remarquera aussi de belles *Cartes géologiques* et d'importants ouvrages, tels que la grande *Description de l'Égypte* (exemplaire d'auteur), le *Voyage* de Jacquemont, le *Dictionnaire* de d'Orbigny (fig. coloriées), de précieuses collections *complètes* telles que celles du *Journal* et des *Annales des Mines,* du *Bulletin de la Société géologique de France ,* du *Globe* littéraire de la Restauration et du *Globe* saint-simonien, de curieux documents relatifs à l'expédition d'Égypte, etc., etc.

N'ayant pas sous la main les éléments d'une bibliothèque proprement dite, nous n'avons pas essayé d'établir pour tant de brochures un classement rigoureux, qui eût d'ailleurs exigé l'étude attentive d'un naturaliste de profession. Renonçant donc à toute prétention de ce genre, nous avons laissé ensemble des pièces que, pour quelque motif sans doute, M. Cordier avait réunies dans divers cartons. Et d'ailleurs un catalogue d'aussi peu de pages sera

---

(1) Nous prions à cette occasion tous ceux de nos lecteurs qui connaîtraient ou posséderaient des lettres émanées de M. Cordier de vouloir bien nous les signaler ou nous en transmettre des copies, pour compléter sa correspondance scientifique.   B. D.

promptement parcouru, et il n'est pas à craindre qu'un connaisseur laisse inaperçu le morceau qui peut l'intéresser.

Nous appelons seulement l'attention sur quelques-uns des écrits scientifiques ou techniques de M. Cordier devenus fort rares. Lorsqu'un livre ou une brochure porte un *ex dono auctoris*, nous avons pris soin de l'indiquer par la mention *H. d'A.* (hommage d'auteur).

B. D.

Décembre 1861.

NOTICE

SUR LA VIE ET LES TRAVAUX SCIENTIFIQUES

DE

M. P.-L.-A. CORDIER

Naturæ imperare parendo.
BACON.

Le plus jeune des savants appelés en 1798 à faire partie de l'Expédition d'Égypte, M. Cordier en représentait seul, depuis plusieurs années, les travaux et la gloire au sein de l'Académie des sciences. Avec son excellent confrère et ami M. Jomard, des Inscriptions et Belles-Lettres, il en était resté l'un des deux derniers survivants. L'Académie des Sciences a perdu en lui le quatrième de ses titulaires par ancienneté ; le Corps des Mines et le Muséum d'histoire naturelle, leur doyen.

M. Cordier a pris pendant soixante-cinq ans une part active et exceptionnelle au premier de nos services publics dans l'ordre scientifique, et durant ce long espace de temps il a donné simultanément de nombreux gages à la science elle-même. Une série d'écrits originaux et d'une importance capitale ; — l'invention et l'emploi d'une méthode d'analyse qui a inauguré de notables progrès dans la Minéralogie microscopique des Roches ; — un remarquable enseignement et la création de collections immenses, uniques en leur genre, qui ont pris la Géologie presqu'à son début pour la constituer telle qu'on la possède aujourd'hui, ou plutôt telle que la pressentait le génie du savant ; — une rare constance à suivre la ligne qu'il avait de bonne heure adoptée et une intégrité poussée jusqu'aux plus austères scrupules ; — un caractère plein d'honneur, de droiture et de fermeté : tels sont les traits qui résument à nos yeux sa longue vie et les titres qui assurent à son nom une réputation durable.

Suivant la juste remarque d'un des hommes qui le voyaient de près, il fut donné à très-peu de personnes de le bien connaître et de pénétrer dans sa vie scientifique. En effet, si dans ses fonctions du Corps des Mines et du professorat, il a accompli pendant plus d'un demi-siècle des travaux considérables pour l'État et pour le public, beaucoup d'autres de ses travaux, ayant pour unique objet la science pure qu'il aimait avec passion, ont gardé toujours un caractère essentiellement personnel et privé. Ajoutons que sans avoir cessé un seul moment d'étendre et d'approfondir ses études, soit en présence de la nature, soit dans le secret du laboratoire ou du cabinet, il avait, dans la dernière période de sa vie, volontairement renoncé à toute publicité. En outre, par ses débuts, par les bonnes traditions qu'il a continuées, par son culte fervent pour la vérité, il appartenait à cette génération des De Saussure et des Dolomieu, des Daubenton et des Haüy, des Ramond, des Cuvier, dont les rangs s'étaient successivement éclaircis autour de lui. Aujourd'hui que vient de se terminer à son tour cette existence si bien remplie, — et encore que M. Cordier ait autour de sa tombe imposé le silence aux voix les plus autorisées, — nous croyons nous acquitter d'un devoir et user d'un droit sacré, en essayant de tracer ici, d'après les matériaux recueillis et sous la dictée, pour ainsi dire, des témoins les mieux instruits, une première et courte esquisse de sa noble carrière.

Pierre-Louis-Antoine Cordier naquit à Abbeville, le 31 mars 1777, dans le temps même où son futur maître Dolomieu se révélait à la science. Son père, d'abord commerçant, puis habile jurisconsulte, appartenait à la bourgeoisie de cette ville, où il fut échevin en 1789 et prit une notable part au généreux mouvement qui signala cette grande époque; sa mère était de la famille De Ribaucourt. Le jeune Cordier fit au collége d'Abbeville de bonnes études classiques; élève de rhétorique en 1792, il eut les premiers prix de version latine et de discours latin. A dix-sept ans et demi, il quitta son pays natal. Un penchant précoce l'entraînait vers les sciences. Arrivé à Paris à la fin de septembre 1794, et ayant à lutter contre les graves difficultés du moment, il se prépara presque sans aide, et par des études opiniâtres, à entrer dans la voie qu'il voulait suivre.

En janvier 1795, il fut reçu en concours public élève de l'École des Mines, alors dirigée par des maîtres illustres, Dolomieu, Vauquelin, Haüy; et il ne tarda pas à leur inspirer une affection toute particulière qui ne fit que s'accroître avec le temps. Admis à suivre, en outre, les cours les plus importants de l'École polytechnique lors de sa création, il parvint bientôt à se placer à la tête des élèves des Mines. Cette année même (1795), le premier de ses voyages eut pour objet une exploration du centre de la France, sous la direction de l'ingénieur Miché. Il n'avait pas encore vingt ans lorsqu'il obtint le grade d'ingénieur surnuméraire des Mines (16 janvier 1797) : c'est en cette qualité qu'il accompagna Dolomieu dans les Alpes (1). Ce naturaliste éminent considéra bientôt M. Cordier comme son principal disciple; il le traitait, selon sa propre expression, en *fils adoptif* (2); aussi s'empressa-t-il de le demander pour adjoint dans la commission scientifique de l'armée d'Orient qui prit une part si glorieuse à l'expédition d'Égypte. Après s'y être livré à de savantes investigations, M. Cordier quitta cette contrée avec Dolomieu et dans des circonstances mémorables. Leur navire, échappé comme par miracle aux Anglais et à la tempête, désemparé et coulant bas, avait abordé la plage de Tarente; mais au lieu de cette hospitalité qui était due à leur infortune et que réclamait d'ailleurs le privilége de la science chez une nation civilisée, le gouvernement napolitain leur fit subir d'indignes traitements et une captivité aggravée par la spoliation de tout ce que la mer leur avait pu laisser. La perte la plus sensible fut celle de leurs collections : M. Cordier n'avait pu en sauver que quelques papiers, parmi lesquels sa description et ses dessins des ruines de Sân (l'ancienne Tanis), qu'il a publiés plus tard dans le grand ouvrage sur l'Égypte (3). Les généraux Dumas et Manscour étaient au nombre de leurs compagnons de route. Entassés d'abord dans une casemate près du rivage, et exposés

(1) Voir le rapport de Dolomieu sur ce voyage, dans le *Journal des Mines*, t.V, p. 385.

(2) Voir le *Journal du dernier voyage de Dolomieu*, publié en 1802 par le minéralogiste danois T.-C. Brunn-Neergaard. Paris, in-8, p. 3 et 149. Voir aussi une lettre inédite de Dolomieu, écrite de sa prison à Messine, le 4 avril 1800.

(3) On trouve encore parmi ses papiers un relevé des pyramides de Gizeh, fait par M. Cordier sur le terrain, dans une reconnaissance où il accompagnait avec Denon les généraux Kléber, Andréossy, etc., ainsi que le *deuxième* seulement des *six* cahiers de notes qu'il avait rapportés d'Égypte,

de la part de la populace aux mêmes barbaries dont l'intendant militaire De Sucy et quatre-vingts Français venaient d'être victimes en Sicile, on leur donna bientôt pour prison un vieux séminaire. « A bout de distractions, lisons-nous dans une note « de M. Cordier, plusieurs de nos compagnons avaient imaginé « que je pourrais les intéresser en leur faisant chaque jour de « véritables leçons sur les principes généraux des sciences « physiques et naturelles. Dolomieu s'amusait beaucoup de ces « leçons et de ce que je le prenais comme garant de la vérité des « phénomènes et des expériences que j'avais à citer. Mais ces « moments étaient bien courts. Sa haute intelligence voyait loin ; « il avait un juste pressentiment des malheurs qui devaient lui « arriver... » En effet, des prisons de la Calabre, ils furent traînés dans les cachots de Messine : Dolomieu devait y languir deux ans. Cordier, qui voulait partager son sort, fut bientôt malgré lui rendu à la liberté, et le premier usage qu'il en fit fut d'employer tout ce qu'il avait de force et d'intelligence pour hâter la délivrance de son ami. Ce n'est toutefois qu'après avoir erré pendant deux mois sur les côtes des États-Romains et de la Corse, que, trompant les croisières anglaises, il put enfin mettre le pied sur le sol français et travailler activement à cette libération (1).

Dans une lettre datée de Florence (7 germinal an IX), Dolomieu exprime en termes touchants sa reconnaissance ; sa lettre contient en outre ce passage qui témoigne de la haute opinion qu'il avait du jeune ingénieur : « Je suis si étranger à tout ce « qui s'est passé dans le monde, je suis tellement arriéré pour « tous les progrès qu'ont dû faire les sciences, que je devrai « vous prendre pour mon maître à mon arrivée à Paris ; « J'aurai un plaisir extrême à recevoir les instructions du plus « aimable de mes anciens disciples, et à être remis par lui dans « une carrière où moi-même je l'ai introduit. » Quelques années plus tard (11 décembre 1806) Haüy lui écrivait à son tour : « Vous irez loin dans la carrière, parce que vous y « portez, avec un œil observateur, un esprit juste, libre de pré- « jugés, et qui ne prétend pas faire dire à la nature plus « qu'elle n'en a dit. » Les Mémoires spéciaux que M. Cordier avait

(1) Voir l'*Éloge de Dolomieu* lu à l'Institut par Lacépède en 1802. On possède les notes manuscrites que M. Cordier avait été appelé à lui fournir sur cet épisode de leur captivité ; elles présentent un vif intérêt.

déjà publiés en assez grand nombre sur diverses matières minéralogiques, justifiaient cette appréciation, que ses travaux ultérieurs ont amplement confirmée.

A dater de son retour d'Égypte et jusqu'à sa mort, il s'est écoulé plus de soixante années, — presque deux existences actives de l'homme. Aucune, pour ainsi dire, de ces années ne s'est passée sans qu'il exécutât quelque voyage profitable à la science. Beaucoup furent faits à ses frais, et alors même que l'État mettait une indemnité à sa disposition, il y ajoutait les économies que pouvait lui permettre sa modique fortune : c'était là tout son luxe. Après un premier voyage en Allemagne, celui d'Espagne et des îles Canaries fut l'un de ses plus considérables ; il ne fut interrompu que par les circonstances difficiles résultant de la rupture, en 1803, du traité de paix d'Amiens : mais M. Cordier avait eu le temps de parcourir une grande partie des montagnes de la Péninsule, de décrire l'île de Ténériffe, de monter deux fois sur le pic de Teyde et de prendre la première mesure exacte et directe qui ait été donnée de cette montagne célèbre, environnée autrefois de tant de fables (1). A plusieurs reprises, il alla étudier les Pays-Bas et les bords du Rhin, la Suisse et la Savoie, la Corse, le Piémont, les différentes parties de l'Italie. Les diverses parties de la chaîne des Alpes qu'il avait visitées une première fois avec Dolomieu, celle des Pyrénées, le Jura, et surtout le massif central de la France, offrirent maintes fois aussi à sa méditation leurs magnifiques problèmes.

Les inspections fréquentes dont il était chargé, à raison de son grade au Corps des Mines, furent pour lui autant d'occasions de visiter dans le plus grand détail, tantôt une contrée, tantôt une autre ; aussi personne n'était mieux à portée d'éclairer les affaires administratives par une connaissance plus exacte des lieux. Comme il était doué d'une constitution robuste, mise au service d'une sagacité, d'un talent d'observation remarquables, d'une mémoire sûre et qui ne lui fit jamais faute, on peut dire qu'aucun naturaliste, sans excepter

---

(1) Ce voyage est ainsi rappelé par M. Flourens dans son *Eloge historique de Léopold de Buch*, lu à l'Académie des Sciences en 1856 : « Les îles Canaries « avaient été déjà visitées par de très-habiles observateurs, et, pour n'en nommer « qu'un seul, par l'un de nos plus anciens et plus chers confrères, l'illustre continuateur de Dolomieu, M. Cordier... »

Humboldt et Léopold de Buch, n'a étudié avec autant de persistance, n'a décrit en Europe plus de faits géologiques et de gisements minéraux : aucun surtout n'a *mieux voyagé*.

Cet art de voyager, M. Cordiér l'avait porté à sa perfection. Il tenait avant tout à être seul et incognito, afin de sauvegarder sa liberté d'action. Bien rarement il admettait une infraction à cette règle en faveur de quelques privilégiés. C'est ce qu'il fit, notamment en 1825, pour un jeune ami, botaniste déjà fort habile, comme il le dit lui-même (1), qui fut assez heureux pour l'accompagner dans son exploration de la mine d'alun du Mont Dore, et à qui nous devons, grâce à cette circonstance particulière, de précieux renseignements et des détails caractéristiques. « M. Cordier, nous dit-il, employait le temps avec un soin jaloux, mais sans précipitation ; jamais il ne se mettait en route sans un itinéraire bien étudié : les stations principales et leur durée, les points spéciaux à visiter avec détail, les questions à traiter sur place avec les cartes, plans et dessins à l'appui, les personnes à consulter, les rendez-vous, tout était déterminé à l'avance. Sauf de rares exceptions, amenées par des cas imprévus, il ne s'écartait point de son programme, il savait ce que cachent de déceptions, au point de vue scientifique, les plus séduisantes promesses, à l'aide desquelles la bienveillance des gens du monde essaie de détourner le naturaliste de sa route : « la prétention de tout voir, disait-il aussi, empêche de bien voir.» Tout ce que dans une journée il avait rassemblé de notes pour ses mémoires ou pour ses cours, résolu de difficultés, recueilli et étiqueté d'échantillons de roches bien choisis et bien préparés, était surprenant, et le moment du repos n'arrivait pour lui qu'après que tout avait été coordonné. Le bagage du géologue, moins encombrant que celui du botaniste, s'allourdit plus rapidement en voyage : M. Cordier savait y pourvoir à l'avance; ce qu'il a expédié de caisses de minéraux, au Muséum seulement, suffirait à construire un édifice; disons mieux, il en a lui-même élevé à la science un monument digne d'elle dans les admirables galeries formées, enrichies, classées par ses soins. »

Après avoir, en dernier lieu, pendant quinze années consé-

(1) Voir son Mémoire de 1826, sur ce voyage, dans les *Annales des Mines*, Ire série, t. XII, p. 527.

cutives (de 1844 à 1859), exploré de nombreux champs d'é-
tudes, M. Cordier était retourné, en 1860, dans cette zône
centrale de la France, que dès longtemps il connaissait si bien.
Il parcourut les groupes du Dauphiné, du Vivarais, de l'Auvergne, trouvant encore des points nouveaux à observer, mais
surtout vérifiant ses observations anciennes, ses notes prises
cinquante ans auparavant, et goûtant le plaisir de reconnaître
à chaque pas, ainsi qu'il l'écrivait à sa famille, leur parfaite
exactitude. Ce fait, remarquable en lui-même, montre aussi
combien il était demeuré fidèle jusqu'aux derniers temps de sa
vie à ce précepte du vrai savant que Dolomieu a si bien exprimé en ces termes : « Pendant ma jeunesse, j'aurais pu croire
« que j'avais assez bien vu, assez exactement observé les pays
« que j'ai traversés pour donner une relation de mon voyage ;
« mais l'âge, l'expérience et les leçons de Saussure m'ont donné
« de la circonspection et m'ont appris qu'il faut passer et re-
« passer vingt fois dans les mêmes lieux, qu'il faut visiter sous
« tous ses aspects une même montagne pour pouvoir en donner
« des descriptions exactes et précises (1). »

Dans ses excursions annuelles, M. Cordier fut aussi plus
d'une fois ramené aux sites qu'il avait visités dans sa jeunesse ;
ses lettres montrent combien il en fut toujours impressionné ;
« Je n'ai pu revoir ce beau pays sans plaisir, et surtout sans
« émotion, lisons-nous dans une lettre datée de Toulon, le 11
« septembre 1828. Tous mes souvenirs de la chanceuse expé-
« dition d'Égypte se sont retracés dans mon esprit. Quel con-
« traste de ce temps-là avec celui d'à-présent ! Que d'événements
« accomplis depuis trente ans parmi les nations !... » Et plus
tard, dans une autre lettre datée de Menton, le 14 septembre
1858 : « Mes souvenirs du retour d'Égypte ont été vivement ré-
« veillés à la vue des plages où j'abordais il y a près de soixante
« ans, chassé avec mes compagnons d'infortune par la croisière
« anglaise qui nous avait aperçus, lorsqu'aux premières lueurs
« du jour nous n'étions plus qu'à une lieue de terre... » C'est
qu'à l'esprit méthodique et patient, s'alliaient chez lui une
sensibilité vive quoique concentrée, et le sentiment profond
de la nature. Il écrivait à Dolomieu, en 1801 (27 brumaire

(1) Rapport de Dolomieu à l'Institut sur ses voyages de l'an v et de l'an vi.
(*Journal des Mines*, t. VII, p. 392).

an X) : « Une demi-heure passée à réfléchir sur une som-
« mité, au pied d'un escarpement ou sur le bord d'un cratère,
« agrandit, élève et instruit l'esprit bien plus que la lec-
« ture de la plupart des livres... » L'enthousiasme même, et
un enthousiasme parfois très-expansif, ne manquait pas à ce
savant d'apparence sévère, qu'on pouvait taxer de froideur :
ainsi l'on voit la neige couvrir les volcans, et il semblait que
son âme fût comme une image de ce feu central, objet de ses
plus belles études. Sa correspondance très-étendue, toujours
intéressante pour la science, porte des traces nombreuses
d'une vive imagination. Le 17 avril 1803, parvenu au sommet du
pic de Ténériffe, il est pénétré à la vue du grand spectacle qui
l'environne, il en éprouve une jouissance exquise, et jette
ces lignes au crayon sur son carnet de voyage : « Quels mo-
« ments ! quelle compensation pour les fatigues passées ! quelle
« place pour réfléchir aux révolutions du globe !... » Traçant,
pour un ami, en 1837, le plan d'une exploration des Pyrénées, il lui recommandait avec l'accent d'une véritable éloquence le mont Piméné, trop négligé par les touristes, et pourtant l'un des plus beaux observatoires de cette chaîne gran-
diose. Et naguère encore, il y a quelques mois à peine, donnant
à un jeune et habile géologue ses conseils pour une course dans
les Alpes, il lui peignait les merveilles de la vallée de Zermatt,
du massif du mont Rose, du cirque de Macugnaga, avec une
animation juvénile qui électrisait son auditeur.

M. Cordier n'apportait pas seulement dans ses voyages cette
ardeur scientifique toujours égale, mais encore tout l'entrain
et l'enjouement même de la jeunesse. En 1852, se trouvant à
Salzbourg, dans le Tyrol autrichien, voici comment il rend
compte d'une conquête qu'il venait d'y faire pour le Muséum :
« Désireux de me procurer des coquilles fossiles d'un grand
« intérêt et qu'on ne trouve que très-rarement, j'ai eu recours
« à un moyen peu usité sans doute. Ayant appris par hasard
« que la devanture d'un boulanger était formée d'une grande
« table de marbre rouge qui contenait des pétrifications cu-
« rieuses, je suis allé la voir, et ayant reconnu précisément ce
« que je cherchais, j'ai acheté ce marbre qui est d'une épais-
« seur énorme ; j'ai fait démolir le mur d'assiette et l'encastre-
« ment, et j'ai obtenu ma table en cinq pièces qui, après avoir
« figuré depuis deux à trois siècles dans une des rues de Salz-

« bourg, vont honorablement prendre place au Muséum, lorsque
« j'en aurai fait faire la toilette complète. Mon opération ne
« s'est pas accomplie, comme vous pensez bien, sans intriguer
« les gens du quartier et sans donner lieu à plus d'un commen-
« taire de la part des curieux.... » Un grand échantillon de ce
calcaire compacte, dit *marbre rouge de brique* des carrières
d'Unterberg décore l'une des vitrines de la galerie de Géologie (1).

Le sentiment des vérités et des beautés naturelles, qui se
trouve si bien exprimé dans la correspondance de M. Cordier,
montre quelle supériorité ont sur les voyages purement pitto-
resques, même à mérite égal de style, ceux dont la science
dicte et inspire les récits. C'est que pour lui une fidélité, qui
n'est nullement exclusive de l'idéal, et une simplicité qui l'ac-
compagne toujours, étaient les premières conditions de l'art.
Il avait voulu que le crayon du dessinateur et la palette du
peintre vinssent en aide à la géologie, en reproduisant dans ses
galeries, aux yeux du public, plusieurs des grands aspects de
la nature, et il avait ainsi fait représenter, suivant les lois de la
stratification et avec toute la rigueur de leur physionomie locale,
la vallée de Meyringen, le volcan du Stromboli, les cascades de
Quéreil au Mont Dore et du Staubach dans l'Oberland, etc.

Quant au style, cette peinture par excellence, cette noble
partie de l'art pris dans sa plus large acception, M. Cordier
a lui-même donné le précepte et l'exemple, en formulant à
propos d'un des ouvrages d'Haüy ce remarquable jugement :
« Fontenelle, Buffon, et après eux M. de Laplace, M. Ramond
« et M. Cuvier nous avaient appris qu'il existe un art de po-
« pulariser les connaissances scientifiques les plus abstraites
« et les plus difficiles ; M. Haüy vient de nous prouver
« de nouveau que cet art n'appartient qu'aux bons écri-
« vains ; il est tout entier dans l'heureuse alliance du savoir

---

(1) Un autre exemple plus récent encore, un petit détail de famille qu'on nous
pardonnera de mentionner ici, montre surtout combien il jouissait, et avec une sorte
de candeur, de ce qu'on pourrait appeler les bonnes aubaines du métier. Il avait
rapporté de son voyage en Suisse en 1859 un superbe poisson fossile (un *palæo-
rynchum*) provenant des carrières d'ardoises de Plattenberg, près Glaris. Tout
heureux de cette rencontre, il s'était plu à son retour à en faire l'objet d'une
surprise et avait fait servir à table, au dîner, sa précieuse capture parfaitement
dressée dans un long plat, suivant toutes les règles de l'art.

« et du goût qui revêt la pensée d'une expression élégante et
« facile, qui captive les esprits par l'agrément de la diction, les
« dirige par une habile distribution du sujet, et les dispose
« par la clarté du style à accueillir sans effort les derniers ré-
« sultats d'une méditation profonde (1). »

Le premier écrit scientifique de M. Cordier, sa noticesur la
Pictite, avait paru dans le *Journal de Physique* de 1798. Il ne
cessa depuis lors de se signaler par d'importantes observations
barométriques et minéralogiques ; les premières, antérieures
aux beaux travaux de Ramond, et continuées jusqu'en 1813,
sont demeurées inédites ; les autres furent présentées à l'Institut et insérées dans les recueils spéciaux. Ces travaux, notamment son grand Mémoire de 1815 sur la composition des produits volcaniques de tous les âges, et son analyse moléculaire
des roches par la pulvérisation (2), le faisaient considérer

(1) Article inséré au *Moniteur* du 28 nov. 1817, sur le *Traité des caractères
physiques des pierres précieuses*, etc., de l'abbé Haüy.

(2) Dans un ouvrage publié en 1806 par le géologue italien Marzari-Pencati, il
est déjà fait mention de ce Mémoire comme presque achevé : « M. Cordier, che ha
« quasi condotta a termine una bell'opera, sui Vulcani della Francia, etc... Questo
« giovine geologo, che ha già veduto molto in Francia, in Ispagna, à Teneriffa,
« in Siria, in Egitto, e alquanto in Italia, etc...» (*Corsa pel bacino del Rodano,
etc., orittografia del Monte Coiron...* Vicenza, 1806, 8° p. 35.)

Le même géologue lui écrivait de Vicence, le 12 mai 1818 : « Vous avez enfin
« porté le grand coup. Après votre Mémoire, personne ne peut plus douter que
« les trapps secondaires et une partie de ceux de transition ne soient volcani-
« ques, mais vous avez aussi tiré une ligne de démarcation entre les roches
« volcaniques anciennes et celles primitives ou de transition... Vos découvertes
« m'éloignent des idées plutoniques... »

Dans ses lettres de cette époque (1817), M. Alex. de Humboldt le félicite de
« cette belle idée d'analyse mécanique, exposée dans son excellent Mémoire,
« dont la lecture lui a causé la plus grande satisfaction, et lui a fait voir que
« lui et M. de Buch s'étaient presque toujours trompés dans la détermination
« de leurs échantillons des Andes, la partie qui y domine étant le pyroxène et
« non l'amphibole... » « Votre Mémoire, ajoute-t-il, renferme aussi nombre
« d'idées lumineuses sur les prétendus *passages* et les formations volcaniques.
« Vous verrez dans le travail que je publierai bientôt combien j'ai profité de vos
« idées, et combien je me fais un devoir de le dire. Je me flatte toujours qu'à
« mon premier voyage, au printemps, vous me permettrez d'assister à vos in-
« génieuses manipulations... »

Le professeur Théodore de Saussure lui écrivait de Genève, le 1er octobre
1817 : « L'application que vous avez faite de la méthode de mon père pour me-
« surer les degrés de fusion au chalumeau, l'extension que vous avez donnée

depuis longtemps comme le plus habile et le plus expérimenté de nos géologues et le désignaient naturellement pour occuper la chaire de géologie au Muséum d'histoire naturelle, lorsqu'elle devint vacante par le décès de Faujas-Saint-Fond (1).

La minéralogie, d'où est née la géologie, n'avait commencé à prendre place dans l'enseignement qu'en 1745, grâce à Buffon ; les rares spécimens du règne inorganique, confondus dans le domaine de la chimie, faisaient alors partie du *Droguier*, premier nom collectif de l'ancien *Cabinet du Roi* au *Jardin des plantes médicinales*, premier embryon des futures galeries du Muséum. C'est seulement en 1793 qu'une chaire de géologie avait été créée. Pour apprécier les travaux accomplis par M. Cordier durant les quarante-deux années de son professorat, il suffit de comparer ce qui existait au Muséum en 1819 et ce qu'on y voit aujourd'hui. La collection géologique n'était encore, à vrai dire, qu'un simulacre ; elle se composait d'environ *douze cents* échantillons de roches et *trois cents* échantillons de débris fossiles, les uns et les autres assez mal caractérisés et en désordre, le plus souvent sans indication de provenance; on n'avait tenu jusque-là aucun registre ni catalogue.

Le premier soin de M. Cordier fut de se mettre en correspondance directe avec tous les savants étrangers, pour obtenir leur concours ; en même temps, d'exciter et de régler par des instructions bien rédigées les efforts des voyageurs du Muséum, de fixer leur attention sur les *desiderata* de la géologie dans les pays qu'il ne lui était pas donné de visiter lui-même. Nous avons déjà parlé des excursions que, dans le même but, il entreprit personnellement. En 1849, on comptait dans la galerie plus de *cent soixante-quinze mille* échantillons de roches et plus de 23,000 boites contenant les débris organiques fossiles. Aujourd'hui les échantillons ont atteint et dépassé le chiffre de

« à ce procédé, le feront sortir de l'oubli où il se trouvait et en montreront
« l'utilité. Rien de plus intéressant et de mieux ordonné que votre classification
« des roches volcaniques. Il n'appartenait qu'à vous, Monsieur, d'embrasser un
« si vaste sujet, de l'éclairer par un aussi grand nombre d'observations nou-
« velles, et de joindre, comme vous le faites, la réserve à l'érudition. »
(Voir encore ci-après, p. 18 et 39.)

(1) Parcourant la Tarentaise, en 1804, il avait déjà été appelé à faire un cours de minéralogie à l'École des Mines de Moutiers. (*Journal de Physique*, t. LXXXII, p. 353.)

deux cent mille (1). Tout est méthodiquement catalogué, classé, étiqueté, et compose un ensemble qui n'a rien de comparable dans aucun musée de l'Europe, soit pour le nombre et la variété, la belle conservation et le volume des spécimens, soit pour la valeur qu'ils ont reçue par la détermination et les soins, même manuels, de M. Cordier. Mû par un] esprit d'équité qui n'est peut-être pas assez répandu parmi les savants, il s'appliquait à ne point détruire dans ses répartitions le cachet d'origine, le caractère individuel des envois et des dons qui lui étaient faits ; il les groupait de manière à les maintenir autant que possible dans leur intégrité. Son classement présente trois grandes séries : 1° Les *Monographies géographiques :* chaque contrée y est représentée suivant l'ordre de superposition des terrains dans la nature. Le manque d'espace a relégué jusqu'ici dans des tiroirs cette collection si importante pour l'étude ; mais le professeur en donnait libéralement connaissance à tous les savants qui désiraient la consulter, et il y joignait avec empressement la communication des catalogues correspondants. 2° La *Collection spécifique des Roches,* composée de plus de 6,000 échantillons, est classée par familles, ou groupes naturels ; l'étiquetage est poussé jusqu'aux simples variétés. 3° La *Collection générale et systématique des Terrains,* qui comprend aussi les principales espèces de corps organisés fossiles, est classée par périodes géologiques, étages, sous-étages, terrains, couches principales, couches subordonnées ; toutes ces divisions sont indiquées d'une manière détaillée et apparente. Les catalogues des échantillons qui composent ces diverses collections ont été de la part de M. Cordier l'objet d'une extrême sollicitude, et si l'on songe à la multiplicité des recherches et à la rédaction scrupuleuse exigées en pareil cas, on aura une idée de la somme de travail que représentent les *neuf cents* catalogues dressés depuis 1819 et conservés au laboratoire de géologie, où leur réunion constitue des archives de la plus haute importance. Quelques-uns sont de véritables ouvrages, avec cartes et coupes de terrains ; beaucoup sont accompagnés de tous les documents qu'il a été possible d'obtenir des explorateurs, soit par correspondance, soit verbale-

(1) Voir la notice sur la *Galerie de minéralogie et de géologie,* etc., par J.-A. Hugard. Paris, 1855, pp. 15, 20, 23, 29, 155, 163, 181. — Voir aussi une note manuscrite de M. Cordier rédigée en 1849.

ment. En un mot, si le public qui visite cet immense trésor géologique en demeure surpris, les savants, les gens du métier qui l'examinent de plus près et dans tous ses détails, en sont émerveillés (1).

Diverses distributions méthodiques des roches et matières volcaniques ont été proposées par les savants, avant et depuis les travaux de l'école de Freyberg. Celle que M. Cordier a créée à son usage, et dont on trouvait déjà une ébauche partielle dans son Mémoire de 1815, se distingue par une division et une nomenclature rationnelle plus étendues, plus complètes qu'aucune autre ; elle dénote un minéralogiste consommé ; le premier, il a compris, dans son tableau des Roches, aussi bien les masses désagrégées que celles qui sont décomposées, c'est-à-dire avec les roches vives et profondes les parties même altérées et superficielles qui les recouvrent. Cette classification qu'il s'attachait à améliorer progressivement, M. Cordier ne l'a point lui-même mise au jour ; mais il avait volontiers permis, à plusieurs reprises, qu'on la publiât. Ainsi le premier essai qu'il en avait présenté à son cours de 1822, fut donné en 1823 par l'abbé Maraschini dans la *Bibliotheca italiana* de Milan, et réimprimé textuellement dans l'*Isis* d'Oken (2). Il avait bientôt fait subir à cet essai de grandes modifications (3). En 1844, le lieutenant de vaisseau E. Cheva-

(1) Le docteur Grimaud de Caux (*Union*, 29 juillet 1858 et 14 avril 1861) a fait ce singulier calcul, qu'en admettant pour chaque échantillon une demi-heure d'étude, M. Cordier avait dû employer à ses collections 48,000 heures de son existence de professeur, ce qui ferait, en admettant une moyenne de 4 heures par jour, 12,000 jours ou 33 années. — Ce qui est certain, c'est que les grands travaux d'installation de la nouvelle galerie de géologie du Muséum qui commencèrent en 1837, absorbèrent à ce point tout le temps que M. Cordier pouvait y donner, que de 1838 à 1842 il dût renoncer, à son grand regret, à ses voyages scientifiques habituels.

(2) Il est intitulé, dans un tirage à part que nous avons sous les yeux : *Distribuzione delle Rocce e classificazione geologica dei Terreni, del Signor P.-L. Cordier, professore di Geologia al Museo di Storia naturale di Parigi, esposta nel suo corso dell' anno 1822. Milano, dell' imperiale regia Stamperia.* 1823, in-8° de 26 pages. — Un extrait analytique en fut publié en 1825 par le *Bulletin universel des Sciences naturelles*, t. IV, p. 205.

(3) M. Kleinschrod a publié en 1831, dans le *Jahrbuch für Mineralogie* de Leonhard, la classification des roches et terrains relevée par lui dans la galerie du Muséum en 1828. M. A. Rivière, en 1839 et en 1848, l'a exposée et discutée dans son *Essai sur les Roches*, etc., et dans sa *Thèse de Géologie* (*Histoire sommaire de la classification des terrains*).

lier, qui, dans la partie géologique du *Voyage de la Bonite autour du monde*, avait suivi les instructions de M. Cordier, ajouta au compte-rendu de ce voyage les tableaux de ses deux classifications dans leur dernier état. Mais elles ont été surtout reproduites complétement, et avec l'entière adhésion de l'auteur, par M. Charles D'Orbigny, son aide-naturaliste, son savant et loyal auxiliaire durant vingt-huit années. L'article *Roches*, l'un des plus importants du *Dictionnaire universel d'histoire naturelle* de M. D'Orbigny, article rédigé par lui en 1848, est intitulé dans un tirage à part : *Classification et principaux caractères minéralogiques des Roches, d'après la méthode de M. Cordier et les notes prises à son cours de Géologie du Muséum d'histoire naturelle.* D'autre part, en 1857, M. Charles D'Orbigny a composé un tableau très-utile qui montre la *Coupe figurative de la structure de l'écorce terrestre et la classification des terrains d'après la méthode de M. Cordier, avec indication et figures des principaux fossiles caractéristiques des divers étages géologiques.* Il a voulu dans ce tableau, ainsi qu'il l'indique, mettre en relief les idées de M. Cordier, « particulièrement en ce « qui concerne la structure des terrains pyrogènes et leur « puissance relative comparée à celle du sol neptunien. »

Le règlement du Muséum impose au professeur de Géologie l'obligation de faire vingt leçons par année : M. Cordier en donnait habituellement une quarantaine ; ce nombre alla même jusqu'à quarante-deux en 1858. Dans le principe, notamment en 1822, il avait traité de toute la géologie dans un seul cours ; mais, la science prenant chaque jour plus d'extension, il avait bientôt divisé ce cours en deux parties, c'est-à-dire qu'il traitait, une année, « des caractères généraux que présente la « constitution du Globe terrestre, et de la structure particulière « de son Écorce minérale, » et l'année suivante il s'occupait « de la spécification, de la classification et de la description des « *Roches*, ou associations diverses, soit de Minéraux, soit de « Corps organiques fossiles plus ou moins minéralisés, com- « posant les parties solides du Globe (1). » En dernier lieu, l'accroissement incessant du domaine de la géologie lui avait fait prendre le parti d'annoncer qu'il diviserait désormais son cours en trois années. Celui qu'il avait commencé, pour la qua-

---

(1) Libellé textuel des affiches annonçant ses cours de 1858 et 1859.

rante-unième année de son professorat, le 8 novembre 1860, et qu'il venait de terminer le 8 janvier 1861, avait roulé seulement sur le premier tiers de ce nouveau programme, c'est-à-dire sur la physique du globe; il y était entré dans de grands développements et y avait apporté comme une ardeur nouvelle, qui avait frappé son auditoire.

M. Cordier professa toujours ce qu'il nommait de préférence la *géologie positive*, par contraste sans doute avec cette géologie *spéculative* que les faits mieux reconnus et mieux compris viennent un jour ou l'autre renverser (1). Dès la première leçon de son premier cours de 1822, nous voyons qu'il avait exposé la méthode dont il ne s'est jamais départi. « Renoncer, avait-il dit, à l'ambition de la théorie, pour ne s'attacher qu'aux faits incontestables, et ne s'appuyer que sur eux (2). » Il voulait, dans cette partie des sciences naturelles qui formait son domaine, se rapprocher autant que possible de la certitude mathématique. C'est par ce caractère essentiellement pratique et sérieux, et aussi par un rare esprit d'ordre, que se distinguait son enseignement. Adversaire déclaré de l'esprit de système et des idées préconçues, mais également ennemi

(1) Cuvier, dans son grand « *Rapport historique*, présenté à l'Empereur, en 1808, sur les progrès des sciences depuis 1789, » se sert également de cette dénomination de géologie *positive*, qu'il n'assimile pas seulement à la géologie *générale*, mais qu'il oppose aussi à la géologie *explicative*, c'est-à-dire à celle qui veut expliquer à toute force par des systèmes des faits qui souvent ne sont même pas bien constatés. Ces systèmes n'ont à ses yeux que le mérite négatif d'exciter à la recherche des faits et d'affermir ainsi tôt ou tard la vérité, dont ils ont pris le contre-pied. Tel aussi a toujours été entièrement l'avis de M. Cordier.

Voir encore la préface de l'*Abrégé de Géologie* de De Luc, Paris, 1816, in-8. « Les progrès d'une vraie géologie, dit-il, ne pouvaient être que très-lents...... Quand les hommes observent quelques nouveaux *phénomènes*, ils sont si impatients de former des *théories* sur leurs *causes*, qu'il s'est formé nombre de *systèmes géologiques*, mais qui se sont successivement renversés les uns les autres.... Le peu de progrès qu'a fait la vérité dans les esprits, doit être attribué aux faux systèmes..... »

(2) Manuscrit inédit de sa première leçon. — M. Cordier réalisait ainsi les conditions que Cuvier se plaignait de rencontrer si rarement chez les géologues. (Voir son célèbre Rapport à l'Institut en 1806, *Mémoires de la Classe des Sciences*, t. VIII, p. 128.) — Aussi Cuvier, si hostile aux abstractions géologiques, fit-il toujours un cas particulier des travaux de M. Cordier. Déjà, dans son grand Rapport historique de 1808 que nous venons de mentionner, il le comptait parmi les savants ingénieurs qui avaient le plus contribué à l'avancement de la géologie.

de tout bruit, de toute polémique personnelle et violente, c'est uniquement par l'appréciation rigoureuse des faits qu'il chercha à étendre ses connaissances, et il se contenta de combattre les erreurs en démontrant ce qu'il tenait pour vrai. Sans jamais trancher, il exposait avec lucidité, et, dans ses conclusions précises, il avait une manière à lui, souvent fort spirituelle, de souffler d'un mot sur certaines données plus ou moins chimériques. Il ne hasardait aucune conjecture, il ne tirait d'induction qu'à bon escient, même d'un principe assuré; et bien qu'il eût conçu, lui aussi, les hypothèses les plus hardies, les vues les plus profondes, les plus capables de séduire par leur vraisemblance, sur la cosmogonie et sur les phases *anté-géologiques*, — ce domaine réservé de la science, — il se gardait de les livrer, et il ne les laissait entrevoir parfois qu'avec la plus extrême circonspection. D'autres cours ont pu avoir plus d'éclat extérieur, aucun ne fut plus solide, ni au fond plus attachant pour les vrais amis de la science.

Nous avons dit que M. Cordier se tenait volontiers à l'écart et que, depuis un certain nombre d'années, il s'était comme isolé à dessein du mouvement général, s'abstenant de s'y mêler pour sa part, mais sans cesser pour cela d'y prêter attention. On a fait cette remarque, que par une exception assez peu ordinaire, il semblait ne pas autrement tenir à être mentionné dans les ouvrages qui se publiaient sur les matières géologiques. Il avait pourtant le juste sentiment de sa valeur; il était fier à bon droit des travaux qui avaient rempli sa vie et des souvenirs de sa jeunesse; il l'était surtout de cette magnifique collection dont il avait réussi à doter le Muséum. Mais son amour désintéressé de la science l'élevait au-dessus des mesquines considérations d'amour-propre; il effaçait le plus possible sa personnalité, il ne se citait presque jamais lui-même, parlant peu, et le plus souvent sans se nommer, des découvertes ou des observations dont il était l'auteur. Cette modestie réelle aurait pu le faire oublier de la génération présente, si ses titres avaient été moins connus et si le suffrage de ses contemporains ne les avait dès longtemps consacrés. Il occupe, en effet, une des premières places parmi les savants d'élite dans l'histoire des progrès de la Géologie; sa manière de considérer les grandes masses minérales du globe est aujourd'hui celle de tout le monde; et non-seulement ses ingénieux procédés d'analyse mécanique et microscopique des Roches, et sa théorie de la Chaleur centrale (1), mais une foule d'autres notions dont on lui doit ou la découverte ou la démonstration, sont passées dans le domaine public et devenues une monnaie courante de laquelle on ne songe même plus à regarder l'effigie. C'est là justement, on doit le remarquer, un trait particulier de la physionomie de M. Cordier : la Géologie actuelle se trouve fondée incontestablement sur les bases générales que lui ont données ou confirmées ses grands travaux relatifs aux couches primordiales de l'écorce du Globe (2); mais les résultats de ces travaux, une fois acquis à la science, ont pris un caractère impersonnel qui ne fait qu'en rehausser le mérite. Ainsi l'on ne peut oublier que Lavoisier a le premier fait une analyse exacte de l'air ou rendu indiscutable telle autre grande loi de la chimie ; cependant tous les jours on professe, on expose dans les amphithéâtres ses belles théories comme des vérités absolues, sans y rattacher nécessairement son nom : c'est en quelque sorte un hommage qu'on lui rend de ne le point citer, c'est un honneur qui lui est commun avec tant d'autres grands esprits.

On peut regretter néanmoins que M. Cordier n'ait pas eu dans sa laborieuse existence, ou qu'il n'ait pas pris, le loisir de consigner les précieux résultats de ses études dans quelque grand ouvrage, dans un de ces traités généraux non moins utiles à la science elle-même qu'à la renommée de leurs auteurs. Dédaignant le savoir-faire, et négligeant à dessein cette popularité scientifique, qui ne s'acquiert souvent qu'au prix de fâcheuses condescendances, il n'a pas songé à imposer ses opinions ni à enchaîner celles d'autrui, il n'a pas prétendu à faire école de son vivant; il a préféré, pour demeurer libre de tout engagement, s'en tenir à un rôle plus modeste, et, s'exposant sciemment à n'être bien jugé que du petit nombre, bravant même à son cours le risque des emprunts clandestins, il n'a

______

(1) Disons ici que, par suite des innombrables expériences au microscope et des séjours prolongés dans les mines profondes de l'Aveyron et du Tarn qu'avait nécessités la préparation de ces deux grands travaux, M. Cordier avait failli perdre la vue, et que ses yeux en ont très-longtemps souffert.

(2) « J'ai puisé (disait M. Alexandre Bertrand dès la première édition de ses « *Lettres* si connues *sur les révolutions du globe* (1824), j'ai puisé dans les leçons « de M. Cordier presque tout ce que j'ai dit sur la constitution de l'écorce « minérale, les volcans, les tremblements de terre, etc. «

point couronné d'une sorte d'inscription générale l'ensemble de ses travaux. Mais une semblable lacune n'empêcha pas Bernard de Jussieu d'être, aux yeux de ses contemporains et de la postérité, un savant de premier ordre. Si ses herborisations et son jardin botanique de Trianon ont suffi à fonder sa célébrité, celle de M. Cordier ne serait pas moins assurée par les quarante-deux années de son professorat et par la création de sa galerie de géologie au Muséum. Il faut dire plus : ce résumé original des travaux du géologue, qu'une recherche incessante de la vérité l'a principalement peut-être empêché de publier, il le préparait journellement par l'étude assidue et le classement définitif des *douze mille* échantillons de roches qui formaient sa collection particulière ; collection d'une valeur inestimable, unique au monde, dans l'ordre et la nomenclature de laquelle il a comme écrit la synthèse des observations de toute sa vie. C'est dans cette collection-type, qui ne saurait être refaite, que M. Cordier a perfectionné jusqu'à la fin sa détermination des Roches, œuvre si difficile dont il avait créé les procédés et où il était resté maître (1). Pas un échantillon n'y figure, dont il n'ait marqué le rôle réel dans la nature, la situation dans l'écorce terrestre. De même que le Mémoire de 1827, sur la Température centrale, a changé l'histoire des révolutions du globe, en montrant leur véritable point de départ, — c'est-à-dire en mettant décidément à leurs places respectives le *vulcanisme* et le *neptunisme*, — on peut dire que cette collection, dernier mot de son auteur et révélation de sa pensée intime, trace à la science la route à suivre plutôt qu'elle ne constate son état présent ; en un mot, on

---

(1) On a déjà parlé plus haut de ces procédés, à propos du Mémoire de 1815, où ils se trouvent décrits ; voici ce qu'en a dit depuis M. Ch. D'Orbigny, dans son intéressant résumé de l'histoire des sciences naturelles publié en 1841 : « En combinant les procédés d'une analyse mécanique toute nouvelle avec l'emploi du microscope sous certaines conditions, M. Cordier a donné le moyen de déterminer avec certitude la nature de la plupart des masses compactes qui jouent un si grand rôle dans la composition des terrains, surtout dans des terrains pyrogènes. Ces masses, jusque-là problématiques, sont devenues des roches hétérogènes, à parties constituantes microscopiques ; elles ont cessé d'appartenir à la minéralogie, où elles avaient longtemps constitué de fausses espèces... La solution des questions controversées entre les *neptunistes* et les *vulcanistes*, est devenue dès lors simple et facile. » (CH. D'ORBIGNY, *Discours préliminaire* du *Dictionnaire universel d'histoire naturelle*. Paris, 1841 p. 224.)

peut augurer qu'elle renferme de nouveaux et précieux jalons
pour la géologie future. En portant la lumière dans cette question, si obscure avant lui, des épanchements pyrogènes, en
fixant la théorie de la consolidation, de la composition et de
la contexture des couches et amas volcaniques, M. Cordier
avait précisé l'âge relatif de chaque fissure du globe, les
époques où, son écorce une fois refroidie, les Roches ignées,
vomies de l'intérieur, sont venues aboutir à la surface. C'est
dans sa collection particulière que se lisent les preuves inédites et complètes de cette grande détermination des éléments
mêmes de la géologie, à laquelle tendaient depuis nombre
d'années tous les efforts du professeur. Au milieu des doctrines
novatrices qui s'étaient élevées autour de lui, on a pu croire
qu'on l'avait dépassé : le progrès de la science dira s'il en fut
ainsi, s'il eut tort de marcher seul dans sa voie et de ne s'en
point laisser distraire (1).

Puisque nous venons de parler de la collection particulière de
M. Cordier, disons un mot d'une critique générale qui a été faite
quelquefois. On a prétendu que les professeurs qui ont en garde
des collections publiques ne devraient pas en avoir qui leur
appartinssent en propre. Mais les inconvénients que peut présenter cet état de choses, ne sauraient évidemment prévaloir contre
sa raison d'être. En effet, une collection spéciale, et forcément
restreinte, n'est-elle pas plus indispensable encore au savant
que ne l'est au bibliothécaire sa bibliothèque privée ? n'est-ce
pas l'instrument nécessaire de son travail de cabinet, et
avec lequel il prélude aux travaux de la chaire et de la collection publique ? Telle était celle de M. Cordier, formée en
grande partie avant même qu'il devînt professeur, sans cesse
étudiée et remaniée par lui, amenée en dernier lieu au classement qui le satisfaisait le plus et qu'il allait, — s'il eût vécu quelques mois encore, — établir définitivement dans ses galeries du
Muséum d'Histoire naturelle. Sans ce prototype, constamment
perfectionné sous sa main, eût-il été à même d'apprécier aussi
bien et de réaliser les améliorations successives que déjà il
avait apportées et qu'il voulait apporter encore à cette gigan-
tesque collection du Muséum qu'il avait créée (2) ?

(1) Voir l'article du *Dictionnaire des Contemporains*, de Vapereau. (Paris,
éd. de 1857.)

(2) Le successeur et les collègues de M. Cordier ont été unanimes à décider que

Il est à souhaiter qu'on rassemble bientôt en un corps les idées de M. Cordier, le prodrome de sa classification dernière, les fragments épars de son œuvre, ses principaux mémoires, la partie la plus essentielle de ses leçons, de ses manuscrits, ses voyages, sa correspondance enfin, si riche en renseignements précieux pour l'histoire de la géologie, en même temps qu'en témoignages rendus au mérite du savant. Une telle publication est comme une dette de famille envers la science ; c'est à des mains amies autant qu'habiles qu'appartien le soin de l'acquitter, au moins partiellement, et l'on est heureux de penser qu'elles s'en chargeront. Les travaux de M. Cordier embrassent les diverses faces de la science proprement dite, en même temps qu'ils touchent à la haute industrie relevant de l'art des mines, et à la haute administration qui le régit ; ils offrent ce grand intérêt, qu'ils sont tous, ainsi que nous l'avons déjà fait sentir, le produit de l'investigation directe, de la méditation en présence des faits, que ce sont enfin des œuvres toutes personnelles, où les matériaux d'emprunt n'entrent jamais que pour marquer entre les recherches de ses prédécesseurs et ses propres découvertes des rapports nécessaires de filiation scientifique ou d'instructives oppositions. [Nous donnons de ces travaux, à la suite de cette notice, une liste chronologique et raisonnée, aussi complète qu'une révision attentive des sources nous a permis de la dresser.

Remarquées de bonne heure par la Classe des Sciences physiques et mathématiques de l'Institut, les premières publications de M. Cordier l'avaient fait nommer, dès le 8 décembre 1808, membre correspondant. En lui annonçant cette nomination, par l'organe de Cuvier, son secrétaire perpétuel, cette Classe l'invitait « à lui faire part du fruit de ses recherches scienti- « fiques, qui lui avaient acquis dès lors une juste célébrité. » Il fut élu membre de l'Académie des Sciences en 1822 : la mort de M. Haüy venait de lui ouvrir cette glorieuse succession, que l'opinion lui avait d'avance assignée. Il complétait alors

sa collection particulière de Roches devait être acquise et conservée intacte dans la Galerie de Géologie, comme l'est la collection minéralogique d'Haüy que M. Cordier avait été lui-même si heureux d'y placer, après avoir obtenu, en 1849, qu'on la fit revenir de l'étranger. Il avait eu la douce satisfaction d'y installer déjà quelques années auparavant le petit monument basaltique consacré à la mémoire de Dolomieu par son beau-frère le minéralogiste De Drée.

les expériences qui devaient l'amener à rédiger son célèbre Mémoire sur la Chaleur interne de la terre, que nous avons déjà cité, mémoire qui mit hors de doute l'incandescence primitive et permanente du noyau de notre planète, et qui, rendu public au mois d'août 1827, fut reçu avec applaudissement à l'étranger comme en France, et devint aussitôt une œuvre classique (1). Par la lecture d'autres mémoires, il a pris aussi une notable part aux travaux ordinaires de l'Académie; il fut le rédacteur de plusieurs instructions

(1) « .... Je citerai le Mémoire de notre confrère M. Cordier, qui a fixé la science, « mais dont l'auteur, se plaçant en dehors du cadre des bruyantes réputations, « n'a pas recueilli toute la gloire qui lui était due et que la postérité lui payera « plus tard. » (Mémoire de M. Babinet, de l'Institut, sur les tremblements de terre et la constitution intérieure du globe, lu à la séance publique annuelle des cinq Académies, le 14 août 1855.)

En le complimentant sur ce Mémoire, M. d'Omalius d'Halloy lui écrivait de Namur, le 22 décembre 1827 : « Je me félicite, pour mon compte, d'avoir vécu « assez longtemps pour voir une explication satisfaisante des phénomènes des « volcans, des tremblements de terre et des eaux thermales. Il n'y a pas très- « longtemps encore, qu'interrogé sur l'origine de ces phénomènes, je répondais « d'un ton doctoral que l'on n'avait encore rien dit de raisonnable sur cette « matière, et je ne me doutais pas qu'à cette époque même vous me donniez « un démenti en proposant une théorie contre laquelle je ne vois pas que l'on « puisse faire d'objections fondées. »

Le professeur L.-A. Necker lui écrivait de Genève, le 1er septembre 1827 : « Voilà donc les remarquables phénomènes d'accroissement de la chaleur dans la « profondeur de la terre mis par vos lumineuses expériences hors de toute es- « pèce de doute... Il appartenait naturellement à celui qui a déjà tant fait pour « la géologie des volcans, de nous conduire à la source générale et commune « de ces masses d'origine ignée, qui n'ont cessé depuis la consolidation de la « croûte du globe, d'en soulever, d'en traverser, d'en rompre les assises, depuis « les plus anciennes jusques aux plus récentes. J'ai éprouvé un bien vif sentiment « de satisfaction en vous voyant, Monsieur, appuyer de tout le poids de votre « suffrage une opinion que tout ce que j'ai vu en Écosse, en Cornouailles, en « Auvergne, au Vésuve, et plus récemment encore à Valorsine, au centre des « Alpes, avait fortement imprimée dans mon esprit. Aussi, depuis que les jour- « naux avaient annoncé la lecture de votre Mémoire à l'Académie, j'attendais « avec impatience d'en connaître autre chose que les extraits qu'ils en don- « naient... »

« J'ai lu avec le plus vif intérêt votre admirable Mémoire, lui écrivait un de « ses confrères de l'Institut (20 novembre 1827), et je ne puis vous dire à quel « point la conscience que vous avez portée dans vos expériences et dans l'exposé « des résultats qui en ressortent m'a charmé... Vainement, en louant sans res- « triction vos *deux premières* parties, quelques gens timides prétendent-ils mettre « en doute les conclusions de votre *troisième* partie. Elles sont, selon moi,

pour les expéditions scientifiques entreprises sous les auspices du Gouvernement, et de beaucoup de rapports, tant sur les travaux communiqués à sa section, que sur les résultats de ces mêmes expéditions, en Morée, au nord de l'Europe, dans l'Inde, dans les deux Amériques et autour du Monde.

C'est ici le lieu de mentionner tout ce que M. Cordier a fait pour favoriser les voyages scientifiques et pour venir en aide aux voyageurs naturalistes. Beaucoup lui furent redevables de leurs fécondes missions, et reçurent de sa part, en toute circonstance, une protection efficace et de constants encouragements. C'est à lui notamment que Victor Jacquemont dut la mission si importante que le Muséum d'histoire naturelle lui confia en 1827, malgré la vive opposition de Cuvier (1). Bien convaincu de l'utilité de ce grand voyage et de l'aptitude toute particulière de celui qu'il présentait pour l'accomplir, M. Cordier soutint fermement son candidat, et il ne cessa de lui prêter l'intérêt et l'appui le plus honorables. « Il importe « au Jardin du Roi que ses voyageurs ne meurent pas, lui avait « écrit Jacquemont, et j'ai la santé qu'il faut pour aller aux « Tropiques (2) ».... Qui pouvait prévoir que cette mission, commencée avec tant d'assurance et accomplie pendant quatre années sous de si favorables auspices, serait au dernier moment fatale au jeune voyageur ?.... La science en a du moins recueilli les précieux fruits, et elle a consacré le nom de Jacquemont.

« rigoureuses et sans réplique, et je ne puis vous dire quel bien ces dernières « pages ont fait à votre vieux confrère, dont vous avez réalisé le *rêve* si évi- « demment. »

Le savant italien Théodore Monticelli lui écrivait pareillement de Naples : « Nous « avons lu votre Mémoire avec beaucoup d'intérêt à notre Académie des Sciences : « vous y portez votre théorie jusqu'à l'évidence. »

Enfin, en 1830, il recevait de M. S.-L. Mitchell, de New-York, une lettre où nous lisons ces lignes : « Votre Mémoire sur la température centrale de notre « planète m'a si fortement impressionné, que j'en ai fait une traduction, laquelle « a été imprimée dans un estimable recueil périodique de cette cité, le *Fleet's* » *New-York Farmer*. J'ai cru devoir, quoique tardivement, vous en donner avis, « et j'ajoute que votre Mémoire a causé une vive sensation. »

Voir encore ci-après, p. 44.

(1) Correspondance inédite de Jacquemont et de son père avec M. Cordier.

(2) Lettre inédite, de New-York, le 27 janvier 1827. Voir aussi ce que disait Jacquemont dans le *Journal de son voyage dans l'Inde.* (Paris, 1841, in-4, p. 9).

Dans ses rapports avec ses aides de géologie, comme avec les ingénieurs des mines et les divers employés placés sous ses ordres, M. Cordier apportait une bienveillance digne, exempte de calcul, qui lui conciliait l'estime et le respect. S'il était exigeant, il avait le droit de l'être, car il donnait en tout l'exemple, et savait aussi, au besoin, user d'une indulgence toute paternelle. Il tenait pour maxime qu'un chef doit s'attacher à faire valoir les services de tous ceux qui travaillent sous sa direction, et cette maxime, ses anciens subordonnés proclament aujourd'hui avec reconnaissance qu'il la mettait en pratique. Les préparateurs de son laboratoire, traités par lui en véritables collaborateurs, étaient toujours honorablement cités, lorsqu'il y avait lieu. Le mérite avait auprès de lui des droits assurés que les considérations particulières et les intérêts privés étaient impuissants à surmonter. Il le prouva maintes fois dans ces occasions délicates qui reviennent périodiquement au sein des assemblées savantes, lorsqu'il s'agit de discuter les titres des candidats à une place vacante ou de voter pour une présentation. Sa loyauté, sa délicatesse, ne furent jamais trouvées en défaut, et il poussa souvent l'amour de l'équité jusqu'à prendre en main, sans y avoir été sollicité et de son propre mouvement, la cause de tel savant demeuré à l'écart, dont les titres l'avaient frappé. On le trouvait toujours disposé à encourager les jeunes gens, à favoriser leur carrière; il aimait à rendre ainsi ce que lui-même avait autrefois reçu. Presque jamais il ne promettait; mais, sans avoir donné d'espérance, il faisait ce qui était en son pouvoir pour procurer satisfaction aux demandes qui lui avaient paru justes; venait-il à réussir, on apprenait tout à la fois, ses démarches et leur succès au moment où l'on s'y attendait le moins. Sa correspondance montre combien de fois on éprouva de sa part de semblables surprises et à combien de jeunes ingénieurs et de jeunes savants profita son assistance éclairée et tutélaire.

Si ses auxiliaires de tous rangs pouvaient ainsi compter sur son patronage, il va sans dire que les savants étrangers étaient accueillis par lui avec une distinction toute particulière. La plupart de ceux qui marquent aujourd'hui dans la géologie lui ont eu des obligations dont témoigne sa correspondance. « La bien-« veillance que vous m'avez accordée lors de mon début dans « les sciences, lui écrivait de Neuchâtel en 1844 M. Agassiz,

« me fait espérer que vous voudrez bien me continuer vos fa-
« veurs et me faciliter la révision que je désire de quelques
« poissons fossiles de Monte-Bolca sur lesquels je ne possède
« pas de notes suffisantes.... » Ce savant lui demandait en
outre, avec une confiance qne lui donnait le passé, une dé-
marche personnelle de laquelle pouvait dépendre la poursuite
de ses travaux scientifiques, travaux dont M. Cordier faisait dès
lors tant de cas et qui ont valu depuis au professeur de Boston
une si juste célébrité. Il convient d'ajouter, qu'avare de son
temps, il ne réservait point exclusivement ses bonnes grâces
pour les correspondants et les visiteurs illustres, et qu'il était
même beaucoup moins empressé à leur faire sa cour qu'à
venir en aide au vrai mérite encore inconnu.

Avant de nous occuper des diverses fonctions que M. Cordier a remplies, nous ne saurions omettre de dire la part qu'il
prit en 1830 à la fondation d'une société éminemment utile aux
progrès de la science; nous voulons parler de la Société géologique, dont il fut élu dès l'abord et bien des fois réélu président.

Ingénieur des Mines par la démission de Dolomieu, le 16
juin 1801, Ingénieur en chef en 1809, Inspecteur divisionnaire
en 1810, M. Cordier fut promu au grade d'Inspecteur général
le 30 avril 1832 et chargé de l'Inspection du Sud-ouest, composée de vingt-deux départements. Il a ainsi siégé pendant
cinquante années consécutives dans le Conseil général de cette
administration où il portait, avec le fruit de son expérience, les
éminentes qualités qui le distinguaient dans le maniement et
la discussion des affaires, la lucidité, la précision, la sagacité,
cette espèce de tact qui fait reconnaître sans effort les points
décisifs, et une parfaite urbanité. Le nombre est immense des
dossiers qu'il a analysés, des rapports qu'il a faits au Conseil
pendant cette longue suite d'années; ils formeraient, s'ils pouvaient être extraits des archives et rassemblés par ordre de
matières, un Cours complet de l'administration des mines.

La présidence du Conseil général appartient de droit au ministre : à de très-rares exceptions près, elle était toujours
exercée par M. Cordier, vice-président, et il y rendait de tels
services qu'on fut heureux de le maintenir, à la faveur de
cette situation personnelle, à la tête du Corps des Mines, bien
qu'il eût depuis longtemps dépassé la limite d'âge règlemen-
taire établie en 1852.

Nous n'avons rien dit encore des nombreux travaux accessoires, tels que ceux de Commissions spéciales, ceux du Conseil d'État surtout, qui vinrent s'ajouter, pendant toute la durée du gouvernement de Juillet, aux affaires déjà si multiples que créaient à M. Cordier ses fonctions des Mines et ses tournées officielles, ses voyages géologiques et son professorat (1). Nommé maître des requêtes en septembre 1830, il devint en décembre 1837 conseiller d'État, participant aux délibérations des Comités et du Conseil. Et il s'en fallait de beaucoup que ce « service extraordinaire » fût pour lui un vain titre. On a exprimé souvent le regret que des savants dérobassent à la science, et pour ainsi dire à leur propre gloire, une portion de leur temps pour le dépenser dans la pratique secondaire des affaires publiques. Mais outre qu'un esprit supérieur, assez actif pour doubler le bon emploi des heures, peut mener de front des occupations diverses sans détriment pour aucune, pourquoi ne pas faire profiter la haute administration de l'aptitude générale que communique à l'esprit l'exercice des méthodes scientifiques, de celles notamment qui sont familières aux naturalistes? Cuvier en a fait la remarque en même temps qu'il en a fourni dans sa personne le plus éclatant exemple. Encore faut-il bien reconnaître que le Conseil d'État peut à la rigueur se passer d'un naturaliste; mais le concours d'un ingénieur comme M. Cordier lui était, on peut dire, indispensable dans les mille affaires, qui traitées en première instance au Conseil général des Mines, devaient subir le contrôle régulateur du Conseil d'État, avant d'être traduites en ordonnances royales. Le nombre et l'importance de ces affaires, intéressant l'aménagement de toutes les richesses minérales de la France et le développement de son industrie métallurgique, n'avaient cessé de s'accroître avec les développements, du commerce. Bien avant son entrée au Conseil d'État, dès 1814 et 1815, M. Cordier avait

(1) Élu secrétaire par l'Assemblée des professeurs-administrateurs, à son arrivée au Muséum d'Histoire naturelle, en 1820 et 1821, il fut nommé directeur en 1824 et 1825, en 1832 et 1833, et en 1838 et 1839. Depuis lors il déclina toute élection. Ses collègues, nous dit M. Geoffroy-Saint-Hilaire, étaient les premiers à reconnaître que son directorat se faisait toujours remarquer par de sages mesures administratives et par une grande impulsion donnée aux travaux du Muséum, aussi grande du moins que le permettait le budget toujours si insuffisant de cet établissement.

exercé sur les résolutions du gouvernement et sur la législation une influence décisive, par ses rapports sur les mines de houille de France et sur l'importation des houilles étrangères, questions qu'il fut appelé à traiter encore en 1832 dans le Conseil supérieur du Commerce. Lorsqu'après la révolution de 1848 il eut cessé de faire partie du Conseil d'État, cette assemblée faisait encore appel à ses lumières, en le consultant sur le projet de loi concernant les appareils et les bateaux à vapeur, matière habituelle des délibérations d'une commission spéciale d'ingénieurs, formée depuis 1840 au ministère des Travaux publics, et qu'il présidait : c'était la Commission des Machines à vapeur. La Commission supérieure des Chemins de fer le compta aussi à la tête de ses membres ; il présidait la section de l'exploitation technique : car ses autres spécialités ne l'avaient pas empêché de donner à la question des chemins de fer une continuelle attention, et il se montrait aussi entendu en cette matière qu'en tout le reste.

La politique, heureusement pour la science et pour M. Cordier lui-même, n'a guère mêlé ses fébriles [agitations à une vie si laborieuse. Une seule fois, en 1837, cédant (on peut employer ici avec vérité cette expression devenue banale) aux instances de ses amis, de ses compatriotes, touché surtout de la pensée de se rattacher par ce nouveau lien à sa ville natale, il avait consenti à accepter une candidature pour la Chambre des députés et à se présenter au collége électoral d'Abbeville. Sa profession de foi fut simple et empreinte des principes de sage liberté, de dévoûment au bien public ; c'était celle d'un citoyen également éloigné de se laisser séduire par l'illusion d'une vaine popularité et de céder aveuglément à l'impulsion du pouvoir. Les passions du jour ne s'accommodèrent poin de sa modération. Avant l'élection il écrivait à sa famille : « On fait rage contre moi, tout en rendant justice à mon ca- « ractère et à mes connaissances...... Un de mes anciens ca- « marades qui a conservé les listes des prix donnés de notre « temps au collége, me les a offertes : ce sera peut-être tout ce « que j'emporterai de ma campagne électorale...... Si je perds « la partie, ce qui pourra bien arriver, ce sera gaîment. » Et après son échec : « Je suis enchanté de me retrouver parfai- « tement libre comme je l'étais auparavant. Je fais, tête levée, « des visites à mes amis et principaux partisans, pour les re-

« mercier de leur concours. Ils ne se doutent pas combien il
« m'est aisé de me résigner ! »

Sollicité de se représenter quelques mois après, lors des
nouvelles élections générales de 1838, il s'y refusa formellement et rien ne put le faire céder. Mais les promesses de sa circulaire, qu'il ne lui avait pas été donné d'accomplir envers les
électeurs d'Abbeville, il les tint fidèlement vis-à-vis de lui-même,
lorsqu'en 1839 il se vit inopinément appelé à siéger à la Chambre des pairs. Cette promotion fut en effet une surprise que lui
avait ménagée l'éminent homme d'État chargé alors du porte-
feuille des travaux publics, M. Dufaure. Ce ministre, si capa-
ble d'apprécier le mérite, faisait un tel cas des services rendus
au pays par M. Cordier, qu'à son insu il avait proposé sa nomination au roi, et il ne l'informa de cette initiative qu'à l'issue
du conseil où l'ordonnance venait d'être signée (6 novembre 1839). L'atmosphère sereine de la Chambre des pairs, si
riche en talents, convenait parfaitement à M. Cordier : il y fut
accueilli avec empressement, et fit voir par ses travaux législatifs et par ses votes ce qu'il aurait été dans l'autre chambre (1).

Non moins désintéressé qu'indépendant, il montra aussi,
peu de temps après, quelle était la modération de son caractère, dans une circonstance demeurée inconnue, et dont
le secret nous est révélé par celui qui seul avait le droit de
le trahir. Le gouvernement eut à délibérer, dans l'été de 1840,
sur la convenance qu'il y aurait à rendre au Corps des Mines,
réorganisé sous son ancien titre de *Direction générale*, une
situation administrative en rapport avec le mérite de ses membres et avec les services importants que l'État reçoit d'eux.
Premier Inspecteur général et Pair de France, M. Cordier était
naturellement désigné pour le titre et le rang de *Directeur général;* mais il les déclina avec modestie, les regardant comme l'apa-
nage du poste de sous-secrétaire d'État, alors occupé par un administrateur très-capable. Il ne fut point donné suite à ce projet.

La révolution de Février, qu'il avait vu venir, rendit M. Cordier tout entier à ses travaux de prédilection, au Conseil géné-

____

(1) « Il ne fut le courtisan d'aucun gouvernement, » dit avec vérité le *Dictionnaire des Contemporains*, de Vapereau (1857).

« Un homme vient de mourir, dont on a trop peu parlé : M. Cordier, géologue
« et minéralogiste éminent... Il se fit remarquer par l'indépendance de ses votes
« à la chambre des Pairs...» (*Presse* du 5 mai 1861.)

ral des Mines, à ses voyages, à ses cours, à ses collections. Mettant désormais autant de soin à se faire oublier que d'autres en auraient mis à se produire, il réussit à se tenir exclusivement renfermé dans sa sphère professionnelle et scientifique. L'accomplissement de ses devoirs, le respect de la hiérarchie, le respect de soi-même, avaient toujours été la règle invariable de sa conduite. Les vicissitudes de la politique n'eurent point le pouvoir de le troubler : non pas qu'il ne sentît vivement tout ce qui choquait le bon sens, tout ce qui blessait la dignité et la justice ; mais il lui suffisait d'en témoigner une froide indignation, mêlée de profond dédain, et l'on se souvient d'avoir vu chez lui, — en plus d'une occasion de ce genre et tout récemment encore, — une tranquillité d'âme au-dessus du vulgaire.

Douze ans s'étaient écoulés dans cette réserve pleine de dignité : il était en voyage, au fond de la Suisse, lorsqu'au mois d'août 1859, sur la proposition spontanée du ministre des Travaux publics, il fut promu au grade de Grand-officier de la Légion d'honneur. Quand la nouvelle vint au loin le trouver, il témoigna qu'il était sensible à cette distinction, surtout en ce qu'elle était conférée pour la première fois au Corps des Mines en sa personne. Il avait été fait Chevalier en 1815, Officier en 1832, Commandeur en 1837. C'est presque toujours pendant ses absences qu'il s'était vu conférer de pareilles distinctions. Il n'avait aucun Ordre étranger ; mais un certain nombre de Sociétés savantes, voulant se l'associer, lui avaient envoyé leurs diplômes. Nous devons mentionner entre autres la Société géologique de Londres, qui le nomma, en 1821, l'un de ses cinquante membres étrangers, et la Société d'Émulation de Liége qui, en lui décernant, en 1827, le titre de membre honoraire, lui écrivait qu'elle avait voulu « non-seule-
« ment rendre hommage à la science, mais lui témoigner la
« reconnaissance du pays pour les services qu'il avait rendus
« lors de l'épouvantable catastrophe de Beaujonc, en 1812, et
« pour les conseils qu'il avait donnés alors aux propriétaires
« de houillères, conseils qui avaient produit un bien immense
« dans la province et amené des résultats incalculables (1). »

Voici à quelles circonstances cette lettre faisait allusion.

(1) Lettre du 28 octobre 1827.

Quinze ans auparavant, en février 1812, un accident terrible avait frappé de stupeur le pays de Liége : la houillère de Beaujonc, ayant été subitement inondée, quatre-vingt-treize ouvriers étaient restés enfouis dans une galerie à moitié envahie par les eaux, à cent soixante-dix mètres de profondeur, et leur sauvetage, admirablement organisé par le préfet de l'Ourthe, le baron Micoud d'Umons, avait, durant cinq jours et cinq nuits, retenu leurs familles et le public tout entier dans d'inexprimables angoisses aux abords de la mine. Cette catastrophe, alors sans exemple, excita partout au loin une vive sensation qu'augmentait encore le dévoûment héroïque du maître mineur Hubert Goffin (1). L'Empereur voulut qu'on lui en rendît compte et que des mesures lui fussent proposées pour prévenir autant que possible le retour de pareils désastres ; il désigna à cet effet M. Cordier, alors inspecteur divisionnaire des mines (2), et son camarade d'école, M. Beaunier, ingénieur en chef. La lettre de la Société d'Émulation de Liége nous apprend que M. Cordier n'avait pas borné sa mission à une enquête et à un rapport officiel, mais qu'il avait donné aux exploitants des instructions techniques dont ils avaient alors le plus grand besoin, qu'il avait conseillé et dirigé l'établissement de la première machine rotative, pour remplacer les anciens manéges employés à l'extraction de la houille, et qu'on se sentait redevable envers lui de tous les bienfaits qu'avait produits ce premier exemple. Combien d'autres exploitations de mines, combien de grands industriels en France ont plus tard dû aussi à ses avis éclairés et à ses vues fécondes la prospérité de leurs entreprises !

Cette marque d'un reconnaissant souvenir lui avait sans nul doute été agréable, mais on comprend que les honneurs du monde et les satisfactions de la vanité eussent au fond peu

(1) *Moniteur* des 8 et 28 mars 1812.—L'Empereur envoya à Hubert Goffin la croix de la Légion d'honneur. (*Relation de ce qui s'est passé dans l'exploitation de Beaujonc*, etc., Liége, 1812, broch. in-12). On voit aussi par le *Moniteur* du 11 septembre suivant, que l'Académie française avait aussitôt proposé cet événement dramatique pour le concours de poésie de cette année, et que le prix fut remporté par Millevoye. Sa pièce est intitulée : *Goffin, le héros Liégeois.*

(2) Reçu avec empressement par le préfet de Liége, M. Cordier trouva, en madame Micoud d'Umons, la veuve d'un de ses anciens compagnons d'Égypte. tué à Aboukir, et de là datait l'étroite amitié qui le lia le reste de sa vie avec la famille de madame Micoud.

de prise sur un caractère tel que le sien. Le travail et la science étaient tout pour lui. Son esprit sérieux avait de bonne heure dirigé toutes ses aspirations vers un triple but. Il voulait (dit-il un jour à un camarade d'école de qui nous tenons ce fait,) arriver aux grades élevés du Corps des Mines, à l'Institut et à une chaire du Jardin des Plantes. Cette ambition, dont le secret lui était ainsi échappé, il lui fut donné de la légitimer, jeune encore, par le talent, et de la justifier par le succès. Quant au reste, c'est-à-dire aux honneurs et aux dignités, ce qui lui en arriva vint à lui par surcroît et sans nulle poursuite de sa part : il eût plutôt cherché à s'y soustraire, comme à d'importunes obligations. En effet, quoiqu'il ait toujours été homme public, il n'aimait pas à paraître, et il n'eut jamais aucun goût pour la représentation officielle : on eût dit qu'il avait pris pour devise le *Benè qui latuit, benè vixit.* Dans sa jeunesse il avait su pourtant concilier le monde et la science, et avait beaucoup aimé la société, où il était lui-même très-recherché. Habitué des salons de cette époque où les lettres et les sciences se trouvaient réunies dans une si aimable hospitalité, il avait beaucoup joui de ces satisfactions de l'esprit qu'on y rencontrait alors, et le goût de semblables entretiens était demeuré toujours très-vif chez lui. De là bon nombre de relations qui s'étaient changées plus d'une fois en amitiés et en intimités.

En 1817, il avait épousé la nièce et la pupille d'un savant avec lequel depuis longtemps déjà il se trouvait en communauté de rapports scientifiques, le célèbre naturaliste Ramond. De cette union sont nés plusieurs enfants, dont il avait conservé un fils et trois filles qui, mariés successivement, groupèrent bientôt autour de lui une famille nombreuse.

« Vivre longtemps, a-t-on dit, c'est survivre. » M. Cordier donnait un démenti à cette triste vérité. Les années semblaient l'avoir épargné. Aussi droit de corps, plus actif et plus vif d'esprit que bien des jeunes gens, il trompait ceux-là même qui étaient le plus accoutumés à le voir. Son quatre-vingt-quatrième anniversaire approchait, et nul ne pouvait se persuader qu'il fût arrivé à la vieillesse; il n'en a connu les atteintes ni physiques, ni morales : aussi l'on songeait si peu à son grand âge, que sa mort a pu véritablement sembler prématurée. La veille du jour où sa santé, jusque-là invulnérable, fut ébranlée, se trouvant dans une maison amie, on l'entendit discuter avec chaleur et dans la plénitude de ses facultés le mode de formation des Calcaires magnésiens ou *Dolomies*, dont le nom lui rappelait le maître chéri de sa jeunesse. Sa conversation, nous dit l'un de ses interlocuteurs, eut ce soir là un intérêt tout particulier. Il avait, à une époque déjà assez reculée et à diverses reprises, visité l'une des contrées où ces roches se présentent le plus en grand et avec leurs caractères les plus saillants. Les noms et la physionomie des montagnes, les détours de leurs vallées, les détails de la structure géologique, tout lui était présent ; ses impressions paraissaient toutes fraîches, comme s'il fût récemment revenu du Tyrol. On lui exprima le désir qu'il fît connaître des vues si neuves et d'une si grande portée pour la science : « J'y ai pensé, dit-il ; j'ai déposé sur ce sujet une « note à l'Académie ; on la trouvera plus tard : ce sera mon « legs scientifique... » Il parla ensuite d'un voyage en Écosse, qu'il projetait pour l'automne prochain. Tous les assistants furent frappés de cette attitude, de cette parole si pleine de vie. Le lendemain sa santé commença à décliner, une maladie de l'estomac se déclarait, et, pour la première fois peut-être, il fut obligé de manquer la séance du Conseil général des Mines : ses collègues ne purent se défendre d'un douloureux pressentiment.

En effet, il voulut lutter contre le mal et continua de vaquer pendant près de quinze jours à ses diverses occupations ; bientôt ses forces le trahirent. Le 9 mars il avait encore présidé une commission au Muséum. Mais le vendredi 10 il se mit au lit et l'on vit la maladie s'accuser chaque jour davantage. M. Cordier ne se fit pas illusion et, dans cette épreuve suprême, sa philosophie ne l'abandonna point. Il fit réunir tous les rapports et documents soumis en dernier lieu à son examen, dicta des lettres de renvoi qu'il voulut encore signer lui-même, et donna ses instructions pour que ces divers dossiers fussent adressés aux ministères, à l'Institut ou aux commissions d'où ils émanaient, afin que les affaires ne souffrissent pas, par le fait de sa maladie, un plus long retard et qu'il ne s'en perdît aucune pièce. Le sentiment de la responsabilité que lui imposaient ses fonctions se maintenait ainsi chez lui jusqu'à la fin : on peut dire qu'il en a rempli tous les devoirs jusqu'au bout. Le 14 mars il avait dicté ses dernières dispositions : « Je ne veux « pas, avait-il dit, d'honneurs militaires ni de discours sur

« ma tombe ; je désire être inhumé suivant le rite protestant,
« comme le plus simple. J'ai toujours tâché de vivre simple-
« ment, je veux mourir de même. » Le samedi 30 mars au
soir il expirait, entouré des soins de sa famille, sincèrement
pleuré de ceux qui l'avaient approché ou qui avaient dépendu
de lui, et tout particulièrement des nombreux employés de ce
Jardin des Plantes où il avait passé quarante-deux années
de sa vie.

Ses volontés furent obéies. L'Institut, le Corps des Mines, le
Muséum d'histoire naturelle, représentés par leurs députations,
entourèrent silencieusement son cercueil, non sans regretter
qu'il eût enchaîné à cette heure solennelle les voix les plus aptes
à faire valoir le mérite du savant qu'on venait de perdre et à
exprimer avec autorité les sentiments que renfermaient tous les
cœurs. Ces adieux muets eurent aussi leur éloquence. Mais il
fallait bien que ce silence fût rompu tôt ou tard, et nous ne
pensons pas nous être écarté des intentions de M. Cordier, nous
croyons avoir répondu à un légitime désir de ses amis, en
rédigeant sur sa vie et ses travaux cette notice succincte —
qui était aussi pour nous un besoin du cœur, — et où nous nous
sommes efforcé d'être avant tout l'interprète fidèle d'appré-
ciations et de jugements étrangers, afin de rester scrupuleuse-
ment vrai.

P. S. Au moment de mettre sous presse, nous recevons communication d'un
document plein d'un touchant intérêt. C'est une note manuscrite de Dolomieu,
tracée par lui dans sa prison à Messine en juillet 1799 sur les marges d'un volume
qu'il avait gardé en sa possession. Elle concerne M. Cordier et est ainsi conçue :
« CORDIER. Jeune homme qui a de l'esprit et qui pourra figurer dans la car-
« rière des sciences. Sa conduite envers moi pendant tout le temps qu'il m'a
« accompagné a été parfaite, toujours mesurée, toujours attentive, toujours obli-
« geante : aussi mes sentiments pour lui sont ceux d'un père. J'aurais voulu
» qu'on le fît moins ressouvenir qu'il porte une jolie figure ; je désire que des
« avantages précoces ne dilatent pas trop son amour-propre. Mais le temps
« fanera l'une, la fréquentation du monde contiendra l'autre, et toutes les ex-
« cellentes qualités resteront. » Il était impossible de mieux pronostiquer que
ne le faisait ainsi Dolomieu, il y a soixante-deux ans, l'avenir réservé à son
jeune compagnon. Ceux qui ont connu M. Cordier à diverses époques de sa vie,
admireront la profonde justesse de cet horoscope à la fois si sérieux, si amical,
si paternel. On l'a vu réalisé de tout point, sauf peut-être en ce qui concerne
l'action du temps qui, nous l'avons dit, eut pour M. Cordier des faveurs si
exceptionnelles.

LISTE CHRONOLOGIQUE ET RAISONNÉE

DES TRAVAUX

DE M. P.-L.-A. CORDIER.

1. *Notice sur la Pictite.* (Journal de Physique, prairial an VI (1798), t. XLVI, p. 454.)

2. *Extrait d'un Mémoire du citoyen Haupt sur les volcans éteints des bains de Bertrich, département de Rhin et Moselle, ci-devant Électorat de Trèves.* (Journal des Mines, an IX (1801), t. X, p. 507.)

3. *Rapport à la Conférence des Mines sur les Manganèses oxydés, susceptibles d'être employés dans les procédés des Arts.* (Journal des Mines, an IX (1801), t. X, p. 763, et Annales de Chimie, XLVI, 74.)

   Travail de longue haleine, fait en commun avec l'ingénieur Beaunier, et dont les résultats sont devenus également utiles aux minéralogistes et aux manufacturiers.

4. *Extrait du Traité de Minéralogie de Brochant.* Nivôse an IX (1801). (Journal des Mines, t. XI, p. 228.)

5. *Examen des propriétés minéralogiques et chimiques qui prouvent l'identité de la Lépidolite avec le Mica, précédé de quelques réflexions sur la spécification des substances minérales.* (Journal de Physique, nivôse an X (1802), t. LIV, p. 159.)

6. *Extrait d'un Mémoire, lu à l'Institut, sur l'amalgame natif d'argent (Mercure argental de Haüy).* (Journal de Physique, germinal an X (1802), t. LIV, p. 317.)

   La plupart des caractères de cette substance n'étaient point encore connus, et son analyse manquait à la science. « Le travail de M. Cordier, dit le *Journal de Physique*, ne laisse rien à désirer sous ce double rapport. »

7. *Mémoire sur le Mercure argental, lu à l'Institut national.* (Journal des Mines, an X (1802), t. XII, p. 1.)

L'analyse et la détermination des caractères physiques du mercure argental ont fixé les idées sur une espèce à peine connue. M. Cordier y a trouvé le mercure à l'état solide, et a constaté que sa pesanteur spécifique est plus considérable que celle du métal isolé.

8. *Sur le minéral connu sous le nom d'OEil-de-chat (Katzenauge).* (Journal de Physique, messidor an X (1802), t. LV, p. 47.)

Ces deux Mémoires ont rectifié l'opinion des minéralogistes sur ces deux fausses espèces, et ont prouvé combien la méthode de spécification empirique qui dominait en Allemagne était vicieuse.

9. *Lettre au citoyen Devilliers fils sur les volcans d'Auvergne.* (Moniteur du 12 nivôse an XI (2 janvier 1803.)

Datée de Nismes le 15 vendémiaire an XI (7 oct. 1802) : « Que vous aviez raison de me vanter l'Auvergne et ses volcans éteints ! L'enthousiasme que vous inspire cette terrible contrée n'a plus rien qui me surprenne ; je viens de la parcourir, d'y suivre religieusement la route ouverte par Dolomieu : en m'attachant à ses traces, en cherchant à m'élever à la hauteur de ses belles conceptions, je croyais encore rendre hommage à la mémoire de notre maître. »

10. *Lettre à J.-C. De La Métherie, sur les volcans récents du Vivarais et de l'Auvergne, et sur les Cévennes et les Pyrénées.* (Journal de Physique, nivôse an XI (1802), t. LVI, p. 221.)

11. *Lettre au citoyen Devilliers fils, ingénieur des ponts et chaussées, sur son excursion aux Canaries, sur l'Ile et le Pic de Ténériffe.* (Journal de Physique, messidor an XI (1803), t. LVII, p. 55. Extrait du Publiciste : Moniteur universel, 3 fructidor an XI (21 août 1803.)

Datée de Santa–Cruz de Ténériffe, le 1er mai 1803 : « Je viens, mon cher ami, de terminer ma septième campagne géologique par un voyage des plus intéressants.... » — La relation de ce voyage a fait connaître cette montagne et l'île entière sous un jour tout à fait nouveau. Plusieurs erreurs commises par les voyageurs qui avaient précédé M. Cordier ont été rectifiées par lui. Il a augmenté de nouveaux faits la connaissance des produits volcaniques et de leurs passages, et déterminé pour la première fois d'une manière rigoureuse la mesure barométrique du Pic. C'est le 17 avril 1803 que M. Cordier en fit l'ascension.

12. *ettre à J.-C. De La Métherie,* sur une ascension au Pic de Ténériffe, en avril 1803, datée de l'île de Madère, le 12 prairial, an XI. (Journal de Physique, messidor an XI (1803), t. LVII, p. 64.)

Nous y remarquons ces paroles : « Je sais que *la nature peut produire les mêmes effets par des moyens divers,* et que l'autorité des gens qui savent bien voir doit passer avant des conjectures ou même des probabilités. *De quel droit d'ailleurs aurait-on des opinions exclusives?* Dans quelle science physique nos connaissances sont-elles absolues? C'est ce que j'ai appris dans vos leçons, celles de Dolomieu et de Saussure... »

13. *Description et analyse du Sphène, faite au laboratoire de l'École des mines.* (Journal des Mines an XI (1803), 73, t. XIII, p. 67).

Ce travail renferme (p. 72) d'importantes observations sur la classification des minéraux que la *Nouvelle Biographie générale* (1856) a par erreur mentionnées comme un mémoire distinct.

14. *Description et analyse du minéral connu sous le nom de Mine de Manganèse violet du Piémont.* (Journal des Mines, an XI (1803), t. XIII, p. 135.)

L'analyse et la description soit du Sphène, soit du prétendu Manganèse violet du Piémont, ont débarrassé la méthode de deux fausses espèces. Par suite de ses recherches, M. Cordier a reconnu que le titane-silicéo-calcaire existait dans un grand nombre de roches granitiques.

15. *Lettre à J.-C. De La Métherie, sur le Cantal et les montagnes d'Aubrac.* (Journal de Physique, prairial an XII (1804), t. LVIII, p. 462.)

« Vous voyez, écrit M. Cordier, que nous n'avions pas même besoin des volcans modernes, au milieu de tous ces antiques débris volcaniques, et de l'identité des produits des uns et des autres, pour conclure la volcanicité des plus anciens. Il est d'heureuses circonstances de gisement qu'il faut chercher, au lieu de s'obstiner sur des indéterminés ou des miniatures géologiques. »

16. *Rapport fait au Conseil des Mines, sur un Voyage à la Maladetta, par la vallée de Bagnères-de-Luchon dans les Pyrénées.* Communiqué et lu à la Société philomatique, dans sa séance du 17 pluviôse, an XII. (Journal des Mines, an XII (1804), t. XVI, p. 249.)

La relation de ce voyage à la Maladetta contient une reconnaissance détaillée de cette montagne presque inaccessible, de la vallée de Bagnères de Luchon et de ses abords. On sait maintenant que la Maladetta est la plus haute sommité granitique des Pyrénées, qu'elle ne le cède pas en élévation au Mont-Perdu, et qu'elle présente différents phénomènes géologiques qui étaient peu connus ou ne l'étaient point encore avant l'ascension de M. Cordier.

17. *Carte des hautes montagnes de l'intérieur de la France, par P.-L. Cordier, ingénieur des Mines de l'Empire.* (Gravée par Tardieu, an XII (1805), in-fol.) Restée inédite.

Cette carte, qui était terminée en frimaire an XIV, était destinée à accompagner un travail dont M. Cordier avait commencé la rédaction en 1808, rédaction restée inachevée.

Sur cette carte devaient être distingués à l'aide de couleurs les terrains primitifs, ceux de transport ou de dépôt (secondaires et tertiaires), ceux présumés d'origine volcanique très-ancienne, et les volcans éteints modernes. Si elle eût été publiée, elle aurait précédé de près de dix années celle de Desmarets, et elle aurait été la première carte géologique d'une portion considérable du territoire français, puisque celle des environs de Paris de Cuvier et Brongniart ne parut qu'en 1810.

18. *Lettre à J.-C. De La Métherie, sur les substances volcaniques, dites Grünstein volcanique.* (Journal de Physique, 1806, t. LXIII, p. 234.)

Cette lettre est la première attaque portée par M. Cordier au système des géologues neptuniens. Il en résulte qu'une des bases de ce système reposait sur une erreur, qui consistait à regarder le Grünstein trappéen du Meisner comme composé des mêmes éléments que le Grünstein primitif. Il s'est trouvé que ce prétendu Grünstein trappéen était une roche particulière formée de Feldspath, de Pyroxène et de Fer titané, et qu'il n'en existait d'analogue que dans les terrains évidemment volcaniques.

19. *Détermination des caractères géométriques de la Yénite.* (Journal des Mines, 1807, t. XXI, p. 67.)

20. *Recherches sur différents produits volcaniques. 1° Des sables ferrugineux.* (Journal des Mines, 1807, t. XXI, p. 249.)

Ce mémoire a démontré que tous les sables ferrugineux volcaniques, sans exception, sont composés d'un minéral particulier, considéré jusqu'alors comme extrêmement rare, le Fer titané, et pouvant servir à caractériser certains groupes naturels de roches volcaniques.

21. *Observation d'un arc-en-ciel lunaire,* datée de Cahors, le 19 août 1807. (Journal de Physique, t. LXV, p. 208.)

22. *Description géologique et minéralogique du département du Lot.* (Journal des Mines, 1807, t. XXI, p. 445, et t. XXII, p. 5.)

C'est un compte rendu de l'état des mines et usines dans le département du Lot. Cette description présente le tableau circonstancié d'une contrée formée des trois sortes de terrains : primitifs, secondaires et tertiaires. M. Cordier y admet cette dernière division et la justifie par des descriptions positives.

23. *Suite des recherches sur différents produits des volcans.* 2° *De la manière d'être du Fer titané dans les roches volcaniques, et du rôle volcanique qu'y joue ce minéral.* (Journal des Mines, 1808, t. XXIII, p. 55.)

Ces expériences sur la manière d'être du Fer titané dans les roches volcaniques de tous les âges forment, avec les précédentes recherches sur les sables ferrugineux, un travail important et complet. Il en est résulté principalement un nouveau lien général entre les prétendues roches trappéennes et les roches volcaniques incontestables, les unes et les autres ayant été reconnues pour contenir également du Fer titané disséminé et lui devoir leur magnétisme.

24. *Note sur le Dusodile, nouvelle espèce de bitume, ou combustible composé.* (Journal des Mines, 1808, t. XXIII, p. 271. — Bulletin de la Société philomatique, 1808, t. I, p. 219.)

25. *Description du Dichroïte, nouvelle espèce de pierre.* (Journal des Mines, 1808, t. XXV, p. 129. — Journal de Physique, avril 1809. — Bulletin de la Société philomatique, 1809, t. I, p. 352. — Taschenbuch de Leonhard, t. IV, 176.)

Ces descriptions du Dysodile et du Dichroïte font connaître deux espèces minérales nouvelles, dans la seconde desquelles M. Cordier a découvert le remarquable phénomène d'optique appelé *Dichroïsme*, c'est-à-dire la propriété qu'ont certains minéraux de présenter deux couleurs différentes, selon qu'ils sont regardés suivant tel ou tel axe. On sait l'importance des travaux qui ont trait aux spécifications, le nombre des espèces minérales étant très-borné et ne s'élevant pas à plus de 200 dans la méthode d'Haüy. Le nom de *Cordiérite*, qui a été donné au *Dichroïte* par Haüy, rappelle que les travaux cristallographiques sur cette espèce minérale sont dus à M. Cordier. — M. Haidinger a publié dans le *Recueil de la Société des sciences de Bohème*, V° série, t. IV, un Mémoire *Sur la Cordiérite* (tiré à part, in-4°, Prague, 1845, 21 pages). M. J.-F.-L. Haussmann a fait paraître en 1859 un Mémoire *Sur les formes cristallines de la Cordiérite de Bodenmais en Bavière* (Gœttingue, 1858, in-4° de 16 pages).

26. *Lettre sur le système volcanique du Mont Mézin (Ardèche).*
(Journal des Mines, 1809, t. XXVI, p. 239. — Bulletin de
la Société philomatique, 1809, t. I, p. 413. — Journal
de Physique, octobre 1809, t. LXIX, p. 460. — Reproduite
dans les Annales de la Société d'agriculture du Puy, en
1843, t. XI, p. 148.

27. *Description des Mines de houilles embrasées, et des Alumi-
nières du pays d'Aubin, département de l'Aveyron.* Extrait
d'un rapport fait au Conseil général des Mines en 1807.
(Journal des Mines, 1809, t. XXVI, p. 401.)

Ce mémoire a eu pour but d'expliquer les conditions de l'inflammation
spontanée de la houille dans les mines, ainsi que les phénomènes qui en
sont la suite. Beaucoup de minéralogistes assimilaient les phénomènes
volcaniques avec ceux qui résultent de la décomposition des pyrites et de
l'incendie des mines de houille. M. Cordier a démontré que cette assimi-
lation ne pouvait soutenir un examen rigoureux, étant fondée sur des
analogies qu'il avait trouvées presque entièrement fausses dès qu'il en
voulait préciser les termes.

28. *Compte rendu des procédés suivis à la forge à la Catalane
à Monségou, département du Tarn.* Extrait d'un compte
rendu au Conseil des Mines de l'Empire, sur l'état des
mines et usines de ce département. (Journal des Mines,
1810, t. XXXVII, p. 181.)

29. *Rapport sur les sources salées de Bobbio, dans le ci-devant
département de Gênes.* (Journal des Mines, 1810, t. XXVII,
p. 337.)

Ces sources avaient été récemment découvertes par M. Cordier, et il en
avait adressé la description et l'analyse au Conseil des Mines de l'Empire.

30. *Rapport sur le gisement de la mine de plomb de Brassac,
département du Tarn.* (Journal des Mines, 1810, t. XXVIII,
p. 165.)

31. *Rapport sur la mine de cuivre de Rosières, près Carmeaux,
département du Tarn.* (Journal des Mines, 1810,
t. XXVIII, p. 421.)

32. *Résultats des Mémoires adressés à la Société philomatique
sur le Flos-ferri, l'Idocrase des Pyrénées, l'identité de la
Séméline au Titane-silico-calcaire, et la nécessité de*

réunir *l'Amphibole, la Trémolite et l'Actinote.* (Journal de Physique, 1810, t. LXI, p. 68, 70 et 77.)

Ces résultats sont consignés par De La Métherie dans son *Discours préliminaire,* qui ouvre la vingt et unième année de l'excellent *Journal de Physique* qu'il rédigeait (t. LX, *loc. cit.*). M. Cordier s'y trouve encore mentionné en plusieurs endroits, notamment aux pages 90 et 91, pour diverses observations sur les volcans.

« M. Cordier s'est le premier trouvé à portée d'observer des cristaux « complets de Trémolite... Il a reconnu que cette substance devait être « réunie à l'amphibole, » dit Haüy dans son Mémoire sur une loi de la cristallisation, dite loi de symétrie. (*Journal des Mines,* 1815, t. XXXVII, p. 359.)

33. *Description géologique et statistique minérale du département des Apennins.* (Journal des Mines, 1811, t. XXX, p. 81. — Analyse : Taschenbuch de Leonhard, t. XI, p. 282.)

Ce mémoire offre sur une partie de la chaîne des Apennins des faits contraires à plusieurs idées alors admises sur la composition et la structure des montagnes en général. M. Cordier y constate par exemple que le sol primordial y est presque entièrement composé d'Euphotides, roches très-rares dans les autres parties de l'Europe, et que le Jaspe, qui est plus rare encore, s'y trouve en montagnes superposées au grès rouge.

34. *Mémoire sur le Saphir d'eau.* (Journal de Physique, janvier 1813, t. LXXVI, p. 204.)

Ce mémoire a déterminé les caractères de la substance ainsi nommée, et a assigné enfin sa place dans la méthode.

35 à 37. — Nota. Il a été dit ci-dessus, p. 25, que M. Cordier avait eu la plus grande part aux actes législatifs qui ont, depuis cinquante ans, modifié et complété l'Administration des Mines de France, et aux nombreux règlements tant généraux que particuliers, qui ont plus ou moins contribué au développement de la prospérité dont a joui depuis lors l'industrie métallurgique, cette branche si importante de l'industrie nationale, à laquelle est due annuellement la création de centaines de millions de valeurs en substances minérales de toute espèce. Avant donc le rapport de 1814 sur les mines de houille, qui va être mentionné, il convient d'indiquer ici pour mémoire deux décrets rendus littéralement d'après les projets que M. Cordier en avait fournis, savoir : 1° celui du 6 mai 1811, relatif à l'assiette des redevances sur les mines (*Journal des mines,* t. XXIX, p. 461), et 2° celui du 3 janvier 1813, sur la police des mines (*Ibid.,* t. XXXIII, p. 187). Enfin, c'est encore d'après le projet fourni par lui, et en le suivant à la lettre, que fut arrêtée, le 1er août 1814, la *Division minéralogique de la France,*

avec un *Aperçu des produits des exploitations et des usines du royaume* (*Ibid.*, t. XXXVI, p. 219), premier travail de ce genre publié par l'Administration des mines. Peuchet, dans sa *Statistique générale*, et Héron de Villefosse, dans sa *Richesse minérale*, avaient donné plusieurs années auparavant des états approximatifs analogues. Mais soit que ces auteurs eussent conclu d'un trop petit nombre de faits, ou de faits inexacts, ou qu'ils eussent généralisé les faits à eux connus, en partant d'hypothèses trop éloignées de celles qu'il eût fallu adopter, leurs résultats se trouvaient presque entièrement fautifs et surtout excessivement exagérés. Mettant à profit tous les renseignements anciens et nouveaux, surtout ceux obtenus depuis la loi sur les mines du 21 avril 1810, et le décret du 6 mai sur les redevances, ouvrant en outre une correspondance directe avec les ingénieurs des départements, M. Cordier parvint à réunir les éléments de ce travail considérable qui représentait l'état des choses dans sa plus exacte vérité. Des deux décrets et de l'arrêté qu'on vient de citer, M. Cordier reçut deux *exemplaires d'auteur*, qui se trouvent ainsi tout naturellement avoir leur place dans la collection de ses travaux personnels de haute administration, au même titre que le rapport qui suit.

38. *Rapport sur l'état des mines de houille de France et sur la question de l'importation des houilles étrangères* (avec une *Carte générale des mines de houille de la France*), 1814. (Journal des Mines, 1815, t. XXVI, p. 321.)

On peut dire que ce grand mémoire est la première statistique que nous ayons eue sur cette branche si considérable de la richesse publique. Le seul ouvrage que l'on possédât sur les mines de houille de France était l'estimable travail de Lefèvre-d'Hellancourt, publié en 1803, qui aura toujours son importance comme marquant une époque très-intéressante de l'Administration des Mines en France et présentant l'histoire des produits, des espérances de produits et des débouchés propres alors à chaque département. Mais en 1803 l'administration manquait de moyens pour connaître exactement la composition des établissements en activité, et Lefèvre-d'Hellancourt avait été obligé de conclure ses résultats, soit d'après des états de situation fautifs, soit d'après des analogies hasardées. L'assiette des redevances des mines en 1811 et 1812 fit ressortir ce vice radical, en prouvant que les données générales admises par lui étaient exagérées de près de moitié.

Appelé à s'occuper de cette matière en 1814, à l'époque où venait de finir la longue guerre maritime de l'Empire et où l'ouverture subite et inconsidérée de nos ports donnait lieu à une perturbation générale du commerce, qui menaçait particulièrement de ruiner nos exploitants de mines de houille, M. Cordier pensa qu'on ne pouvait réunir trop de faits et de documents pour plaider utilement cette cause nationale. Son remarquable mémoire, premier tableau fidèle de nos exploitations houillères, a servi de base aux mesures législatives adoptées à partir de 1814; et il est devenu le point de départ des recherches et des discussions ultérieures, toutes les fois que l'importante question des droits d'entrée à l'importation du charbon de terre a reparu à l'ordre du jour.

Au sujet de la carte jointe à ce travail, M. Léopold de Buch lui écrivait le 2 décembre 1816 : « Votre carte des mines houillères de France est bien « une carte que la Géologie réclame, tout instructive qu'elle puisse être « en même temps pour les intérêts politiques de votre patrie. »

39. *Description géologique, technique et économique des mines de houille de Saint-Georges-Chatelaison, département de Maine-et-Loire.* (Journal des Mines, 1815, t. XXXVII, p. 161 et 257.)

Ce travail, un des plus difficiles et des plus délicats que les ingénieurs des mines aient à exécuter, fut inséré par l'Administration dans le *Journal des Mines*, comme un modèle du genre. Il renferme la description d'un gisement remarquable de houille grasse, dans lequel on n'avait trouvé jusqu'alors aucun débris de corps organisés et qui paraissait devoir être classé parmi les terrains de transition proprement dits.

40. *Mémoire sur les substances minérales compactes, dites « en masse,» qui servent de base à la composition des roches volcaniques de tous les âges,* lu à la première classe de l'Institut, dans les séances des 16 et 30 octobre et 16 novembre 1815. (Journal de Physique, 1816, t. LXXXIII, p. 135, 285 et 352. — En extrait, Annales de Chimie et de Physique, t. III, p. 283. — Journal des Mines, t. XXXVIII, p. 383. Bulletin de la Société philomatique, 1816, p. 5.) —Rapport de MM. Haüy, Le Lièvre et Ramond, à l'Académie des sciences le 20 novembre 1815. —Taschenbuch de Leonhard, t. XII, 441.)

Ce grand travail a eu un objet principal et des conséquences qu'il importe de signaler. Les contrées que M. Cordier avait jusqu'alors le plus étudiées, celles de l'intérieur de la France, étaient précisément celles sur lesquelles il n'avait encore pour ainsi dire rien écrit. C'est qu'il regardait la minéralogie volcanique comme trop imparfaite pour qu'il lui fût possible de rendre un compte satisfaisant de ses nombreuses observations sur l'Auvergne, le Velay et le Vivarais, et il pensa qu'il fallait avant tout s'occuper de refaire toute cette partie de la science. Il a en effet démontré par des expériences nouvelles et par l'application des moyens mécaniques et microscopiques à l'étude des roches, non-seulement la nature jusqu'alors méconnue des produits volcaniques des temps modernes, mais encore celle d'une foule de couches de la terre que l'on croyait avoir été formées par l'intermède de l'eau. Ce mémoire a eu la plus grande influence pour terminer une discussion célèbre entre les géologues, celle qui pendant de longues années les avait partagés en deux sectes, les *Neptunistes* et les *Vulcanistes*.

« M. Cordier, dit M. Daubrée, aujourd'hui son successeur à l'Institut et

« au Muséum d'histoire naturelle, a rigoureusement défini, à l'aide d'un
« procédé d'analyse nouveau, la constitution minéralogique des roches
« volcaniques, et l'analogie qui unit toutes ces roches, lors même qu'elles
« sont de nature variée. » (*Etudes et expériences, etc.*, Mémoire couronné
par l'Institut, Académie des Sciences. Paris. 1859, in-8°, p. 35.)

Voir encore ci-dessus, p. 10 et 18.

41. *Mémoire sur la montagne de sel gemme de Cardonne en Espagne*, présenté à l'Académie des sciences, lu à la Société philomatique le 2 mars 1816. (Bulletin de ladite
Société, 1816, p. 57. — Journal de Physique, mars 1816,
t. LXXXII, p. 243. — Extrait, Annales des Mines, 1817,
Ire série, t. II, p. 179. — Taschenbuch de Leonhard,
t. XIV, p. 497, et XV, p. 49.)

42. *Note sur les roches de Serpentine observées jusqu'à présent
dans les montagnes de l'intérieur de la France.* (Annales des Mines, 1817, Ire série, t. II, p. 345.)

43. *Article sur le « Traité des caractères physiques des pierres
précieuses, pour servir à leur détermination lorsqu'elles
ont été taillées, » publié par l'abbé Haüy.* (Moniteur universel du 28 novembre 1817.)

Nous avons cité ci-dessus p. 9 la fin de çet article. M. Cordier y relève le
préjugé vulgaire qui fait croire aux gens du monde « qu'on ne saurait rom-
« pre un diamant à coups de marteau, parce qu'ils ont entendu vanter l'ex-
« cessive dureté de ce précieux minéral... C'est, ajoute-t-il, par suite d'une
« erreur analogue à celle des compagnons de Pizarre, qu'une partie des sa-
« bres en damas trouvés après la bataille des Pyramides furent brisés par
« les soldats de l'armée d'Égypte. Il en est de l'acier comme des pierres
« précieuses : le plus dur est aussi le plus fragile. »

44. *Notice nécrologique sur le baron Micoud, ancien préfet du
département de l'Ourthe.* (Moniteur universel du 30 décembre 1817.)

M. Cordier y rappelle l'événement de la mine de Beaujonc, dont il a été
parlé plus haut, et le zèle déployé par le baron Micoud, pour la délivrance
des ouvriers ensevelis dans cette mine.

45. *Note sur un nouvel emploi de la vis d'Archimède.* (Annales des Mines, 1817, Ie série, t. II, p. 481.)

46. *Instructions données en 1817 par l'Académie des sciences à
M. Louis de Freycinet pour diriger les recherches de
géologie et de minéralogie dont il doit s'occuper pendant*

son voyage autour du monde, sur les corvettes de Sa Majesté l'Uranie *et* la Physicienne. (Ms.)

Dans le Rapport fait à l'Académie des Sciences, le 22 août 1821, sur les résultats de ce voyage, il est fait mention, page xxvii, d'une note de M. Cordier sur les collections géologiques.

47. *Tableaux et observations : 1° sur les substances minérales produites ou importées en France en* 1816 *et* 1817 ; *2° sur les produits bruts des usines, minières, tourbières, sources salées et marais salants du royaume.* (Annales des Mines, 1818, Ire série, t. III, p. 571.)

48. *Description des ruines de* SÂN (TANIS *des anciens*) *et observations sur les atterrissements de la basse Égypte.* (Dans le grand ouvrage sur l'Égypte, Antiquités et Descriptions, t. II, chap. xxiii. Imprimerie royale, 1818, in-fol.)

49. *Notice sur plusieurs substances minérales récemment découvertes.* (Annales des Mines, 1818, Ire série, t. III, p. 3.)

50. *Description de la Craitonite et comparaison de ses caractères avec ceux de l'Helvin.* (Annales des Mines, 1818, Ire série, t. III, p. 449.)

51. *Mémoire sur les cristaux de cuivre carbonaté, d'après les dernières observations de M. l'abbé Haüy.* (Annales des Mines, 1819, Ire série, t. IV, p. 3.)

52. *Mémoire sur la roche anomale dite Brèche siliceuse du mont Dore,* lu à l'Académie des sciences le 7 septembre 1818. (Annales des Mines, 1819, Ire série, t. IV, p. 205. — Annales de Chimie et de Physique, t. IX, p. 71.)

53. *Notice sur la mine de sel gemme récemment découverte à Vic.* (Annales des Mines, 1819, Ire série, t. IV, p. 495.)

54. *Extrait d'un article de M. André del Rio sur la découverte du chrome dans le plomb brun de Zimapan.* (Annales des Mines, Ire série, t. IV, p. 499.)

55. *Observations sur une lettre de M. Abel Rémusat à M. Cordier, relative à l'existence de deux volcans brûlants dans
la Tartarie centrale*, 1820. (Annales des Mines, Ire série,
t. V, p. 137.— Annales de Chimie et de Physique, t. XIV,
p. 311. — Journal de Physique, t. XC, p. 472. — Journal asiatique, 1824, 1re série, t. V, p. 47.)

56. *Mémoire sur la pierre d'Alun (alunite, alaunstein) cristal-
lisée*, 1820. (Annales des Mines, 1820, Ire série, t. V, p.
303. — Mémoires du Muséum d'histoire naturelle,
t. VI, p. 204.)

57. *Note sur les sels ammoniacaux qu'on pourrait rencontrer
accidentellement dans les mines de houille embrasées*,
1820. (Annales des Mines, Ire série, t. V, p. 377.)

58. *Distribuzione delle Rocce e classificazione geologica dei
Terreni, del signor P.-L. CORDIER, professore di Geologia
al Museo di Storia naturale di Parigi, esposta nel suo
corso dell'anno* 1822. (Publié par l'abbé Maraschini
dans la *Biblioteca italiana* de Milan en décembre
1822 et tiré à part. — Reproduit dans l'*Isis* d'Oken,
Zehntes Heft, 1823, in-4°, p. 1081 et suiv. — Extrait
analytique dans le Bulletin universel des sciences naturelles, en 1825, t. IV, p. 205 à 209.)

59. *Note sur une suite de roches de Sardaigne, décrite par le
chevalier Albert de La Marmora.* (Mémoires du Muséum
d'histoire naturelle, 1824, t. XI, p. 309.)

60. *Rapport verbal fait à l'Académie des sciences en 1824 sur
le Traité élémentaire de minéralogie publié par M. Beudant.* (Ms.)

61. *Instructions de minéralogie et de géologie.* (Chapitre IV
des *Instructions* pour les voyageurs et les employés
dans les colonies sur la manière de recueillir, conserver
et d'envoyer les objets d'histoire naturelle, rédigées sur
l'invitation du Ministre de la marine et des colonies, par

les Professeurs-administrateurs du Muséum. Paris, in-8°,
1re éd. 1824 ; 5e éd. 1860.)

62. *Rapport fait à l'Académie des sciences le lundi 22 août
1825 sur le voyage de découvertes exécuté dans les années
1822-1824, sous le commandement de M. Duperrey.* (Annales de Chimie et de Physique, 1825, t. XXX, p. 363.
— Extrait : Annales des Sciences naturelles, 1825, t. VI,
p. 206.)

63. *Mémoire sur la mine d'Alun du mont Dore* (situation, description et explication), juin 1826. (Annales des Mines,
Ire série, t. XII, p. 527, 540, 553.)

L'existence de cette mine était inconnue lorsque M. Cordier publia dans
les *Annales des Mines* de 1819 son mémoire sur la prétendue Brèche siliceuse du mont Dore. Aucun des minéralogistes qui depuis vingt ans
avaient vu cette Brèche en place, n'y avait attaché d'importance ; aucun
ne s'était douté de sa nature. M. Cordier y signala un riche minerai d'alun
dont le gisement devait être dans le petit vallon de la Craie. Une vérification étant nécessaire, M. Cordier fut autorisé à l'exécuter lui-même. Après
divers retards involontaires, le 4 septembre 1825, accompagné de
MM. Beaunier, inspecteur-général, Burdin, ingénieur, Henry, ancien élève
de l'École des Mineurs de Saint-Étienne, du docteur Langis, et de son
jeune ami M. le comte Hippolyte Jaubert, il procéda à cette vérification
qui fut couronnée d'un plein succès. L'alun du mont Dore fut reconnu
égal en qualité au célèbre alun de la Tolfa qui, sous le nom d'*alun de
Rome*, jouissait jusqu'alors dans le commerce d'une supériorité incontes-
table. Une exploitation y a enfin été établie en ces derniers temps.

64. *Note sur la Gay-Lussite, ou bicarbonate hydraté de soude
et de chaux récemment découvert dans l'Amérique du
Sud*, 1826. (Annales de Chimie et de Physique, t. XXXI,
p. 276, et Annales des Mines, 2e série, t. I, p. 239.)

65. *Rapport fait à l'Académie des sciences sur une pierre mé-
téorique tombée près de Ferrare en 1824.* (Annales de
Chimie et de Physique, 1827, t. XXXIV, p. 132.)

66. *Note sur le Kersanton.* Addition nouvelle à un essai de
M. Puillon-Boblaye, officier au corps royal des ingé-
nieurs-géographes, sur la configuration et la constitution
géologique de la Bretagne. (Mémoires du Muséum d'histoire naturelle, 1827, t. XV, p. 116.)

67. *Rapport verbal fait à l'Académie royale des sciences sur un Essai géologique et minéralogique sur les environs d'Issoire, par Devèze et Bouillet.* (Annales des Mines, 2ᵉ série, 1827, t. II, p. 381.)

68. *Rapport fait à l'Académie des sciences le 9 juillet 1827 sur un Mémoire de M. Constant Prévost intitulé :* « Examen de cette question géologique : Les continents que nous habitons ont-ils été à plusieurs reprises submergés par la mer ? » (Annales de Chimie et de Physique, 1827, t. XXXV, p. 439. — Bulletin universel des sciences naturelles, t. XIII, p. 278.)

69. *Rapport fait à l'Académie des sciences le 29 octobre 1827 sur le travail de M. Marcel de Serres intitulé :* Note sur les volcans éteints du midi de la France, dont les éruptions ont été postérieures au dépôt du second terrain d'eau douce de MM. Cuvier et Brongniart. (Mémoires du Muséum d'histoire naturelle, 1828, t. XVI, p. 45.)

70. *Essai sur la Température de l'intérieur de la terre,* lu à l'Académie des sciences les 4 juin, 9 et 28 juillet 1827, et par extrait le 11 juin à la séance publique annuelle de la même Académie. (Inséré simultanément dans les Mémoires de l'Académie des sciences, t. VII, p. 473 et dans les Mémoires du Muséum d'histoire naturelle, t. XV, p. 161. — Extrait dans les Annales des Mines, IIᵉ série, t. II, p. 53, et dans le Bulletin universel des sciences naturelles, 1828, t. XIII, p. 1. — Bibliothèque universelle de Genève, t. XXXVII, p. 85. — Globe des 7, 14 juin et 26 juillet 1829. — Revue trimestrielle, t. I, p. 173. — Edinburgh Philosophical Journal, 1828-29, t. IV, p. 273 ; V, 277 ; VI, 32. — Schweiggers Jahrbuch der Chemie und Physik, 1828, neue Series, t. XXII, p. 265. — Deux traductions anglaises ont été publiées aux États-Unis, l'une à Amherst en 1828, in-12, par les soins de M. Edw. Hitchcock, et l'autre par M. Samuel-L. Mitcheil, dans un recueil de New-York intitulé : *Fleet's New-York Farmer.*)

Ce travail hors ligne, fruit de vingt-cinq années d'études, a mis le sceau à la réputation de son auteur, et a fait époque dans la science. Un grand principe, trop vaguement énoncé dès l'origine, était abandonné et méconnu depuis près d'un demi-siècle par tous les géologues. M. Cordier, en le reproduisant, lui donne des bases incontestables. Il rend compte des observations faites jusqu'alors sur la température souterraine dans les parties de la terre qui nous sont accessibles ; Il soumet ces observations à une critique sévère, et il cherche à en apprécier la valeur au moyen d'expériences comparatives, exécutées par lui-même avec le plus grand soin dans plusieurs mines profondes. Il expose ensuite le résultat des observations directes auxquelles il s'est livré sur le même sujet d'après une nouvelle donnée. Enfin de tous les faits connus, ou qu'il fait connaître, non seulement il tire la confirmation de l'ancienne notion du feu central, mais encore il assigne les caractères précis de ce grand phénomène, et il arrive à des solutions inattendues relativement aux questions primordiales de la géologie. — En fait, M. Cordier a par ce mémoire rigoureusement démontré que le globe, loin d'être d'origine neptunienne, était originairement à l'état incandescent et qu'une pellicule très-mince s'est consolidée par voie de refroidissement ; il a établi que la température augmente de la surface au centre, à raison d'*un* degré centigrade par 27 mètres de profondeur. D'où il suit que, si l'on pouvait pénétrer à plus de 1,000 ou 1,200 mètres, on trouverait à une profondeur de 2,700 mètres (un peu plus d'une demi-lieue), la température de l'eau bouillante. En un mot, les expériences de M. Cordier ont donné à la théorie de la chaleur centrale un tel degré de certitude qu'elle est devenue l'un des principes fondamentaux de la science.

« Malgré les observations faites antérieurement, dit en dernier lieu M. Daubrée, il existait encore des causes d'erreurs qui soulevaient des objections sur le fait principal, lorsque M. Cordier leva les derniers doutes. » (*Études et expériences synthétiques*, etc. Mémoire couronné par l'Institut [Académie des Sciences]. Paris, 1859, in-8°, p. 34.

Voir encore ci-dessus, p. 21.

71. *Rapport fait à l'Académie des sciences le 16 novembre 1829 sur les résultats scientifiques du voyage autour du monde exécuté par M. le capitaine de vaisseau Dumont-d'Urville sur la corvette l'Astrolabe.* Collections géologiques de MM. Quoy et Gaimard. (Historique du voyage, 1830, t. I, p. 34.)

72. *Rapport fait à l'Académie des sciences en mai 1829 sur les objets de géologie recueillis pendant l'expédition de la gabarre la Chevrette.* (Ms.)

73. *Observations lues à l'Académie des sciences le 10 août 1829, sur un gîte d'ossements fossiles dans un terrain de cal-*

caire *grossier situé sur la route de Nanterre.* (Extrait :
Globe du 12 août 1829.)

74. *Note résumant ce que M. Cordier a dit à l'Académie des
    sciences à l'occasion d'un passage du rapport de
    M. Brongniart sur un Mémoire de M. E. de Beaumont,
    concernant la formation du relief des Alpes.* (Journal
    L'Universel du 30 octobre 1829).

75. *Note sur la température souterraine aux États-Unis d'Amé-
    rique.* (Mémoires du Muséum d'histoire naturelle, 1830,
    t. XIX, p. 145, et Annales des Mines, 1829, IIe série,
    t. VI, p. 443. — Journal de Géologie, 1830, t. I, p. 87.—
    Bulletin universel des sciences naturelles, 1831, t. XXVII,
    p. 31.)

76. *Classification méthodique des Roches par familles natu-
    relles, par M. L. Cordier.* (Publié par M. Kleinschrod,
    d'après des notes prises à Paris en 1828, dans le Jahrbuch
    für Mineralogie, Geognosie, etc. de Leonhard, Jan-
    vier 1831, p. 17.)

   Après avoir mis à l'épreuve d'une exécution matérielle la classification
   publiée en 1822 par l'abbé Maraschini, M. Cordier l'avait bientôt aban-
   donnée, et il avait adopté celle qui fut publiée en 1839 et en 1844, et d'a-
   près laquelle les collections du Muséum ont été classées par lui.

77. *Communication faite en mars 1832 à l'Académie des
    sciences de trois lettres de Victor Jacquemont, voyageur
    naturaliste du Muséum en mission aux Indes orientales,
    écrites de Lahore et de Cachemyr les 17 mars, 28 mai et
    17 juin 1831.* (Ms. — Les lettres ont paru dans les Nou-
    velles Annales du Muséum d'histoire naturelle, t. I,
    p. 135.)

78. *Rapport fait à l'Académie des sciences le 21 novembre 1831
    sur une notice de M. Turpin relative à des expériences
    microscopiques exécutées sur la matière albumineuse des
    œufs du Colimaçon des jardins (Helix Hortensis).* (An-
    nales des sciences naturelles, 1832, Ire série, t. XXV,
    p. 455.)

   Ce rapport passe en revue les analyses des nombreux cristaux rhomboédriques qui se forment à la paroi intérieure de l'enveloppe des œufs du colimaçon, en constituant ainsi une sorte de géode.

79. *Rapport fait à l'Académie des sciences le 9 avril 1832 sur un Mémoire de M. Théod. Virlet, membre de la Commission scientifique de Morée :* Caverne dans des phyllades anciens et théorie de sa formation. (Ms.)

80. *Observations sur les systèmes volcaniques et les prétendus cratères de soulèvement.* (Bulletin de la Société géologique de France, compte rendu de la séance du 7 mai 1832, t. II, p. 398.)

Selon M. Cordier, « l'association de ces deux mots, *cratères de soulèvement,* est presque vide de sens ; elle est aussi fausse et aussi vicieuse que l'hypothèse qu'on a eu l'intention de qualifier par son moyen. En effet, cette hypothèse est gratuite ; elle pose en fait l'existence et le renouvellement multiplié d'un phénomène qui est sans exemple... Elle ne soutient pas un examen sérieux lorsqu'on l'applique à l'état réel et non systématisé *à priori* des terrains volcaniques plus ou moins démantelés, qui sont antérieurs au dernier cataclysme diluvien... L'hypothèse dont il s'agit n'est propre qu'à induire en erreur les géologues peu exercés... et à rapetisser et à fausser l'idée qu'on doit avoir des grands phénomènes de la dislocation de l'écorce du globe. »

81. *Exposé des systèmes volcaniques de l'intérieur de la France mis en présence de l'hypothèse des prétendus cratères de soulèvement.* (Bulletin de la Société géologique de France, *ibid.,* t. II, p. 402.)

M. Cordier établit par un grand nombre de remarques que l'état de ces systèmes ne répond nullement à l'hypothèse des *cratères de soulèvement.* Il insiste surtout sur ce qu'on attribue à cette hypothèse des effets précisément contraires à ce qu'indiquent les plus simples notions de la géométrie des solides. Il cite des exemples de cette attribution erronée, et démontre qu'il était complétement superflu de recourir à l'hypothèse qu'il combat pour expliquer un état de choses si simple et si naturel que celui qu'on signale. — Ainsi M. Cordier avait depuis longtemps résolu la question si longuement controversée de la formation des cratères volcaniques. Le premier il avait réuni un ensemble d'observations assez concluantes pour ne point hésiter à se prononcer contre la théorie des soulèvements ainsi appliquée.

Plusieurs savants étrangers, tels que sir Charles Lyell, ont en ces derniers temps repris l'étude de ce phénomène et en sont venus à l'idée de la formation par les déjections volcaniques, sans paraitre se douter que M. Cordier l'avait émise longtemps auparavant. Du moins ne

voyons-nous pas qu'il soit mentionné dans le remarquable « Mémoire sur
es laves du mont Etna et les cratères de soulèvement » publié par sir
Charles Lyell dans les « Philosophical transactions of the Royal Society
of London, » part. II, 1858, p. 703.

82. *Rapport fait en juillet 1832 à la Commission de l'Institut relative à l'expédition scientifique de Morée.* (Ms.)

83. *Opinion sur le phénomène memnonien, ou craquement so-
nore de la Statue de Memnon.* (Rédigée en mai 1830 à la
demande de son confrère M. Letronne et insérée par
celui-ci en note à la page 105 de son « Étude historique
sur la statue vocale de Memnon considérée dans ses
rapports avec l'Égypte et la Grèce. » Paris, Imprimerie
royale, 1833, in-4°.)

84. *Rapport fait à l'Académie des sciences le 21 avril 1834 sur
les résultats scientifiques du voyage de M. Alcide d'Orbigny dans l'Amérique du Sud, pendant les années 1826
à 1833. Partie géologique.* (Nouvelles Annales du Muséum d'histoire naturelle, t. III, p. 84. — Jahrbuch für
min. etc. de Leonhard, 1835, p. 555.)

85. *Observations présentées à l'Académie des sciences le 12 octobre 1835 contre l'exactitude d'une observation de M. Daubeny, qui tend à prouver la volatilisation du carbonate de
magnésie par l'action volcanique, et qui vient à l'appui
de la théorie de M. de Buch sur la formation des dolomies.*
(Comptes rendus de ladite Académie, t. I, p. 193.)

86. *Instruction concernant la géologie et la minéralogie pour
le voyage autour du monde de la corvette la Bonite, sous
les ordres du capitaine de vaisseau Vaillant.* (Comptes
rendus des séances de ladite Académie, 23 novembre
1835, t. I, p. 370.—Bulletin de la Société de Géographie,
1837, IIe série, t. VIII, p. 136.)

87. *Détails présentés à l'Académie des sciences le 14 décembre
1835 sur quelques phénomènes observés dans le cirque*

de Troumouse (vallée de Gavarnie) pendant la première secousse du tremblement de terre du 27 octobre 1835. (Comptes rendus de ladite Académie, t. I, p. 469.)

88. *Résultats d'observations sur les prétendues superpositions du granite au calcaire jurassique et aux roches de sédiment de l'Oysans, signalées par M. Provana de Collegno.* (Bulletin de la Société géologique de France, compte rendu de la séance du 21 décembre 1835, t. VII, p. 46 à 67.)

Ces prétendues superpositions étaient depuis longtemps connues de M. Cordier, qui les désignait à son cours sous le nom de superpositions anormales, ou *superpositions renversées* postérieurement à la formation des deux terrains en contact. Elles sont, suivant lui, locales et accidentelles. Les roches feldspathiques de l'Oysans ne sont point à ses yeux des granites, mais des protogynes, etc., etc. Il explique ensuite comment, suivant lui, les calcaires ont pu devenir saccharoïdes dans le voisinage des roches feldspathiques, sans que l'on soit autorisé à prétendre pour cela que ce soit le résultat d'une altération ignée. MM. Constant Prévost et Rivière produisirent des exemples tirés de leur observation personnelle à l'appui de la doctrine présentée par M. Cordier.

89. *Rapport fait à l'Académie des sciences le 8 février 1836 sur la carte géologique du département de la Vendée, dressée par M. Rivière.* (Comptes rendus de ladite Académie, t. II, p. 136.)

99. *Rapport fait à l'Académie des sciences le 7 mars 1836 sur le voyage de M. Constant-Prévost à l'île (sous-marine) Julia, à Malte, en Sicile, aux îles Lipari et dans les environs de Naples.* (Ms. et Comptes rendus de ladite Académie, t. II, p. 243.)

91. *Note sur le chauffage des machines à vapeur et spécialement sur les distributeurs mécaniques de la houille,* présentée à l'Académie des sciences le 13 mars 1836. (Comptes rendus de ladite Académie, t. IV, p. 383. — Annales des Mines, 1837, IIIᵉ série, t. XI, p. 341.)

92. *Relation d'une course faite le 6 juillet 1836 en compagnie de M. Cordier au versant méridional de Néouvielle, de*

Baréges à Luz. (Lettre de M. Ducasse, de Bayonne, dans la Sentinelle des Pyrénées du 22 octobre 1836).

« .....M. Cordier avait autrefois parcouru et exploré en grande partie les points intéressants de ces hautes régions, mais la partie du versant méridional de Néouvielle lui était inconnue. Il tenait à s'assurer par lui-même de la disposition des couches qui forment la série de montagnes de ce versant et notamment du point de jonction des roches stratifiées avec l'axe granitique dont Néouvielle est un des points les plus saillants. »

93. *Rapport fait à l'Académie des sciences en 1837 sur un lit de mine inventé par M. Valat, docteur en médecine.* (Annales des Mines, IIIᵉ série, t. XI. p. 605, à la suite d'un Mémoire de M. W.-G. Henwood, sur les courants électriques observés dans les filons du Cornouailles, traduit de l'anglais par M. Eugène Cordier.)

94. *Instructions de Géologie] pour le voyage de circumnavigation des corvettes l'*ASTROLABE *et la* ZÉLÉE, *sous le commandement du capitaine Dumont-d'Urville.* Lues à l'Académie des sciences le 7 août 1837. (Comptes rendus de ladite Académie, t. V, p. 150.)

95. *Rapport fait à l'Académie des sciences le 11 décembre 1837 sur une Note de M. Borie, relative à des filons arsénifères découverts à Anzat-le-Luguet, dans le Puy-de-Dôme.* (Comptes rendus de ladite Académie, t. V, p. 837.)

96. *Circulaire à MM. les électeurs de l'arrondissement d'Abbeville (intra muros),* 1837. Signée L. Cordier, inspecteur général des Mines, membre de l'Institut, conseiller d'État en service extraordinaire. (Abbeville, 3 p. in-4°.)

97. *Rapport fait à l'Académie des sciences le 7 mai 1838 sur les résultats géologiques et minéralogiques du voyage de la* Bonite *autour du monde.* (Comptes rendus de ladite Académie, t. VI, p. 648.)

98. *Rapport fait à l'Académie des sciences le 20 août 1838, sur un Mémoire de M. Maravigna, concernant les formes cristallines du soufre de Sicile.* (Comptes rendus de ladite Académie, t. VII, p. 433.)

99. *Rapport fait à l'Académie des sciences le 1er juillet 1839
    sur une Monographie de la Célestine ou sulfate de stron-
    tiane de Sicile, présentée par M. Maravigna.* (Comptes
    rendus de ladite Académie, t. IX, p. 38.)

100. *Classification des roches par M. Cordier.* (Page 26, § VI de
    l'Essai sur les Roches, comprenant des généralités sur
    les Roches, leurs déterminations et leurs classifications,
    par A. Rivière, professeur de sciences physiques, etc.
    Paris, 1839, in-8°. Extrait du Dictionnaire pittoresque
    d'histoire naturelle.)

101. *Rapport fait à la Chambre des Pairs le 27 mai 1840 sur un
    projet de loi tendant à accorder au département des tra-
    vaux publics un crédit supplémentaire de 38,400 francs
    pour frais d'administration centrale.*

102. *Rapport fait à la Chambre des Pairs le 27 mai 1840 sur
    un projet de loi relatif à l'ouverture d'un crédit spécial
    de 285,000 francs pour travaux à exécuter dans les bâ-
    timents occupés par le Ministère de la guerre.*

103. *Rapport fait à la Chambre des Pairs le 20 juin 1840 sur un
    projet de loi relatif à l'ouverture d'un crédit de 1,200,000
    francs pour la reconstruction des ponts de Béziers, de
    Carcassonne et d'Espalion.*

104. *Rapport fait à l'Académie des sciences sur les collections et
    observations géologiques recueillies en 1838 et 1839 par
    M. Eugène Robert, dans le cours de la dernière expédition
    nautique et scientifique au nord de l'Europe.* (Comptes
    rendus de ladite Académie, t. XII, p. 711.)

105. *Communication, faite à l'Académie des sciences le 28 juin
    1841, des remarques auxquelles a donné lieu de sa part
    un petit échantillon de l'aérolithe tombé le 12 juin dans
    les environs de Château-Renard (Loiret).* (Comptes ren-
    dus de ladite Académie, t. XII, p. 1230.)

106. *Rapport fait à la Chambre des Pairs le 4 mai 1842 sur un projet de loi relatif au classement des portions de routes royales abandonnées.*

107. *Rapport fait à la Chambre des Pairs le 6 juin 1842 sur un projet de loi relatif au prolongement du chemin de fer de Paris à Rouen jusqu'au Havre.*

108. *Rapport fait à la Chambre des Pairs le 28 juin 1844 sur un projet de loi relatif à l'exploitation du chemin de fer de Montpellier à Nîmes.*

109. *Rapport fait à la Chambre des Pairs le 27 juillet 1844 sur un projet de loi relatif à la construction de trois nouveaux paquebots à vapeur.*

101. *Classification des Roches et des Terrains, par M. Cordier.* (Extrait du Voyage de la BONITE autour du monde. Paris, 1844, t. VIII, p. 385 et 410, grand in-8° de 29 pages. — Géologie et minéralogie, par M. E. Chevalier, lieutenant de vaisseau, membre de la Société géologique de France.)

« M. Cordier, dit en note M. Chevalier, a bien voulu m'autoriser à donner à la suite de mon travail les tableaux des deux classifications qu'il professe dans son cours, et qui n'ont point encore été publiées. C'est d'après ce système qu'il a disposé les collections de la galerie de géologie du Muséum d'histoire naturelle ; c'est aussi celui que j'ai adopté dans mes descriptions. »

111. *Mémoire sur la formation des Roches de Dolomie.* (Octobre 1844.)

C'est le Mémoire inédit auquel il a été fait allusion ci-dessus, p. 31. — On lit dans les Comptes-rendus de l'Académie des sciences, séance du 28 octobre 1844 : « *M. Cordier dépose un paquet cacheté.* » (Comptes rendus, t. XIX, p. 870.) Ce paquet n'est pas encore ouvert au moment où nous mettons sous presse. On a vu plus haut (p. 47) que M. Cordier avait déjà, dans le sein de l'Académie, en 1835, émis des doutes sur la question qui fait l'objet de ce Mémoire, pour lequel il a ainsi pris date en 1844 et qu'il a laissé comme un codicille scientifique à ses nombreux travaux. — Par une coïncidence remarquable et qui mérite d'être signalée, un des savants confrères de M. Cordier, l'éminent chimiste M. Chevreul, vient justement de poser à son tour cette même question de l'origine des dolomies ou calcaires magnésiens dans l'Appendice de sa Notice sur M. Ebelmen, publiée il y a quelques semaines (Recueil des travaux de M. Ebelmen, t. III, p. 239). Ce grand problème géologique ayant conservé toute son importance et prenant ainsi une nouvelle actualité, il sera d'autant plus intéressant de connaître les idées que M. Cordier a dû formuler pour sa solution dans le Mémoire cacheté déposé par lui il y a dix-sept ans au secrétariat de l'Académie.

112. *Observations présentées à l'Académie des Sciences le 6 janvier 1845 à propos d'une discussion sur le coloriage des cartes géologiques au moyen de la lithographie.* (Comptes rendus de ladite Académie, t. XX, page 48.)

113. *Rapport fait à la Chambre des Pairs le 9 avril 1845 sur un projet de loi relatif à l'ouverture d'un crédit de 1,235,315 francs pour l'achèvement de divers édifices publics.* (Archives du royaume, École vétérinaire d'Alfort et École des Ponts et Chaussées.)

114. *Rapport fait à la Commission supérieure des Chemins de fer au nom d'une Sous-commission spéciale chargée d'examiner les tracés proposés pour l'embranchement qui devra rattacher Grenoble à la ligne de Lyon à Avignon.* (Paris, Imprimerie royale, 1846, in-4°.)

115. *Rapport fait à l'Académie des sciences le 19 avril 1847 sur un Mémoire de M. Raulin, concernant la constitution géologique du Sancerrois.* (Comptes rendus de ladite Académie, t. XXIV, p. 670.)

116. *Rapport fait à la Chambre des Pairs le 6 juillet 1847 sur un projet de loi relatif à l'acquisition de la propriété de Chante-Grillet, près Saint-Étienne, pour y établir l'École des Mineurs.*

117. *Rapport fait à la Chambre des Pairs le 2 août 1847 sur un projet de loi relatif au chemin de fer de Paris à Lyon.*

118. *Classification des Terrains de l'écorce consolidée du Globe, exposée par M. Cordier dans les Cours de géologie qu'il fait au Muséum d'histoire naturelle de Paris.* (Page 57 de la Thèse de Géologie présentée à la Faculté des scien-

ces de Paris, et soutenue le 4 mars 1848 par M. A. Rivière ; théorie de la classification naturelle des *Terrains*. Paris, 1848, in-8°.)

119. *Classification et principaux caractères des roches, d'après
la méthode de M. Cordier et les notes prises à son cours
de Géologie du Muséum d'histoire naturelle, par M. Charles
d'Orbigny*. (Extrait du Dictionnaire universel d'histoire
naturelle, Paris, 1848, grand in-8° de 46 pages, art.
Roches.)

Ce travail se trouve copié presque littéralement dans plusieurs des prétendus ouvrages qui ont paru depuis sur cette matière, notamment dans
le *Traité élémentaire des Roches*, par J. Carlet, conducteur des Ponts et
Chaussées à Dijon, membre de la Société géologique, Paris, 1851, in-8°.

120. *Note présentée à l'Académie des sciences le 5 février* 1849
*sur une masse de cuivre natif provenant des rives du
lac Supérieur, aux États-Unis d'Amérique*. (Comptes
rendus de ladite Académie, t. XXVIII, p. 161.)

121. *Rapport fait à l'Académie des sciences le* 19 *mars* 1849 *sur
un travail de M. Eugène Robert intitulé : Recueil de recherches géologiques sur les dernières traces que la mer a
laissées à la surface des continents dans l'hémisphère du
Nord, notamment en Europe*. (Comptes rendus de ladite
Académie, t. XXVIII, p. 402.)

122. *Note rédigée en* 1849 *à la demande de M. Visconti sur la
roche terreuse, faussement définie jusqu'alors, destinée
au sarcophage de l'Empereur*. (Ms.)

Cette roche, provenant de Shokscha, sur la rive occidentale du lac
Onéga, au N.-E. de Saint-Pétersbourg, et que l'on croyait être un porphyre, est qualifiée par M. Cordier « grès quartzeux, pourpre, avanturiné,
monumental. »

123. *Rapport fait à l'Académie des sciences le* 11 *juin* 1849 *sur
un Mémoire de M. Lamare-Picquot, relatif aux résultats
scientifiques de son dernier voyage dans l'Amérique septentrionale*. Minéralogie et géologie. (Comptes rendus
des séances de ladite Académie, 1849, t. XXVIII, p. 722.
— L'Institut, t. XVII, p. 211.)

124. *Note sur la Chaire, le Laboratoire et la Collection de Géologie, rédigée à la demande de la Commission spéciale
nommée en juin 1849 pour étudier les questions relatives
à l'administration et à l'enseignement du Muséum d'histoire naturelle.* (Ms.)

125. *Tableau général de la structure de la terre, ou classification des terrains de M. Cordier.* (Page 11 de la *Description sommaire des divers terrains qui constituent l'é-
corce terrestre, par M. Ch. d'Orbigny.* Extrait du Dict.
univ. d'Hist. nat. art. *Terrains.* Paris, 1849, gr. in-8°.)

126. *Instructions de géologie et de minéralogie pour le voyage
de M. d'Escayrac de Lauture. Exploration du Soudan
et recherches des sources du Nil.* (Comptes rendus de
l'Académie des sciences, t. XLIII, p. 904, 10 novembre
1856 (simple mention). Imprimées en tirage à part de
37 pages in-4°.)

127. *Note sur le système pyroxénique cuprifère du Lac supérieur
(Canada),* remise au Conseil d'administration du Muséum d'histoire naturelle le 20 janvier 1857. (Bulletin de
la Société géologique de France, compte rendu de la
séance du 16 février 1857, 2ᵉ série, t. XIV, page 421.)

128. *Coupe figurative des terrains d'après la méthode de M.* COR-
DIER, *professeur de géologie au Muséum d'histoire naturelle de Paris, avec indication et figures des principaux
Fossiles caractéristiques des divers étages géologiques;
par MM. Ch. d'Orbigny et Ch. Léger.* (Très-grand tableau colorié publié en 1857 avec l'approbation de
M. Cordier.)

129. *Rapport présenté à l'assemblée des Professeurs-administrateurs du Muséum d'histoire naturelle, le 3 novembre
1857, sur la collection de corps organisés fossiles laissés
par feu M. Alcide d'Orbigny, professeur de paléontologie.* (Ms.)

130. *Essai de classification minéralogique.*

Notes manuscrites dont l'arrangement parait antérieur à 1840. Cet arrangement est le même que celui de la collection minéralogique laissée par M. Cordier à son décès.

Nota. Quelque soin que nous ayons pris pour rassembler ici les travaux épars de M. Cordier, nous ne pouvons nous flatter de les avoir retrouvés tous. Il en est dont l'existence nous est signalée et qui ont cependant échappé à toutes nos recherches.

Il en est beaucoup d'autres qui appartiennent à des dossiers administratifs, et ce ne sont souvent pas les moins importants. Tels sont les nombreux rapports faits par lui durant cinquante ans au Conseil général des mines, rapports dont il a été question ci-dessus (p. 24), et qui s'élevaient en moyenne au chiffre d'environ 80 par année. Nous avons déjà mentionné plus haut (p. 39) plusieurs travaux de ce genre : le *projet d'assiette des redevances sur les mines* (1811), le *projet de décret sur la police des mines* (1813), et celui *de la division minéralogique et administrative de la France, et de la répartition des ingénieurs des mines dans les départements* (1814). Nous pouvons indiquer ici les principales d'entre les affaires qui furent rapportées par M. Cordier antérieurement à 1833; ce sont :

Projet de passage des mines de houille du département de la Loire (9 juin 1813). — Régularisation de l'état et de l'assèchement des mines de houille du bassin d'Eschweiler, département de la Roer (décembre 1813). — Projet de règlement pour l'École des mineurs à organiser à Saint-Étienne, département de la Loire (janvier 1817). — Demandes en concession des mines de sel gemme récemment découvertes dans le département de la Meurthe (février 1820). — Dettes contractées pour l'exploitation de la mine d'Allemont (Isère) pendant le temps que cette mine appartenait au domaine de l'État (février 1823). — Établissement des bases d'après lesquelles les concessions de mines de houille doivent définitivement être délivrées dans le département de la Loire (26 mai 1824). — Demande formée par l'administration des domaines de l'État à l'effet d'être mise en possession des mines de sel gemme, en exécution de la loi du 6 avril 1825 (20 juin 1825). — Rapports spéciaux sur chacune des diverses concessions à former et à délivrer dans le département de la Loire (1826 et années suivantes).

Nous ne sommes pas à même de donner un aperçu semblable à partir de cette époque; mais il est certain que chaque année eut jusqu'à la fin son contingent de questions techniques à traiter et d'affaires spéciales, auxquelles il faut encore ajouter toutes celles qui furent renvoyées à M. Cordier : 1° comme Président du Conseil central d'administration de l'École des mines de Paris et des Écoles de Saint-Étienne et d'Alais; 2° comme Président de la Commission de publication des *Annales des Mines*; 3° comme Président de la Commission centrale des Machines à vapeur ; 4° comme Président de la Section d'exploitation technique, dans la Commission supérieure des chemins de fer.

Voici l'indication des principales commissions auxquelles M. Cordier fut appelé à participer :

En 1822, Commission chargée d'examiner, avec les comités de l'Intérieur et des Finances du Conseil d'État, la question d'exploitation de la mine de sel gemme découverte dans le département de la Meurthe ; — en 1823, Commission de l'éclairage par le gaz (Conseil d'État) dont il fut nommé membre avec MM. Thénard et Gay-Lussac, et dont il fut le rapporteur ; — en 1824 et 1825, Commission du canal Gisors (Ponts et Chaussées) dont il fut également le rapporteur ; — en 1826 et 1827, Commission des voyages de Beaufort et Grandin en Afrique (Ministère de la Marine) dont il fut le rapporteur pour la partie géologique ; — en 1826 et 1827, Commission des égouts de Paris (Préfecture de Police, expériences de Robert) : M. Parent-Duchâtelet fut chargé du rapport avec le concours de M. Cordier ; — en 1828 et 1829, Commission d'enquête pour les fers (Ministère du Commerce) ; — en 1831, la Commission de réorganisation de l'Administration des Mines (Ministère du Commerce et des Travaux publics) ; — en 1832, Commission des droits de douanes sur la houille (*Id.*) ; en 1834 et 1839, Commission du Jury central pour l'Exposition des produits de l'industrie[1] ; — en 1842, la Commission chargée de rechercher les moyens de concilier le maintien des relais de poste avec l'usage des chemins de fer (Ministère des Finances).

A partir de cette époque, M. Cordier eut, nous l'avons déjà dit, à prendre une part active aux travaux de diverses commissions permanentes, telles que la Commission supérieure des chemins de fer, instituée par ordonnance royale du 22 juin 1840 et qui a fonctionné jusqu'au mois d'août 1857. Il fut chargé, entre autres, du rapport sur les tracés proposés pour l'embranchement destiné à rattacher Grenoble à la ligne de Lyon à Avignon. (Paris, Imprimerie royale, avril 1846, in-8°). La Commission générale des chemins de fer ayant remplacé la Commission supérieure, il fut nommé le 1er octobre 1857 vice-président de la section de l'exploitation technique.

M. Cordier était déjà président de la Commission des machines à vapeur lorsque fut instituée, le 26 mai 1842, une nouvelle Commission pour rechercher les mesures de sûreté relatives aux chemins de fer, Commission dite des Accidents, dont la présidence lui fut encore attribuée et qui a fonctionné jusqu'en avril 1847. — Le 15 décembre 1846, il fut nommé membre de la Commission chargé d'examiner le système Arnoux (trains articulés du chemin de fer de Sceaux), et le système de traction par propulsion atmosphérique (chemin de fer de Saint-Germain). — Le 18 décembre 1849, il fut aussi nommé membre de la Commission chargée de

---

[1] M. Cordier avait décliné l'honneur de faire partie de cette Commission ; l'insistance du Ministre (M. de Gasparin) l'avait obligé d'en demeurer membre. Mais il refusa formellement en 1844, et opposa une résolution semblable à toutes les instances faites auprès de lui en 1851 et 1855, pour qu'il acceptât de participer aux travaux des Expositions universelles de Londres et de Paris.

l'examen des graves questions que soulevait la réunion entre les mains d'une seule société de la plus grande partie des concessions houillères du département de la Loire. — Le 24 novembre 1849, il fut nommé membre de la Commission instituée pour préparer un projet d'organisation des Ponts et Chaussées et de Mines. — De 1844 à 1846, il fut membre du Conseil de perfectionnement de l'École polytechnique.

CATALOGUE

DE LIVRES

PROVENANT DE LA BIBLIOTHÈQUE

DE FEU P.-A.-L. CORDIER

GÉOLOGIE GÉNÉRALE.

1. ARCHIAC (vicomte D'). Histoire des progrès de la Géologie de 1834 à 1859. *Paris*, 1847-1860, 10 vol. in-8, br.

2. BEAUMONT (ÉLIE DE). Leçons de Géologie pratique professées au Collége de France, 1843-1844. *Paris*, 1845, in-8, fig., br.

2 *bis.* BEAUMONT (ÉLIE DE). Recherches sur les révolutions de la surface du globe (Annales des Sciences naturelles, 1829-1830). *Paris*, in-8, dem.-rel. H. d'A. (1)

3. BONNARD (DE). Divers Mémoires de Géologie. *Paris*, 1819, in-8, demi-reliure.

4. BOUBÉE. La Géologie dans ses rapports avec l'agriculture et l'économie politique. *Paris*, 1840, in-8, br. de 96 pages.

5. BOUCHEPORN (DE). Études sur l'histoire de la terre et sur les causes des révolutions de sa surface. *Paris*, 1844, in-8 br., pl.

6. AMI BOUÉ. Guide du géologue voyageur, sur le modèle de l'Agenda geognostica de Leonhard. *Paris*, 1835, 2 vol. in-12, dem.-rel.

7. AMI BOUÉ. Synoptische Darstellung der die Erdrinde ausmachenden Formationen. *Hanau*, 1827, in-12, br. av. carte géog. col.

7 *bis.* BOUÉ, JOBERT et ROZET. Journal de Géologie. *Paris*, 1830-31, 3 vol. in-8, demi-rel.

8. BOURON. Cosmogonie moderne, ou formation de la nature. *Nantes*, 1854, in-8, br.

---

(1) *H. d'A.* veut dire *hommage d'auteur.*

5

9. Breislak. Introduction à la géologie ou à l'histoire naturelle de la terre. Trad. de l'ital. par Bernard. *Paris*, 1842. in-8, dem.-rel.

9 *bis.* Breislak. Institutions géologiques. Trad. de l'italien par Campmas. *Milan*, 1848, 3 vol. in-8, dem.-rel. avec atlas de 56 pl.

10. Brongniart (Al.) Tableau des terrains qui composent l'écorce du globe. *Paris*, 1829, in-8, dem.-rel.

11. Buckland's (William). Geology and mineralogy considered with reference to natural theology. *London*, 1836, 2 vol. in-8, percal., fig. et carte.

12. Bulletin de la Société géologique de France. *Paris*, 1830-1843. 14 vol. in-8, dem.-rel.

2e série, de 1844 à 1860. 17 vol. dont 2 in-8, dem.-rel. 15 cah. br.

Une partie de cette collection est très-rare, ayant été détruite par un incendie.

13. Telluris Theoria sacra orbis nostri originem et mutationes complectens. — Libri duo priores de diluvio et paradiso (aut. Burnet). *Londini*, 1681, pet. in-4, v. br.

14. De la Bèche. Manuel géologique. Trad. de l'angl. par Brochant de Villiers. *Paris*, 1833, in-8, dem.-rel.

15. Delabeche's Geological notes. *London*, 1830, in-8. — Delabeche's geological manual. *London*, 1832, in-12, perc.

16. Delamétherie. Théorie de la terre. 2e édit. augm. d'une Minéralogie. *Paris*, 1797, 5 vol. in-8, dem.-rel.

17. Delamétherie. Leçons de Géologie données au Collége de France. *Paris*, 1816, 3 vol. in-8, br.

18. Faujas-Saint-Fond. Essai de Géologie ou Mémoire pour servir à l'hist. naturelle du globe. *Paris*, 1803-1809, 3 v. in-8, br.

19. Gautier. Introduction philosophique à l'étude de la Géologie. *Paris*, 1853, in-8, br.

20. Greenough. Critical examination of the first principles of Geology. *London*, 1819, in-8, cart.

21. Halloy (d'). Introduction à la Géologie ou 1re partie d'histoire naturelle inorganique, avec atlas in-4, dem.-rel. *Paris*, 1833, in-8, dem.-rel. — Eléments de Géologie ou seconde partie des éléments d'inorganomie particulière. *Paris*, 1839, in-8, dem.-rel.

22. Halloy (d').Précis élémentaire de Géologie.*Paris*,1843,in-8,br.

23. Huot. Cours élémentaire de Géologie, *Paris*, 1837-39, 2 vol. in-8 et atlas.

24. Huot. Nouveau manuel complet de Géologie. *Paris*, 1840, p. in-12, dem.-rel.

25. Huot. Nouveau manuel complet de Géologie, corrigé et augmenté par M. C. d'Orbigny. *Paris*, 1852, in-12, br. avec planche.

26. Hutton. Explication de Playfair sur la théorie de la terre et examen comparatif des systèmes géologiques, de Murray. Trad. de l'ang. par Basset. *Paris*. 1815, 2 tom. en 1 vol. in-8, dem.-rel.

27. Jobert. La philosophie de la Géologie. *Londres*, 1846, in-12, cart. tranch. dor.

28. Lecanu. Éléments de Géologie. *Paris*, 1856, in-8, br.

29. Leibniz. Protogée, ou de la formation et des révolutions du globe. Trad. Bertrand de Saint-Germain. *Paris*, 1859 in-8, br.

30. Leymerie. Éléments de Minéralogie et de Géologie. *Paris*, 1861, in-12, br. av. fig. n. coup.

31. Lyell. Manuel de Géologie élémentaire ou changements anciens de la terre et de ses habitants. Trad. de l'anglais par M. Hugard, avec figures. *Paris*, 1856-1857, 2 vol. in-8, dem.-rel.

32. Lyell (Ch.) Éléments de Géologie, trad. de l'anglais, par madame Tullia-Meulien. *Paris*, 1839, in-12, cart.

33. Orbigny (Ch. d') et Gente. Géologie appliquée aux arts et à l'agriculture. Ouvrage suivi d'un Vocabulaire. *Paris*, 1851, in-8, br., avec planches et vignettes.

34. Orbigny (A.) Cours élémentaire de Paléontologie et de Géologie, *Paris*, 1849, 3 vol. in-12, vig. m. r. avec Atlas in-4. 1852, d. m. r.

35. Pilla (Leopoldo). Studi di Geologia ovvero conoscenze elementari della scienza della terra. *Napoli*, 1840, in-8, br.

35 *bis*. Prevost (C.). De la Chronologie des terrains, et du synchronisme des formations. In-4.

36. Reboul. Géologie de la période quaternaire et introduction à l'histoire ancienne. *Paris*, 1833, in-8, br.

37. Reboul (H.) Essai de Géologie. Prolégomènes et période primaire. *Paris*, 1835, in-8, br.

38. Rivière (A.). Éléments de Géologie pure et appliquée. *Paris*, 1839, in-8, dem.-rel. m. r.

39. Rozet. Traité élémentaire de Géologie, avec atlas in-4. *Paris*, 1835, in-8, dem.-rel.

40. Rozet. Cours élémentaire de Géognosie, av. planch. *Paris*, 1830, in-8, dem.-rel. — Mémoires sur quelques-unes des irrégularités que présente la structure du globe terrestre. *Paris*, 1843, in-4, pl.

41. Serres (Marcel de). Géognosie ou tableau des principaux animaux invertébrés des terrains tertiaires du Midi de la France. *Montpellier*, 1829, in-8, br., tabl. et planch.

42. Werner. Nouvelle théorie de la formation des filons. Trad. de l'allem., par Daubuisson. *Paris*, an xi-1802. In-8, br.

DESCRIPTIONS GÉOLOGIQUES DES DIVERSES PARTIES DE LA FRANCE.

43. Archiac (vicomte d'). Description géologique du département de l'Aisne. *Paris*, 1843, in-4, br., pl. et 1 belle carte géologique du départ. *Paris*. 1843, in-4, br.

44. Archiac (vicomte d'). Coupe géologique des environs des bains de Renne (Aude) et sur quelques fossiles. *Paris*, 1854, in-8, br. *H. d'A.*

45. Archiac (vicomte d'). Résumé d'un Essai sur la géologie des Corbières. *Paris*, 1855, in-8, br., 32 pag. *H. d'A.* — Les Corbières, Études géologiques d'une partie des départ. de l'Aude et des Pyrénées-Orientales. *Paris*, 1859, in-4. br., plus. pl. *H. d'A.*

Ce travail compose à lui seul la seconde partie du sixième volume des Mém. de la Soc. géologiq. de France.

Nota. La 1re partie de ce 6e vol. se compose uniquement d'un grand Mémoire de M. Durocher sur la Norwége, etc.

46. Basterot (de). Mémoire géologique sur les environs de Bordeaux. *Paris*, 1825, in-4, br., pl. (*très-rare*).

46 *bis*. Baudin. Description du bassin houiller de Brassac (Puy-de-Dôme et Haute-Loire). *Paris*, 1854, 24 pl. coloriées.

47. Beaumont (Elie de). Observations géologiques sur les différentes formations qui, dans le système des Vosges, séparent la formation houillère de celle du lias. *Paris*, 1828, in-8, br. *H. d'A.*

48. Beaudouin (Jules). Description géologique de l'arrond. de Châtillon (Côte-d'Or). Première partie. *Châtillon-sur-Seine*, 1844, in-8. br. *H. d'A.* — Notice géologique sur une caverne à ossements des environs de Châtillon (Côte-d'Or), ou la Baume de Bâlot. *Châtillon-sur-Seine*, 1842, in-8, br. 16 pag.

— 69 —

49. BLAVIER. Études géologiques sur le départ. de l'Orne. *Alençon*, in-8, br., av. cartes. *H. d'A.*

50. BONNARD (DE). Sur la constance des faits géognostiques qui accompagnent le gisement du terrain d'arkose à l'est du plateau central de la France. *Paris*, 1828, in-8 de 106 p. av. pl. — Sur les gîtes de manganèse de Romanèche. *Paris*, 1829, in-8 br., 16 p. avec pl. — Notice géognostique sur quelques parties de la Bourgogne, suivie du Rapport de MM. Brochant de Villiers, Cordier et Brongniart. *Paris*, 1825, br. in-8 av. cart.

L'arkose est une roche arénacée, composée de quartz et de feldspath.

51. BOUCHEPORN (DE). Explication de la carte géologique du département du Tarn. *Paris*, Imp. nationale, 1848, in-8, br. n. coup. — Carte géologique du départ. du Tarn, par M. de Boucheporn, ing. des mines. 1848. 4 gr. feuilles color.

52. BOUCHEPORN (DE). Explication de la carte géologique du départ. de la Corrèze. *Paris*, 1848, Imp. nation., in-8 br. n. coupé. — Carte géologique du départ. de la Corrèze, par M. de Boucheporn, ing. des mines de 1re cl. 1848. 4 gr. feuilles color.

53. BOUILLET. Itinéraire minéralogique et historique de Clermont - Ferrand à Aurillac. *Clermont - Ferrand*, 1832, in-8, br.

54. BOULANGER. Statistique géologique et minéralurgique du département de l'Allier. *Moulins*, 1844, in-8, br. — Carte géologique, minéralurgique et topographique du départ. de l'Allier, par M. Boulanger, ing. des mines, 1844. 1 gr. f. color. et 6 petites comprenant les cartes géologiques des bassins houillers de Commentry, Doyet et Fins.

55. BOULANGER et BERTERA. Texte explicatif de la carte géologique du département du Cher. *Paris*, Imp. nationale, 1850, in-8, br., n. coup. — Carte géologique du départ. du Cher, par MM. Boulanger et Bertera, ing. des mines, 1849, 3 gr. ff. color. (dont une de coupes).

57. MORTILLET. Note sur les combustibles minéraux de la Savoie. *Annecy*, 1854, in-8 de 22 p. — Les géologues de Chambéry, ou Chamousset et Pillet réduits à leur juste valeur. *Annecy*, 1855, in 8, 16 pages. — Bulletin de la Société géologique de France, réunion extraordinaire à Chambéry, du 12 au 27 août 1844. *Paris*, 1843 à 1844, in-8, br.

58. BURAT. Mémoire sur le gisement de la houille dans le bassin de Saône-et-Loire. *Paris*, 1842. in-8, br.

59. **Buteux.** Esquisse géologique du département de la Somme. *Amiens*, 1847, in-8, br., av. carte géol. 2 exempl. : 1re édit., 1843 ; 2e édit., 1849.

60. **Cacarrié.** Description géologique du départ. de Maine-et-Loire. *Angers*, 1845, in-8, br., avec une carte.

61. **Cessac (baron de) et Manès.** Notice géognostique sur le bassin secondaire, compris entre les terrains primitifs du Limousin, et ceux intermédiaires de la Vendée. *Paris*, 1830, in-8. br. cartes.

62. **Charpentier (de).** Essai sur la constitution géognostique des Pyrénées. *Paris*, 1823, in-8, dem.-rel.

63. **Collegno (de).** Sur les terrains diluviens des Pyrénées. (Extr. des Ann. des sciences géolog.), 1843, in-8, br.

64. **Contejean (Ch.)** Étude de l'étage kimméridien dans les environs de Montbéliard et dans le Jura, la France et l'Angleterre. *Paris*, 1859, in-8, br. 27 planches. *H. d'A.*

65. **Cuvier et Brongniart.** Description géologique des environs de Paris. *Paris*, 1822, in-4, cart. av. carte géognostiq. des environs de Paris et pl. — Coupe théorique des divers terrains, roches et minéraux qui entrent dans la composition du bassin de Paris, 1832. Par MM. Cuvier et Alex. Brongniart, 1 pet. fig. color.

66. **Coquand.** Description des terrains primaires et ignés du dép. du Var. *Paris*, 1849, in-4, br. pl.

67. **Daubrée.** Description géologique et minéralogique du dép. du Bas-Rhin. *Strasbourg*, 1852, in-8, br. avec cartes coloriées. — Carte géologique du départ. du Bas-Rhin, par M. A. Daubrée, 1849, 6 gr. ff. color.

68. **Delesse.** Constitution minéralogique des roches des Vosges ; calcaire saccharoïde, Grauwake. — Pegmatite de l'Irlande. — Action des alcalis sur les roches. — Phénomènes présentés par les roches amenées à l'état de fusion. — Porphyre de Belgique. — Porphyre amygdaloïde d'Oberstein. — Eau de combinaison dans les roches feldspathiques. — Porphyre rouge antique et syénite rose d'Egypte. — Verres provenant de la fusion des roches. — Magnétisme polaire dans les minéraux. — Diorite orbiculaire de Corse, et protogyne des Alpes. — Variolite de la Durance. 13 pièces in-8, br.

69. **Drouot.** Notice sur les gîtes de houille et les terrains, etc., des environs de Romanèche. *Paris*, 1857, in-8, br. et atlas de 7 pl. coloriées.

70. Duʙuisson. Catalogue de la collection géognostique et minéralurgique du dép. de la Loire-Inférieure, app. à la mairie
de Nantes. *Nantes*, 1830, in-8, br. cart. color.

71. Dufrenoy. Considérations générales sur le plateau central de
la France. *Paris*, 1828, in-8, br.

72. Dufrenoy et Élie de Beaumont. Mémoire sur les groupes du
Cantal, du mont Dore et sur les soulèvements de ces montagnes. *Paris*, 1833, in-8, br. cartes. *H. d'A.*

73. Dufrenoy et Élie de Beaumont. Explication de la carte géolog.
de la France. *Paris*, 1841-48, 2 vol. in-4, reliés, v. filets
dor. — Carte géologique de France, par Dufrenoy et
Élie de Beaumont, et terminée en 1840 par le comte Jaubert, en 6 parties sur toile et pliées dans un carton.

75. Durocher. Essai pour servir à la classification du terrain de
transition des Pyrénées. *Paris*, 1844, in-8, br. *H. d'a.*

76. Fourcy (Eug. de). Carte géologique du Finistère. *Paris*, 1844,
in-8, br. *H. d'A.* — Carte géologique du Finistère, par
Eug. de Fourcy, ing. des Mines, 1844, 6 gr. ff. color.

77. Fourcy (Eugène de). Carte géologique du dép. du Loiret, sur
un report lithographié du dépôt de la guerre de la carte
topog. de la France, 1859, 4 grand. ff. color.

78. Graves. Essai sur la topographie géognostique du département de l'Oise. *Beauvais*, 1847, in-8, br.

79. Gruner. Description géologique et minéralogique du dép. de
la Loire. *Paris*, 1857, Imprimerie impériale, in-8, br.
avec Atlas composé d'une carte géologique, et de 6 pl.
color. de coupes et des détails sur les bassins antraxi-
fères et houillers.

80. Gruner. Description des mines de plomb du Forez, deuxième
partie. *Lyon*, 1857, gr. in-8, br. cart. pl. *H. d'A.*

82. Guibal. Mémoire sur les terrains du dép. de la Meurthe, infé-
rieurs au calcaire jurassique. *Nancy*, in-8, br. 34 pag.
H. d'A.

83. Guillebot de Nerville. Légende explicative de la carte géologique du dép. de la Côte-d'Or. *Paris*, 1852, Imprimerie
nationale, in-8, br. *H. d'A.* — Carte géologique du dép. de
la Côte-d'Or, par M. L. Guillebot de Nerville, ing. des
Mines, 1852, 8 gr. ff. color. (dont 2 de coupes).

84. Hérault. Tableau des terrains du dép. du Calvados. *Caen*,
1832, in-8, br. *H. d'A.*

85. Lecoq. Description du volcan de Pariou, *Clermont-Ferrand*,
1833, in-8, br.

86. LECOQ et BOUILLET. Vues et coupes des principales formations géologiques du Puy-de-Dôme. *Paris*, 1830, in-8, dem.-rel. avec 28 pl. col.

87. LEYMERIE. Mémoire sur le terrain crétacé de l'Aube (extrait des Mémoires de la Société géologique t. IV et V.) *Paris*, 1842, in 4, cart. carte col. 18 pl. *H. d'A.*

88. LEYMERIE. Mémoire sur un nouveau type pyrénéen parallèle à la craie proprement dite. In-4, br. avec pl. *H. d'A.*

89. RAULIN (V.) Statistique géologique du dép. de l'Yonne avec la carte géologique du dép., par MM. Leymerie et Raulin. *Auxerre*, 1858, in-8, br. *H. d'A.* — Carte géologique du dép. de l'Yonne, d'après la carte top. du dépôt de la guerre, par MM. A. Leymerie et V. Raulin, professeurs de géologie, 1855, 6 ff. color.

90. LEYMERIE. Esquisse géognostique des Pyrénées de la Haute-Garonne. *Toulouse*, 1858, in-8, br.

91. LEYMERIE. Statistique géologique et minéralogique du dép. de l'Aube, avec atlas. *Troyes*, 1846, in-8 et in-4, br.

92. LORIEUX et DE FOURCY. Carte géologique du Morbihan. *Paris*, Imp. nationale, 1848, in-8, br. Carte géologique du Morbihan. 1850, 4 grand. ff. color.

93. LORY. Essai sur le groupe des montagnes de la Grande-Chartreuse. *Grenoble*, 1852, in-8, br. *H. d'A.*

94. LORY. Description géologique du Dauphiné (Isère, Drôme, Hautes-Alpes), pour servir à l'explication de la carte géologique de cette province. Première partie. *Paris*, 1860, gr. in-8, br. *H. d'A.* — Carte géologique du Dauphiné (Isère, Drôme et Hautes-Alpes), par M. Ch. Lory, prof. de géologie, 1858. 1 pl. fig. color. *H. d'A.*

95. MANÈS (W.) Description géologique et minéralurgique du dép. de la Charente-Inférieure. *Bordeaux*, 1853, gr. in-8, br. cart. — Carte géologique du Morvand, par M. W. Manès, ing. en chef des Mines. 1 pet. fig. color.

95 *bis.* MANÈS (W.). Atlas du bassin houiller de Saône-et-Loire. 22 planches coloriées, in-fol. Comprenant 2 cartes géologiques des environs d'Autun et de Blanzy, des coupes, etc.

96. MEUGY. Essai de géologie pratique sur la Flandre française. *Lille*, 1852, in-8, br. av. cart. — Carte géologique du dép. du Nord, abstraction faite du limon quaternaire, par M. A. Meugy. ing. des Mines, 1858, 1 fig. color.

97. Carte géologique de la Flandre française, comprenant les arrond. de Dunkerque, Lille et Douai (département du Nord), d'après la carte topog. du dép. de la guerre, par M. A. Meugy, ing. des Mines, 1850, 4 gr. ff. color.

97 *bis*. Nublat. Carte topographique du bassin houiller de Saint-Etienne et de Rive-de-Gier. Très-grande carte coloriée.

98. Orbigny (Ch. d'). Mémoire sur diverses couches de terrains découvertes aux environs de Paris, entre la craie et l'argile plastique, etc. *Paris*, in-8, br. 18 pag. pl. *H. d'A.*

99. Perthes (Boucher de). Des silex erratiques trouvés en Picardie, et planches décrites dans son ouvrage intitulé : *Antiquités celtiques et antédiluviennes*, avril 1847, feuilles in-8.

100. Puillon Boblaye. Essai sur la configuration et la constitution géologique de la Bretagne. In-4, br. pl. (Ext. Ann. Museum, T. XV).

101. Raulin (V.) *Patria*.— Géologie de la France, avec cartes et coupes géognostiques de la France et des environs de Paris, 1844. In-12 br. *H. d'A.*

102. Raulin (V.) Notes géologiques sur l'Aquitaine, comprenant : Description d'une coupe géologique des collines qui bornent les rives droites de la Gironde, de la Garonne, du Tarn, de l'Aveyron et de la Leyre. In-8, br. — Nivellement barométrique de l'Aquitaine. — Terrains tertiaires de l'Aquitaine. *Id. Bordeaux*, 1848. *H. d'A.* — Essai d'une division de la France en régions naturelles, 29 pages. — Coup d'œil sur les progrès de la Géologie dans l'Aquitaine occidentale, 16 pages. — Orographie sous-marine au devant de l'Aquitaine, 12 pages. — Sur l'âge des sables de la Saintonge et du Périgord, et de plusieurs minerais de fer de l'Aquitaine. — Distribution géologique des animaux fossiles de l'Aquitaine. — Géographie girondine, 66 pages. *Bordeaux*, 1859, in-8, br. (Actes de l'acad. de Bordeaux.) *H. d'A.*

103. Raulin (V.) Catalogue de la collection des roches du dép. de l'Yonne. (Extr. des actes de la Soc. scientif. de l'Yonne). *H. d'A.* Mémoire sur la constitution géologique du Sancerrois, lu à la Soc. géolog., nov. 1844. *Paris*, in-4, br. *H. d'A.* Rapport à l'Académie des sciences, le 19 av. 1847, M. Cordier, rapporteur.— Thèse. Nouvel essai d'une classification des terrains tertiaires de l'Aquitaine. *Bordeaux*, 1848, in-4, br. *H. d'A.*

104. Reboul. Mémoire sur la géologie des Montagnes maudites, dans la vallée de l'Essera, dans les Pyrénées. (Journ. de physiq. (déc. 1822.) In-4, br. *H. d'A.*

105. Robert. Recherches paléontologiques, métallurgiques et géologiques, concernant plusieurs localités du bassin tertiaire de Paris. (Bull. de la Soc. géolog.). *Paris*, 19 pag. in-8, br. pl. *H. d'A.*

106. Gervais de Rouville. Description géologique des environs de Montpellier. *Montpellier*, 1853, in-4, br. cart. géolog. *H. d'A.*

107. Rozet. Essai sur la constitution géognostique des environs de Boulogne-sur-Mer. *Paris*, 1826, in-4, br. av. pl. *H. d'A.* —

107 *bis*. Rozet. Description géologique de la partie méridionale de la chaîne des Vosges. *Paris*, 1834, in-8, br. pl.

108. Sauvanau. Recherches analytiques sur la composition des terres végétales des dép. du Rhône et de l'Ain, mémoire couronné. *Lyon*, 1845, in-8, br.

109. Sénarmont (de). Essai d'une description géologique du dép. de Seine-et-Marne. *Paris*, 1844, in-8, br.

110. Thirria. Notice sur le terrain jurassique du dép. de la Haute-Saône, et sur quelques-unes des grottes qu'il renferme. In-4, br. pl. *H. d'A.*

111. Thurmann. Essai sur les soulèvements jurassiques du Porrentruy, etc. *Paris*, 1832, in-4, br. pl.

112. Tournal (fils). Considérations sur les volcans anciens du centre de la France, etc. *Toulouse*, 1833, in-8, br. *H. d'A.*

113. Villeneuve-Flayosc (de). Description minéralogique et géologique du Var et des autres parties de la Provence. *Paris*, 1856, br. *H. d'A.*

114. Voltz. Aperçu de la topographie minéralogique de l'Alsace. *Strasbourg*, 1828, in-8, br. *H. d'A.* — Aperçu des minéraux des deux dép. du Rhin. In-8, br. *H. d'A.*

CARTES GÉOLOGIQUES DES DIVERSES PARTIES DE LA FRANCE.

115. Carte géologique du dép. du Puy-de-Dôme, par M. D. Baudin, ing. des Mines. 1846, 1 gr. fig. color.

116. Topographie extérieure et souterraine du territoire houiller de Saint-Étienne et de Rive-de-Gier (dép. de la Loire), exécutée en 1843, sous la direction de L.-A. Beaunier, ingén. en chef des Mines.

117. Carte géologique du dép. des Vosges, par M. E. de Billy, ing. en chef des Mines. 1848, 5 gr. ff. color. (dont 1 de coupes).

118. Atlas topographique, statistique et géologique, du dép. du Puy-de-Dôme, établi sur les plans du cadastre, etc., par M. F.-C. Busset. 1827, 3 gr. ff.

119. Carte géologique du dép. de la Meuse, extraite de la carte topographique de la France (du dépôt de la guerre), par Am. Buvigner. 1845, 5 gr. ff. color. (dont 1 de coupes).

120. Carte géologique du dép. du Calvados, dessinée en 1825, par A. de Caumont. 1 feuille color.

121. Carte générale et tableau d'assemblage de la carte topographique et minéralogique du dép. du Puy-de-Dôme, par M. Desmarest, de l'Acad. roy. des sciences, etc. 1823, carte collée sur toile.

122. Carte minéralogique des Pyrénées, dressée par Louis Galabert. 1831, 1 gr. feuille.

123. Étude du bassin houiller de Graissessac (Hérault), faite en 1838, par Nap. Garella, ing. des Mines. 1 vol. de texte, avec atlas. 11 fig. color. comprenant la carte topographique et géologique du bassin houiller de Graissessac, des coupes, etc.

124. Carte géologique du dép. de l'Isère, par M. Émile Gueymard, ing. en chef des Mines, 1 gr. ff. color.

125. Jacquot. Essai d'une statistique agronomique de l'arrondissement de Toul (Meurthe). *Paris*, 1860, in-8. — Carte agronomique de l'arrond. de Toul, par M. Jacquot, exécutée par report sur pierre de la carte de l'état-major, 1860. 1 gr. ff. color.

126. Carte géologique du dép. de la Meurthe, par M. Levallois, inspecteur général des Mines, 1835. 4 gr. ff. color.

127. Carte géologique du dép. de Maine-et-Loire, par MM. de Montmarin, Le Chatellier et Cacarrié, ing. des Mines, 1845. 1 gr. ff. color.

128. Carte topographique et minéralogique d'une partie de la province d'Auvergne, avec détermination des limites des courants volcaniques, anciens et modernes, tirée géométriquement par ordre du roi, par Pasumot et Daillé, ingénieurs géographes du roi. (Carte dite *de Desmaret*). 1769. 1 gr. feuille.

129. Carte géologique des environs de Saint-Philibert de Pont-Charaud (Vendée), par M. A. Rivière. 1 fig. Carte géologique des environs de la Fermelière (Vendée), par M. A. Rivière. 1 feuille.

130. Carte géologique des environs de La Ramée (Vendée), par M. A. Rivière. — Carte géologique des environs de Chantonnay (Vendée), par M. A. Rivière. 1 feuille.

131. Carte géologique des environs d'Olonne (Vendée), par M. A. Rivière. 1 gr. feuille.—Carte géologique des environs des Sards (Vendée), par M. A. Rivière. 1 feuille.

132. Carte géologique du dép. de Seine-et-Marne, par M. de Sénarmont. *Paris*, 1834, sur toile.

133. Carte géologique du dép. de Seine-et-Marne, d'après la carte
top. du dépôt de la guerre, par M. de Sénarmont. 1844,
6 gr. ff. color.

134. Carte géologique du dép. de Seine-et-Oise, d'après la carte
top. du dépôt de la guerre, par M. de Sénarmont. 1844,
6 gr. ff. color.

135. Carte géologique du dép. du Pas-de-Calais, d'après le plan
top. du dépôt de la guerre, par M. du Souich, ing. des Mines. 1851, 6 gr. ff. color.

136. Carte géologique et hydrographique du Var, des Bouches-
du-Rhône, de Vaucluse, des Basses-Alpes (ancienne Provence), par Al. de Villeneuve-Flayosc, ing. des Mines. 1 gr.
feuille color. (en double exemplaire).

137. Vues et coupes du cap de la Hève (au Havre), avec figures
d'un grand nombre de coquilles fossiles, par Lesueur.
1843, 1 feuille lithogr.

DESCRIPTIONS GÉOLOGIQUES DE DIVERS PAYS ÉTRANGERS.

138. Descloizeaux (A.) Observations physiques et géologiques sur
les principaux Geysirs d'Islande (Ext. des Ann. de Chimie
et de physique, 3e série, t. XIX). *Paris* (s. d.), in-8, *II. d'A.*

139. Fitton. Observations on some of the strata between the chalk
and oxford oolite in the south-east of England. *London*,
1836, in-4. cart. pl. *H. d'A.*

140. Griffith (Rich.). Geological and mining Report on the Lein-
ster coal district. *Dublin*, 1814, in-8, dem. rel.

141. Greenough. A geological map of England and Wales. *London*,
1819, en 6 parties sur toile et pliées dans un carton.

142. Henslow. Geological description of Anglesea. *Cambrigde*,
1822, in-4, carton. 10 pl. *H. d'A.*

143. Henwood (J.) Mémoire sur les courants électriques observés
dans les filons de Cornouailles. Trad. de l'angl. par Eug.
Cordier. *Paris*, 1835, in-8, 20 pag.

144. Lyell (Sir Charles). On lava of mount Etna formed on steep
slopes and on craters of elevation. *London*, 1859, in-4, br.
pl. (phil. trans.). *H. d'A.*

145. Sedgwick. On the physical structure of the Lizard district
in the county of Cornwall. *Cambridge*, 1821, in-4, br.
(Cambr. trans.).

146. Burat. Études sur les gîtes calaminaires et sur l'industrie du
zinc en Belgique. *Paris*, 1856, in-8, br. de 46 pages av. pl.

147. Cauchy (P.-F.) Mémoire couronné par l'Acad. des sciences de
Bruxelles, sur la constitution géologique de la province
de Namur. *Bruxelles*, 1825, in-4, br.

147 *bis*. DUMONT (André). Mémoire sur les terrains ardennais et rhénan, etc., avec un tableau de la main de M. Cordier, sur la situation géol. et géog., in-4, br. *H. d'A.*

148. GOSSELET (Jules). Mémoire sur les terrains primaires de la Belgique, des environs d'Avesne et du Boulonnais. *Paris*, 1860, in-8, br. avec cart. *H. d'A.*

149. OMALIUS D'HALLOY (D'). Coup d'œil sur la géologie de la Belgique. *Bruxelles*, 1842, gr. in-8, br. *H. d'A.*

150. OMALIUS et CAUCHY (D'). Rapport sur les mémoires relatifs à la constitution géologique du gr.-duché de Luxembourg. *Namur*, 1828, in-4, br.

151. BROCCHI. Observations géologiques sur les Apennins et le sol adjacent. Manuscrit in-4, dem. rel. 232 p.

152. FOURNET. Suite des études sur la géologie de la partie des Alpes, comprise entre le Valais et l'Oisans. *Lyon*, 1849, in-8, br.

153. MARMORA (Albert DE). Mémoire géologique sur l'isle de Sardaigne. In-4, br. 40 pag. cart. géolog.

153 *bis*. BRONGNIART (Al.). Mémoires sur les terrains de sédiment supérieurs calcaréo-trappéens du Vicentin, av. 6 pl. *Paris*, 1823, in-4 cartonné.

154. MARTINS et GASTALDI. Essai sur les terrains superficiels de la vallée du Pô, aux environs de Turin, comparés à ceux du bassin helvétique. *Versailles*, in-4, cart. pl. *H. d'A.*

155. NOTA sui terreni dei contorni della Spezia, di Giacinto Provana di Collegno. In-4, br. 8 pag.

156. SISMONDA. Osservazioni geologiche sulle Alpi maritime e sugli Apennini liguri. *Torino*, Stamperia reale, 1841, in-4, br. pl. *H. d'A.*

157. SISMONDA. Osservazioni geologiche e mineralogiche sopra i monti porti tra la valle di Aosta e quella di Susa in Piemonte. *Torino*, 1838, Tipografia regia, in-4, br.

158. SISMONDA. Analyse d'une idocrase violette de la vallée d'Ala. *Turin*, Imp. roy. in-4, br. 4 pag.

159. SISMONDA. Classificazione dei terreni stratificati delle Alpi, tra il monte Cianco e la conte di Nizza. *Torino*, della Stamperia reale, 1852, in-4, br.

160. SISMONDA. Osservazioni mineralogiche geologiche per servire alla formazione della carta geologica del Piemonte. *Torino*, Stamperia reale, in-4, br. pl.

161. Osservazioni geologiche sulla valle di Susa e sul Monte Cenisio. *Torino*, della Stamperia reale, in-4, br. pl. *H. d'A.*

162. HAUSMANN. Ueber das Gebirgssystem der Sierra-Nevada und das Gebirge von Jaen im südlichen Spanien. *Gœttingen*, 1842, in-4, br. pl. *H. d'A.*

163. Leplay. Observations sur l'histoire naturelle et sur la richesse minérale de l'Espagne. *Paris*, 1834, in-8, br. *H. d'A.*

164. Verneuil (de) et Collomb. Coup d'œil sur la constitution géologique de plusieurs provinces de l'Espagne, par de Verneuil et Collomb, suivi d'une description de quelques ossements fossiles du terrain miocène, par Paul Gervais. *Paris*, 1853, in-4, br. *H. d'A.*

165. Verneuil (de) et Collomb. Géologie du sud-est de l'Espagne. *Paris*, 1857, in-8, br.

166. Beaumont (Élie de). Article de la *Revue française*, sur l'ouvrage intitulé : Physikalische Beschreibungen, etc. Description physique des îles Canaries, par M. Léopold de Buch, accompagnée d'un atlas in-fol. *Berlin*, 1825, in-8, *H. d'A.*

167. Beaumont (Élie de). Note sur la constitution géologique des îles Baléares (Annales des sciences naturelles, etc.). *Paris*, 1827, broch. in-8, avec pl. lithogr.

168. Bonnard (de). Essai géognostique sur l'Erzgebirge, ou sur les montagnes métallifères de la Saxe (Extrait du Journal des Mines). *Paris*, 1816, in-8, dem.-rel.

169. Boué. Mémoire sur les terrains secondaires du versant nord des Alpes allemandes. *Paris*, 1824.

169 *bis*. Daubuisson. Mémoire sur les basaltes de la Saxe, lu à la classe des sciences physiques et mathématiques de l'Institut National, en frimaire an II. *Paris*, an XI, 1803, 2 tom. en 1 vol. in-8, avec pl. dem.-rel.

170. Boué. Esquisse géologique de la Turquie d'Europe. *Paris*, 1840, in-8, br. *H. d'A.*

171. Boué. Mémoire géologique sur l'Allemagne, ext. du Journ. de physique, mai, 1822, petit in-4, br.

172. Horner (Léonard). On the geology of the environs of Bonn. *London*, 1836, in-4, br. pl. (geol. trans.). *H. d'A.*

173. Beschreibung Geognostische der umgegend von Stuttgart. 1834, in-4, pl.

174. Manès. Mémoires géologiques et métallurgiques sur l'Allemagne, comprenant le gisement, l'exploitation et le traitement des minerais d'étain de Saxe, et des minerais de cuivre de Mansfeld ; une description géologique de la Silésie, etc. *Paris*, 1828, in-8, avec pl. dem.-rel.

175. Barrande. Parallèle entre les dépôts siluriens de Bohème et de Scandinavie. *Prague*, 1856, in-4, br. *H. d'A.*

176. Indstilling fra den ved kongeligt naadigst commissorium a 16 de october, 1833, nedsatte commession, til Undersogelse of Konsberg Solwerck. *Christiania*, 1835, in-8, br. (avec une carte des environs de Kongsberg et une planche

— 79 —

où l'on voit une représentation figurative des filons argentifères du même lieu). Notes manuscrites de M. Cordier sur cet ouvrage.

177. Phillips. Mémoire sur les minerais de plomb de Bleiberg, en Carinthie. *Paris*, 1857, in-8, br. pl.

178. Raulin. Description physique de l'île de Crète. *Bordeaux*, 1858, 1 tom. en 2 liv. in-8, br. (incomplet). — Note sur la constitution géologique de l'île de Crète. Extr. du bulletin de la Société géologique de France, mars 1856, *H. d'A.*

179. Forchhammer (D^r). Danmarks geognostiske Forhold, etc. *Kjobenhavn*, in-4, cart.

180. Hausmann. Ueber die Bildung des Harzgebiges. Ein geologischer Versuch, *Gœttingen*, 1842, in-4, br. pl. *H. d'A.*

181. Nordenskiold. Demidovite, nouvelle espèce minérale de Nijne Taguilsk, dans l'Oural. *Moscou*, 1856, in-8, br.

182. Verneuil (de). Mémoire géologique sur la Crimée, lu à la Soc. géol. de France, 20 mars 1837. In-8, br. 6 pl. *H. d'A.*

183. Humboldt (A. de). Fragment de géologie et climatologie asiatiques. *Paris*, 1831, 2 vol. in-8, br. avec cart. geograph. *H. d'A.*

184. Deadwood. Cabinet of mineralogy, geology, conchyliology, etc., etc. *Saint-Helena*, 1827, in-8 (avec une lettre autographe de M. Seale, datée du 2 février 1829, adressée à M. Gaimard, le naturaliste).

185. Letronne. Recherches sur le gisement et l'exploitation des carrières de porphyre et de granit dans le désert à l'est du Nil. *Paris*, 1842, in-8. br. 19 pag.

186. Sainte-Claire Deville. Voyage géologique aux Antilles. *Paris*, 1847, 2 vol. in-4, planches et cartes. *H. d'A.*

187. Claussen. Notes géologiques sur la province de Minas Geraes, au Brésil. Broch. in-8, avec pl. color. (Acad. de Bruxelles.) *H. d'A.*

188. Galeotti (Henri). Aperçu géognostique sur les environs de la Havane. (s. l. n. d.), broch. in-8, avec pl. col. (Ac. de Bruxelles.) *H. d'A.*

189. Galeotti (Henri). Aperçu géognostique sur les environs de la Havane. (Mémoire de l'Acad. de Bruxelles), in-8, br. 12. pag. pl.)

190. Eaton's Geological text-book on North American geology. *Albany*, 1838, in-8, br. cart. géolog.

191. Eaton (Amos). Geological text-book for [the study of North American geology. *Albany*, 1832, in-8, cart. av. fig. *H. d'A.*

192. Maclure (W).Observations on the geology of the United-States of America. *Philadelphia*, 1817, in-8, br. cart. et planc.

193. Ansted's Geology, introductory descriptive and practical. *London*, 1844, 2 vol. in-8.

194. Logan et Sterry-Hunt. Esquisse géologique du Canada. *Paris*, 1855, in-8.

195. Webster's Description of the Island of Saint-Michael, comprising an account of its geological structure with maps. *Boston*, 1821, in-8, cart. *H. d'A.*

196. A geological and agricultural survey of Rensselaer country in the state of New-York, etc. *Albany*, 1822, in-8, br.

197. Akerly (Samuel). Geology of the Hudson river, and the adjacent regions : illustrated by a geological section of the country. *New-York*, 1820, in-12, cart. av. cart. col.

198. Featherstonhaugh. Geological report of an examination made in 1834, of the elevated country between the Missouri and Red Rivers. *Washington*, 1835, gr. in-8, perc. gauffr. cart. color. *H. d'A.*

199. Marcou (Jules). Geological map of the United-States and the British provinces of North America with an explanatory text, geological sections, etc. *Boston*, 1853, in-8, perc. gauf. dos à titre doré, avec cart. color. *H. d'A.*

200. Owen (David Dale).Report of a geological survey of Wisconsin, Iowa, and Minnesota and incidentally of a portion of Nebraska territory. *Philadelphia*, 1852, 2 vol. in-4, dont 1 de texte av. grav. d. le texte et 1 cart. et pl. in-4, percaline.

201. Herland. Essai sur la topographie et la constitution géologique de Nossi-Bé (côte de Madagascar). *Paris*, 1856, in-8, br. cart. (Revue coloniale.)

202. Fitton (H.). An account of some geological specimens from the coasts of Australia. *London*, 1826, in-8, cart.

PALÉONTOLOGIE DES DIVERS PAYS.

203. Archiac (Vte d') et Jules Haime. Description des animaux fossiles du groupe nummulitique de l'Inde. *Paris*, 1853, in-4, en 2 liv. br. avec planches. *H. d'A.*

204. Archiac (d') et de Verneuil. Memoir on the fossils of the older deposite in the Rhenish provinces. *Paris*, 1842, in-4, obl. (volume ne contenant que les planches). *H. d'A.*

205. CONSTANT PRÉVOST. Documents pour l'histoire des terrains tertiaires. *Paris*, 1827, in-8, br.

206. HAUDOIN. Recherches sur les rapports naturels qui existent entre les trilobites et les animaux articulés. *Bruxelles*, in-8, br. pl. *H. d'A.*

207. BLAINVILLE (DE) Mémoire sur les bélemnites. *Paris*, 1827, in-8, br. planches. *H. d'A.*

208. BOURDET. Notice des fossiles inconnus, etc. *Genève*, 1822, in-4, br. pl. *H. d'A.*

209. BREISLAK. Sulla giacitura di alcune Rocce porfiritiche e granitose, osservate nel Tirolo. *Milano*, 1821, in-4, br.

210. BRONGNIART (Ad.). Sur la classification et la distribution des végétaux fossiles. *Paris*, 1822, in-4, br. pl.

211. BRONGNIART (Al.). Sur le gisement ou position relative des ophiolites, etc., dans quelques parties des Apennins. *Paris*, 1821, in-8, br.

212. BRONGNIART (Ad.). Histoire des vegétaux fossiles, etc. *Paris*, 1836, in-4, 12 livraisons av. pl. *H. d'A.*

213. BRONGNIART (Ad.). Tableau des genres de végétaux fossiles. *Paris*, 1849, in-8, br. *H. d'A.*

214. BRONGNIART (Ad.). Prodrome d'une histoire des végétaux fossiles. *Paris*, 1828, 20 pag. in-4, manuscrites.

215. BUCH (Léopold DE). Sur les Ammonites, trad. de l'allem. par Domnando. *Paris*, 1833, in-8, br.

216. BUCH (Léopold DE). Essai d'une classification et d'une description des Térébratules trad. de l'allem. par Henri Lecoq, (Mém. de la soc. géolog.). In-4, br. pl.

217. BUCH (DE). Pétrifications recueillies en Amérique, par Al. de Humboldt et Ch. Degenhard, décrites par Léopold de Buch. *Berlin*, 1839, in-4, carton. pl.

218. CASIANO DE PRADO. Mémoire sur la géologie d'Almaden, d'une partie de la Sierra-Morena, etc., suivi d'une description des fossiles. *Paris*, 1856, in-8, br. cart. géolog. et planches. *H. d'A.*

219. CATULLO (A.) Memoria geognostico-paleozoica sulle Alpi Venete. *Modena*, 1846, in-4, br. 13 pl. *H. d'A.*

220. CHRISTOL (J. DE). Recherches sur les caractères des grandes espèces de rhinocéros fossiles. *Montpellier*, 1834, in-4, br. pl.

221. CROISET (L'abbé) et JOBERT aîné. Recherches sur les ossements fossiles du dép. du Puy-de-Dôme. *Paris*, 1828, in-4, br. 9 pl. *H. d'A.*

222. DEFRANCE. Tableau des corps organisés fossiles, précédé de remarq. sur leur pétrification. *Paris*, 1824, in-8, dem. rel. — Defrance. Remarques sur la disparition du test des corps marins fossiles, dans certaines localités..7 pag. in-8.

223. DESHAYES. Description des coquilles caractéristiques des terrains. *Paris*, 1831, in-8, dem.-rel.

224. DESMAREST. Histoire naturelle des crustacés fossiles, sous les rapports zoologiques et géologiques. *Paris*, 1822, in-4, carton. avec 11 pl.

225. DESMAREST. Histoire naturelle des crustacés fossiles, sous les rapports zoologiques et géologiques. *Paris*, 1822, gr. in-4, cart. pl.

226. DESNOYERS. Recherches géologiques et historiques sur les cavernes à ossements de mammifères fossiles. In-8, br. pl. *H. d'A.*

227. DESNOYERS. Note supplémentaire au mémoire sur la craie et les terrains tertiaires du Cotentin (Mém. de la soc. hist. de Paris). In-4, br. cart. *H. d'A.*

228. DUROCHER. Géologie de la Norwége, de la Suède et de la Finlande (Extrait des mém. de la soc. géol. de France). In-4, pl.

229. FAUJAS DE SAINT-FOND. Plusieurs notices sur les poissons et les coquilles fossiles, sur la météorologie, la géologie, etc. In-4, br.

230. FISCHER DE WALDHEIM. Bibliographia palæontologica animalium systematica. *Mosquæ*, 1834, in-8, dem.-rel.

231. FISCHER DE WALDHEIM. Lettre à L. Agassiz, sur deux poissons fossiles. *Moscou*, 1838, in-4, br. 13 pag. pl.

232. FOURNET. Détails au sujet de la formation des oolites calcaires. *Lyon*, 1853, in-8, br. non coup.

233. GEOFFROY SAINT-HILAIRE. Recherches sur les grands sauriens trouvés à l'état fossile, dans les confins maritimes de la Normandie, etc. *Paris*, 1831, in-4, br. pl.

234. GERVAIS (Paul). Considérations sur la classification des reptiles vivants et fossiles. *Paris*, 1848, in-8, br. 16 pag. *H. d'A.*

235. GIBBES (Rob.). Monograph of the fossil squalida of the United States. *Philadelphia*, 1848, 2 part. in-4. br.

236. GUGLIELMO GUISCARDI. Fauna fossile Vesuviana. *Napoli*, 1856, 16 pag.

237. HARLAN. Description of the fossil bones of the Megalonyx discovered in White Cave, Kentucky; by R. *Harlan*. — Description of an extinct species of fossil vegetable of the family Fucoides; by R. *Harlan*, etc, 1831. In-8, avec pl.

238. Hébert et Renevier. Description des fossiles du terrain nummulitique supérieur des environs de Gap, etc. *Grenoble*, in-8, br. avec planches. *H. d'A.*

239. Huot. Résumé géologique sur les ossements fossiles. *Paris*, 1826, in-8, dem.-rel.

240. Joly et Lavocat. Études paléontologiques tendant à ramener au type pentadactyle les extrémités des mammifères fossiles. *Toulouse*, 1853, in-8, br. — Études anatomiques et tératologiques sur une mule fissipède aux pieds antérieurs. *Toulouse*, 1853, in-8, br.

241. Klipstein et Kaup. Beschreibung und Abbildungen von dem in Rheinhessen aufgefundenen colossalen Schedel des Dinotherii gigantei, etc. *Darmstadt*, 1836, in-4, br.

242. Klipstein et Kaup. Description d'un crâne colossal de Dinotherium giganteum, trouvé dans la province rhénane du grand duché de Hesse Darmstadt, etc. *Paris*, 1837, in-4, br.

243. Desor. Notice sur le Dinotherium giganteum. *Paris*, 1837, in-4, br.

244. Atlas du Dinotherium giganteum. 2 vol. in-4.

245. Lartet. Note sur la dentition des proboscidiens fossiles et sur la distribution géogr., etc., de leurs débris en Europe. In-4, br. 3 pl.

245 bis. Christol (de). Aires comparées des 6 molaires, etc.; des solipèdes cementodontes et acementodontes, etc. 1 tab. *H.d'A.*

246. Massalongo. Osteologia d'orsi fossili del Veronese con un saggio sopra le principali caverne del distretto di Tregnago. *Wien*, 1850, in-4, br. pl. *H. d'A.*

247. Matheron. Catalogue des corps organisés fossiles du dép. des Bouches-du-Rhône. *Marseille*, 1842, in-8, br. avec pl. nombreuses séparées.

248. Melleville. Du Diluvium. Recherches sur les dépôts auxquels on doit donner ce nom, etc. *Paris*, 1842, in-8, br.

249. Millet. Paléontologie de Maine-et-Loire. *Angers*, 1854, gr. in-8, br. *H. d'A.*

250. Murchison. Siluria, the history of the oldest fossiliferous rocks and their foundations; Third edition, with maps and many additional illustrations. *London*, 1859, in-8, perc. *H. d'A.*

251. Owen. On the Megatherium (Megatherium americanum Blumenbach). *London*, 1851, in-4, br. 9 pl.

252. Prévost (C.) Sur les submersions itératives des continents actuels. 1827, in-4, br. *H. d'A.*

253. **Raspail** (Eug.) Observations sur le Neustosaurus Gigondarum, saurien fossile. *Avignon*, 1842, in-8, br. 56 pag.

254. **Serres** (de). Essai sur les cavernes à ossements et sur les causes qui les y ont accumulés. *Montpellier*, 1836, in-8, br. *H. d'A.*

255. **Sismonda**. Notizie intorno a due fossili trovati nei colli di San Stefano. *Torino*, tipografia regia, fig. pl. in-4, br. *H. d'A.*

256. **Voltz**. Observations sur les belemnites, 1er livr. *Paris*, 1830, in-4, br. *H. d'A.*

257. **Fitton**. The silurian system (Edinburgh Review), april 1841. In-8, 42 pag. et tabl. sép. *H. d'A.*

CARTES GÉOLOGIQUES DES PAYS ÉTRANGERS.

258. **Tableau** théorique de la succession et de la disposition des terrains et roches qui composent l'écorce de la terre, par Alex. Brongniart, 1 gr. feuille color.

259. **Carte** générale des méridiens et des parallèles magnétiques du globe terrestre, par L. Duperrey. 1836, 2 gr. feuilles.

260. **Carte** ethno-géographique des pays et des peuples de l'Europe, de l'Asie antérieure et de la Berbérie, dans leur état actuel, etc., par W. Obermüller. 1842, 1 feuille color.

261. **Carte** géologique d'Europe, par M. A. Boué. 1 feuille color.

262. **Carte** géologique de la Saxe (Geognostische general-charte des Kœnigl. Sachsen und der angrenzenden lænder Abtheilungen), par C.-F. Naumann. 1845, carte color. et collée sur toile, en étui.

263. **Orographische** Karte des Siebengebirges bei Bonn, von Dr Noeggerath. Carte color. et collée sur toile, en étui.

264. **Geological** map of England and Wales, par R.-J. Murchison, 1843, carte color. et collée sur toile, en étui. *H. d'A.*

265. **Italie** géologique (Esquisse d'une carte géologique d'Italie), par H. de Collegno, prof. de géologie. 1844, gr. cart. color. et collée sur toile, en étui.

266. **Carte** géologique de la Belgique et des contrées voisines, par A. Dumont. Carte color. et collée sur toile, en étui.

267. **Carte** de la Thrace, d'une partie de la Macédoine et de la Mœsie, dressée par A. Viquesnel. 1854, 1 gr. feuille.

268. **Notice** minéralogique sur les provinces d'Oran et d'Alger, par M. Ville, ing. des mines. 1856 (carte), 4 gr. ff. color. comp. les 2 cartes minéralogiques et géologiques des provinces d'Oran et d'Alger, d'après la carte top. du dépôt de la guerre).

VOLCANS.

269. Brongniart (A.) Des volcans et des terrains. volcaniques. (Dictionn. des scienc. natur.) *Paris*, 1829, in-8, dem.-rel.

270. Faujas Saint-Fond. Système minéralogique des volcans, ou nouvelle classification de leurs produits. *Paris*, 1809, in-8, cart. non rog. *H. d'A.*

271. Dolomieu. Distribution méthodique de toutes les matières formant les montagnes volcaniques. In-4, br.

272. Girardin. Considérations générales sur les volcans. *Rouen*, 1831, in-8, dem.-rel. *H. d'A.*

273. Paoli Gorini. Sull' origine delle montagne e dei vulcani. *Lodi*, 1851, volume primo, in-8, br. n. coupé.

274. Belli. Applicazione alle eruzioni vulcaniche. *Milano*, 1856, in-4, br. *H. d'A.*

275. Leopoldo Pilla. Discorso sopra la produzione delle fiamme nei vulcani et sopra le consequenze che se ne possono tirare. *Lucca*, 1844, in-4, br. 28 pl. 2. *H. d'A.*

276. Daubeny (Ch.) A description of active and extinct volcanos. *London*, 1826, in-8, fig. et cartes. *H. d'A.*

277. Essai sur la théorie des volcans d'Auvergne. *Riom*, an X (1802), in-8, dem.-rel.

278. Rozet. Mémoire sur les volcans de l'Auvergne. *Paris*, 1843, in-4, br. carte color. *H. d'A.*

279. Lacoste. Lettres minéralogiques et géologiques sur les volcans de l'Auvergne, écrites dans un voyage fait en 1804. *Clermont*, an XIII (1805), in-8, br.

280. Paolo Savi. Relazione dei fenomeni presentati da terremuoti di Toscana, dell' agosto 1846. *Pisa*, 1846, in-8, br.

281. Histoire du mont Vésuve, trad. de l'italien, par Du Perron de Castera. *Paris*, 1741, in-12, n. br.

282. Deville (Sainte-Claire). Observations sur la nature et la distribution des fumerolles dans l'éruption du Vésuve. *Paris*, 1855, in-8, br. *H. d'A.*

283. Monticelli et Covelli. Prodromo della mineralogia vesuviana. *Napoli*, 1825, in-8, br.

284. Covelli et Monticelli. Atlante della mineralogia vesuviana e appendice al prodromo (28 pages). *Napoli*, 1829, in-8, br. *H. d'A.*

285. Covelli. Storia dei fenomeni del Vesuvio, avvenuti negli anni 1821-1822 e parte del 1823. *Napoli*, 1823, in-8, dem.-rel.

286. FERRARA. Descrizione dell' Etna con la storia delle eruzioni, etc. *Palermo*, 1848, in-8, dem.-rel. cart. pl.

287. MARAVIGNA. Historia dell' incendio dell' Etna del mese di maggio 1819. *Catania*, 1819, in-8, br. n. coup.

288. MARAVIGNA. Memoria di orittognosia Etnea e de' vulcani estinti della Sicilia che contengono la descrizione di tutti minerali simplici, etc., etc. *Parigi*, 1838, in-12, br. non coupé av. tableau.

289. BERTHELOT (S.) Description orographique de l'île de Ténériffe (histoire naturelle des îles Canaries). *Paris*. 1835, br. in-8. *H. d'A.*

290. BUCH (Léopold DE). Description physique des îles Canaries, suivie d'une indication des principaux volcans du globe; traduite de l'allemand, par C. Boulanger. *Paris,* 1836, in-8, br.

MINÉRALOGIE.

291. AIKIN'S. Manual of mineralogy. *London*, 1814, in-8, *veau*.

292. BERZELIUS. Nouveau système de minéralogie. *Paris*, 1819, in-8, dem.-rel.

293. BEUDANT. Traité élémentaire de minéralogie. *Paris*, 1824, in-8, pl. color. dem.-rel.

294. BRARD (C.-P.) Nouveaux éléments de minéralogie, ou Manuel du minéralogiste voyageur, etc., 2e édit. revue et considérablement augmentée. *Paris*, 1824, in-8, avec pl. dem.-rel.

295. BRARD. Nouveaux éléments de minéralogie ou manuel du minéralogiste voyageur. Éd. rev. par Guillebot. *Paris,* 1838, in-8, br. n. coup.

296. BRARD (C.-P.) Minéralogie appliquée aux Arts, etc., ouvrage destiné aux artistes, fabricants et entrepreneurs. *Paris*, 1824, 3 vol. in-8, dem.-rel.

297. BROCHANT. Traité élémentaire de minéralogie. *Paris*, an IX, in-8, dem.-rel. avec 18 tabl. et 1 pl.

298. BRONGNIART (A.) Traité élémentaire de minéralogie avec des applications aux arts. *Paris*, 1807, 2 vol. dem.-rel. av. pl.

299. BRONGNIART. Tableau de la distribution des espèces minérales, suivie dans le cours de minéralogie, fait par Brongniart. *Paris*, 1833, in-8, br. 48 pag.

300. DELAFOSSE. Nouveau cours de minéralogie. *Paris*, 1858-1860, 2 vol. in-8, avec planches, br. *H. d'A.*

301. Delamétherie. Leçons de minéralogie données au collège de France. *Paris*, 1811-12, 2 vol. in-8, br.

302. Dufrénoy. Traité de minéralogie. *Paris*, 1844, 4 vol. in-8 dont 1 d'Atlas, dem.-rel. v. bl. à nerfs.

303. Haüy. Traité de minéralogie. *Paris*, 1801, 4 vol. in-8, et Atlas, dem.-rel.

304. Haüy. Traité de minéralogie. *Paris*, 1822, 4 vol. in-8, et Atlas, dem.-rel.

305. Haüy. Traité de cristallographie. *Paris*, 1822, 2 v. in-8, dem.-rel. avec Atlas séparé, dem.-rel.

306. Héricart de Thury et Houry. Minéralogie synoptique ou tableaux des substances minérales. *Paris*, an XIII (1805), in-8, br.

307. Kirwan. Éléments de minéralogie. Trad. par Gibelin. *Paris*, 1785, in-8, bas.

308. Miller (W.-H.) Traité de cristallographie ; traduction française, par H. de Sénarmont, ingénieur des mines. *Paris*, 1842, in-8, av. pl. br.

309. Monneti. Nouveau système de minéralogie. *Bouillon*, 1779, in-8, dem.-rel.

310. Necker (L.-A.). Le règne minéral ramené aux méthodes de l'histoire naturelle. *Paris et Strasbourg*, 1835, 2 vol. in-8, avec tableaux analytiques, dem.-rel.

311. Phillips. Elementary introduction to the knowledge of mineralogy. *London*, 1823, in-8, cart. pl. *H. d'A.*

312. Romé de l'Isle (de). Des caractères extérieurs des minéraux. *Paris*, 1784, in-8, dem.-rel.

313. Torbern Bergmann. Manuel du minéralogiste ou sciagraphie du règne minéral, mise au jour, par Ferber, trad. par Mongez le Jeune, édition par Delamétherie. *Paris*, 1792, 2 vol. in-8, dem.-rel. av. pl.

314. Bournon (Cte de). Catalogue de la collection minéralogique du roi, appartenant à l'auteur de ce même catalogue, lorsque S. M. en a fait l'acquisition. *Paris*, 1817, in-8, cart. *H. d'A.*

315. Catalogue des huit collections qui composent le musée minéralogique de Ét. de Drée, avec notes et pl. T. D. *Paris*, 1811, in-4, dem.-rel.

316. Lucas. Tableau méthodique des espèces minérales auquel on a joint l'indication des gisements de chaque espèce, etc. *Paris*, 1806-1813, 2 vol. in-8, dem.-rel. av. port. pl.

317. Bredsdorff. De notione speciei in regno minerali. *Hafniæ*, 1827, in-8, cart. *H. d'A.*

318. Brochant de Villiers. De la cristallisation considérée géométriquement et physiquement. *Strasbourg*, 1819, in-8, dem.-rel. 16 pl.

319. Haüy. Essai d'une théorie sur la structure des cristaux. *Paris*, 1784, in-8, dem.-rel. av. pl.

320. Haüy (L'abbé). Traité des caractères physiques des pierres précieuses. *Paris*, 1817, in-8, pl. v. rac. fil. dent. tr. dor. Envoi autographe de l'auteur.

321. Héron de Villefosse. De la richesse minérale, ou considérations sur les mines, usines, etc. *Paris*, 1810-1819, 3 vol. in-4, cart. n. rog. avec cart.

322. Senarmont (de). Mémoire sur la réflexion et la double réfraction de la lumière par les cristaux doués de l'opacité métallique. (Ann. de chimie et physiq.) *Paris*, in-8, br.

323. Whewell. Essay on mineralogical classification and nomenclature, etc. *Cambridge*, 1828, in-8, br. *H. d'A.*

324. Robert Were Fox. On certain pseudo-morphoses crystals of quartz. (Trans. of the Cornwall polytechnic society). 1845, in-8, br. 7 pages. *H. d'A.*

325. Dolomieu. Sur la philosophie minéralogique et sur l'espèce minérale. *Paris*, an IX (1801), in-8, br.

326. Leymerie. Cours de minéralogie (histoire naturelle). *Paris*, 1857, 2 vol. in-8, br. av. fig. dans le texte.

227. Berthier. Mémoires et notices minéralogiques publiés pendant les années 1824, 1825 et 1826. *Paris*, 1827, broch. in-8. — 1 prospectus de 8 pages, des travaux scientifiques de M. Berthier, isolé de la brochure. *H. d'A.* — Mémoires et notices chimiques, minéralogiques, métallurgiques et géologiques, publiés de 1827 à 1838. *Paris*, 1833-1839, 2 vol. in-8, br. cart. pl.

328. Borson (L'abbé Ét.) Catalogue raisonné de la collection minéralogique du musée de Turin. *Turin*, 1830, in-8, br.

329. Bournon (Cte de). Traité complet de la chaux carbonatée et de l'arragonite, avec une introduction à la minéralogie en général, etc. *Londres*, 1808, 3 vol. in-4, cart. 72 pl. *H. d'A.*

330. Brongniart (Al.) Classification et caractères minéralogiques des roches homogènes et hétérogènes. *Paris*, 1827, in-8, cart. n. rog.

331. Delafosse. De la structure des cristaux, sur l'importance de l'étude de la symétrie dans l'histoire naturelle et dans la morphologie végétale et animale. *Paris*, 1840, br. in-8. *H. d'A.*

332. **Humboldt** (Alex. de). Essai géognostique sur les gisements des roches dans les deux hémisphères. *Paris*, 1823, in-8, cart.

333. **Karsten.** Mineralogische Tabellen mit rüsksicht die neuesten entdekkungen. *Berlin*, 1808, in-4, cart.

334. **Rivière** (A.). Études géologiques et minéralogiques, première partie. Considérations pour servir à la théorie de la classification rationnelle des terrains. *Paris*, 1847, in-8, br. n. coup.

335. **Stromeyer** (Frédéric). Untersuchungen über die Mischung der Mineralkorper, etc. Erster Band. *Gottingen*, 1821, in-8, br. *H. d'A.*

DESCRIPTION MINÉRALOGIQUE DE DIVERS PAYS.

336. **Dufrénoy** et **Élie de Beaumont.** Mémoires pour servir à une description géologique de la France. *Paris*, 1830-1838, 4 vol. in-8, dem.-rel. avec cartes. *H. d'A.*

337. **Monnet.** Collection complète de toutes les parties de l'Atlas minéralogique de la France, qui ont été faites jusqu'aujourd'hui, avec introduction par l'auteur. *Manque le titre.* (imprimé chez Firmin Didot, rue Thionville, ci-devant Dauphine).

338. **Cuvier** (G.) et A. **Brongniart.** Essai sur la géographie minéralogique des environs de Paris. *Paris*, 1811, in-4, br.

339. **Sauvage** et **Buvignier.** Statistique minéralogique et géologique du dép. des Ardennes. *Mezières*, 1842, in-8, br. avec pl. *H. d'A.*

340. **Thirria.** Statistique minéralogigue et géologique du départ. de la Haute-Saône. *Besançon*, 1833, in-8, dem.-rel. *H. d'A.*

341. **Manès.** Statistique minéralogique, géologique et minéralurgique du dép. de Saône-et-Loire. *Mâcon*, 1847, gr. in-8, avec cart. color.

342. **Blavier.** Essai de statistique minéralogique et géologique du dép. de la Mayenne. *Paris*, 1837, in-8, br. avec cartes. *H. d'A.*

343. **Gueymard.** Sur la minéralogie, la géologie et la métallurgie du dép. de l'Isère. *Grenoble*, 1831, gr. in-8, br. *H. d'A.*

344. **Gueymard.** Statistique minéralogique, géologique, métallurgique et minéralurgique du dép. de l'Isère. *Grenoble*, 1844, in-8, br. avec planches. — Avec carte géolog.

345. Bouillet. Topographie minéralogique du dép. du Puy-de-Dôme, suivie d'un Dictionnaire oryctognostique, etc. *Clermond-Ferrand*, 1829, in-8, br. *H. d'A.*

346. Devèze de Chabrol et Bouillet. Essai géologique et minéralogique sur les environs d'Issoire, et principalement sur la montagne de Boulade. Description et figures des fossiles, etc. *Clermont-Ferrand*, 1827, in-4, dem.-rel. d. v. bel exemplaire.

347. Gras. Statistique minéralogique du dép. des Basses-Alpes, ouvrage accompagné d'une carte et de coupes géologiques. *Grenoble*, 1840, in-8, br.

348. Palassou (L'abbé). Essai sur la minéralogie des monts pyrénées. *Paris*, 1784, in-4, br. cart. et pl.

349. Atlas gr. in-fol. accomp. la Richesse minérale de l'Algérie, avec éclaircissements historiques et géographiques de cette partie de l'Afrique, par Henri Fournel, ing. en chef des mines, publiée par ordre du gouvernement. *Paris*, 1852. — 20 planches comprenant des cartes géographiques, coupes et nombreuses figures de coquilles fossiles.

350. Ville. Notice minéralogique sur les provinces d'Oran et d'Alger. *Paris*, 1858, in-4, br. av. 4 feuilles de cartes.

351. Omalius (d') d'Halloy. Mémoire pour servir à la description géologique des Pays-Bas, de la France et de quelques contrées voisines. *Namur*, 1828, in-8, dem.-rel. carte géogr.

352. Vincenzo Barelli. Cenni di statistica mineralogica degli stati del Re di Sardegna. *Torino*, 1835, in-8, br. *H. d'A.*

353. Maraschini. Sulle formazioni delle rocce del Vicentino. Saggio geologico. *Padova*, 1824, in-8, dem.-rel. pl.

354. Ferrara. Storia naturale della Sicilia che comprende la mineralogia. *Catania*, 1843, gr. in-8, dem.-rel. *H. d'A.*

355. Keilhau. Gæa norvegica. *Christiania*, 1838, in-4, br. pl. et carte séparée du territoire de Christiania.

356. Partsch (Paul). Uebersicht der im k. k. Kof-Mineralien Kabinette zu Wien zur Schau gestellten 8 Sammlungen. *Wien*, 1843, in-8, cart. av. pl.

357. Graty (A. du). Mémoire sur les productions minérales de la confédération Argentine. *Paris*, 1855, in-8, br. *H. d'A.*

358. Annuaire du Journal des mines de Russie. *Saint-Pétersbourg*, 1840, 5 vol. (1 vol. introd. et années 1835-1836-1837-1839.)

359. Baldracco. Cenni sulla constituzione metallifera della Sardegna. *Torino*, 1854, in-8, br. avec pl.

INDUSTRIE MINÉRALE.

360. ÉLIE DE BEAUMONT. Coup d'œil sur les mines. *Paris*, 1824, in-8, dem.-rel. avec pl.

361. BOUCHACOURT. Mémoire sur l'industrie métallurgique de la province de Murcie (Espagne). *Paris*, 1846, in-8, br.

362. BROCCHI. Trattato mineralogico e chimico sulle miniere di ferro del dipartimento del Mella con l'esposizione della constituzione fisica delle montagne metallifere della Val-Trompia. *Brescia*, 1808, 2 vol. in-8. cart.

363. BURAT. Théorie des gîtes métallifères appuyée sur la description des principaux types du Harz, de la Saxe, des provinces rhénanes, de la Toscane, etc. *Paris*, 1845, in-8, br. cart. et grav. *H. d'A*.

364. BURAT. Description de quelques gîtes métallifères de l'Algérie, de l'Andalousie, de la Prusse et de la Toscane. *Paris*, 1848, in-8, br. fig. dans le texte.

365. BURAT. De la houille. Traité théorique et pratique des combustibles minéraux. *Paris*, 1851, in-8, br. avec cartes et fig. dans le texte. *H. d'A*.

366. COIGNET. Une solution de la question des houilles. *Paris*, 1854, in-8, br.

367. CORDIER (L.) Sur les mines de houille de France et l'importation des houilles étrangères. *Paris*, 1845, in-8, avec une carte générale des mines de houille de France. — Description technique et économique des mines de houille de Saint-Georges-Chatelaison, dép. de Maine-et-Loire. *Paris*, 1845, in-8, br.

368. DAUBUISSON. Des mines de Freiberg, en Saxe, et de leur exploitation. *Leipsic*, 1802, 3 vol. in-8, avec pl. et cart. dem.-rel.

369. DELANOÜE. Géogénie des minerais de zinc, plomb, etc. 20 pag. in-8 (extrait des Annales des mines), pl. — Géogénie des minerais calaminaires de zinc, plomb, etc. 4 pag. in-4, *Paris*, 1850, *H. d'A*.

370. DÉLIUS. Traité sur la science de l'exploitation des mines, traduit par Schreiber. *Paris*, 1778, 2 vol. in-4, dem.-rel. avec planches.

371. DIÉTRICH (DE). Description des gîtes de minerai, forges, salines des Pyrénées, de la haute et basse Alsace, et de la Lorraine méridionale. *Paris*, 1786-99, 4 vol. in-4, d.-r.

372. Dufrénoy et Élie de Beaumont. Voyage métallurgique en Angleterre. *Paris*, 1827, in-8, dem.-rel. 17 pl. *H. d'A.*

373. Souich (du). Essai sur les recherches de houille dans le nord de la France. *Paris*, 1839, in-8, br. avec pl. *H. d'A.*

374. Fournet (J.) Études sur les dépôts métallifères, *Paris*, 1834, in-8, br. avec cart. — Sur la voltzine ou oxisulfure de zinc, de Rosiers, près Pontgibaud. *Clermont-Ferrand*, 1832, in-8, br. 16 pag. — Notice sur les minerais de plomb carbonaté noirs et blancs. *Clermont-Ferrand*, 1832, in-8. br.

375. Fragoso de Siqueïra. — Description abrégée de tous les travaux d'amalgation et fonderies de Hulsbrück, près de Freyberg, en allemand et en français. *Dresde*, 1800, pet. in-4, br., 2 pl.

376. François (Jules). Recherches sur le gisement et le traitement direct des minerais de fer dans les Pyrénées, et particulièrement dans l'Ariége. *Paris*, 1843, 2 vol. in-4, br.

377. Gua de Malves. Projet d'ouverture et d'exploitation de minières et mines d'or. *Paris*, 1763, in-8, dem.-rel. sans titre ; taches et racommodages.

378. Hassenfratz. La siderotechnie ou l'art de traiter les minerais de fer. *Paris*, 1812, 4 vol. in-4, dem.-rel. avec pl.

379. Hauer, Fœtterle et Haidinger. Coup d'œil géologique sur les mines de la monarchie autrichienne, trad. par le comte Marschall. *Vienne*, 1855, Impr. imp. gr. in-8, br.

380. Malaguti et Durocher. Recherches sur l'association de l'argent aux minéraux métalliques et sur les procédés à suivre pour son extraction. *Paris*, 1850, in-8, br. *H. d'A.*

381. Mathieu. Code des mines. *Paris*, 1810, in-4, dem.-rel.

382. Meugy. Histoire des mines de Rive-de-Gier (Loire), précédée d'une notice géologique sur le bassin houiller de cette localité. *Paris*, 1848, in-8, br. av. pl.

383. Mingaud. Examen d'un minerai qui présente tous les caractères de l'Allophane (Silicide). *Paris*, 1859, br. in-8, 11 pages.

384. Moissenet. Mémoire sur le gisement du minerai de plomb dans le calcaire carbonifère du Flintshire, extrait des Annales des mines. *Paris*, 1857, in-8. *H. d'A.*

385. Recueil de documents relatifs à l'exploitation des mines métallifères du dép. de l'Aveyron. *Paris*, 1847, in-4, dem.-rel. avec cart. pl.

386. Rivot et Phillips. Description d'un nouveau procédé de traitement métallurgique des minerais de cuivre. Ann. des mines, t. XIII. *Paris*, 1857, in-8, br. pl. 20 pag.

387. Romé de l'Isle. Des caractères extérieurs des minerais. *Paris*, 1784, in-8, br.

388. Statistique de la Belgique, mines, minières, usines métallurgiques et machines à vapeur, 1851 à 1855. *Bruxelles*, 1858, in-4, br.

389. Situation des houillères françaises en 1859. *Paris*, 1860, in-8, br.

390. Lamé Fleury. Recueil méthodique et chronologique des lois, décrets, ordonnances, arrêtés, circulaires, etc., concernant le service des ingénieurs au corps impérial des mines. *Paris*, Impr. impériale, 1856-57, 2 forts vol. in-8, br. — Texte annoté de la loi du 21 avril 1810, concernant les minières, tourbières, carrières, etc. *Paris*, Imp. impér. 1857.

391. Locré (le baron). Législation sur les mines et sur les expropriations pour cause d'utilité publique, ou lois des 21 avril et 8 mars 1810, expliquées par les discussions du Conseil d'Etat, etc. *Paris*, 1828, in-8, dem.-rel.

392. Dufrénoy. Rapport sur les mines, les opérations métallurgiques, les produits minéraux, etc. *Paris*, 1854, in-8, br. *H. d'A.*

393. Godin. Projet d'un nouveau système de redevance proportionnelle sur les mines en Belgique. *Liége*, 1847, in-8, br. — Proposition de loi présentée par M. Man d'Altenrode, député, le 16 fév. 1853, sur les redevances des mines. *Bruxelles*, 1853, in-8, br.

394. Chicora (A.) et Ern. Dupont. Nouveau code des mines, recueil méthodique et chronologique des lois et règlements concernant les mines, etc., depuis 1791 jusqu'à 1846, annoté de décisions administratives et judiciaires rendues en France et en Belgique. *Bruxelles*, 1846, pet. in-4, br.

395. Repertorio delle miniere, etc. Répertoire des mines, ou recueil des lettres-patentes, règlements, mémoires et notices sur les substances minérales des états de S. M. le Roi de Sardaigne. Années 1815 à 1825 (tom. 1-2), 2 tom. en 1 vol. in-8, dem.-rel. Le titre est taché.

396. Richard. Législation française sur les mines, minières, carrières, tourbières, salines, usines, établissements, etc. *Paris*, 1838, in-8, dem.-rel.

397. Cancrin. Jurisprudence générale des mines, en Allemagne, traduite,.. avec des annotations relatives à ce qui a trait à la même matière dans les principaux États de l'Europe, et notamment en France, par M. Blavier. *Paris*, 1825, 3 vol. in-8, dem.-rel.

398. Fourcade-Prunet. Des mines en droit français. Thèse pour le doctorat. *Paris*, 1858, in-8, br. *H. d'A.*

399. Nestor Begnard. Examen du droit des seigneurs hauts-justiciens du Hainaut, sur les mines de charbon, avant et depuis la réunion de cette province à la France. *Walenciennes*, 1844, forte br. in-8.

400. Instructions sur l'usage de la houille, par Venel. *Avignon*, 1775, in-8, br. av. pl.

401. Coquand. Traité des roches considérées au point de vue de leur origine, de leur composition et de leur gisement. *Paris*, 1857, in-8, br. fig.

402. Coquand. Description des solfatares, des alumines et des lagoni de la Toscane (bulletin de la société géologique). *Paris*, 1848, in-8, br.

403. Cordier. Classification des roches et des terrains. In-8, br. 30 pag. (Extrait du voyage de *la Bonite*).

404. Delesse. Procédé mécanique pour déterminer la composition des roches. *Besançon*, 1847, gr. in-8, br. 8 pag. *H. d'A.*

405. Delesse. Notices sur la composition et l'origine de quelques substances minérales, et notice sur quelques produits de décomposition des minerais de cuivre. *Besançon*, 1846, gr. in-8, br.

406. Delesse. Étude de quelques phénomènes présentés par les roches lorsqu'elles sont amenées à l'état de fusion. *Besançon*, 1847. gr. in-8, br. 16 p. et 1 tableau. *H. d'A.*

407. Demesmay. Opinions des hommes politiques, des savants et des agronomes, sur l'utilité du sel pour les plantes et les animaux. *Paris*, 1846, in-8, br.

408. Garnier. Mémoire sur les questions proposées par la Société d'agriculture de Boulogne-sur-Mer, pour découvrir de nouvelles mines de houille. *Paris*, 1828, in-4, br.

409. Gruner. Essai sur la classification des principaux filons du plateau central de la France, avec indication des roches éruptives, etc., suivi de la description des mines de plomb du Forez. *Lyon*, 1855, gr. in-8, br. *H. d'A.*

410. Héron de Villefosse. Atlas de la richesse minérale. *Paris*, 1819, in-fol. cart.

412. Levallois. Mémoire sur le sel gemme, dans le dép. de la Meurthe. *Paris*, 1834, in-8, br. avec pl. *H. d'A.*

413. MILNE-EDWARDS. Rapport sur la production et l'emploi du sel en Angleterre. *Paris*, 1859, in-4, br. *H. d'A.*

414. MEUGY. Note sur les applications de la géologie à l'agriculture. *Lille*, 1847, in-8, br. pl. 16 pag. *H. d'A.*

415. RELATION des événements mémorables arrivés dans l'exploitation de houille de Beaujonc, près de Liége, avec les portraits de Hubert et de Matthieu Goffin. *Liége*, 1812, in-8, cart. tr. dorée.

416. DIX-HUIT brochures relatives aux droits de douane sur les fers et sur la houille. 16 pièces in-4, 2 in-8.

417. CHENOT. Crépuscule d'un nouveau système de métallurgie rationnelle, positive et philosophique. *Paris*, 1855, in-8, br.

418. MICHEL CHEVALIER. Des mines d'argent et d'or du nouveau monde. *Paris*, 1847, in-8, br. *H. d'A.*

419. DUFRÉNOY. Rapport sur l'emploi de l'air chaud dans les usines à fer de l'Ecosse et de l'Angleterre. *Paris*, 1834, in-8, br. av. pl. *H. d'A.*

420. ENQUÊTE sur les fers, par une commission, sous la présidence du Ministre du commerce, le baron Pasquier, rapporteur. Compte rendu de l'enquête et des délibérations de la commission. *Paris*, 1829, in-4, br

421. GUENYVEAU. De l'état de la fabrication du fer ou de l'avenir des forges. *Paris*, 1838, in-8, pl. *H. d'A.*

422. GUENYVEAU. Principes généraux de métallurgie. *Paris*, 1824, in-8, br. av. pl.

423. GUYTON-MORVEAU. Réponse aux rapports sur le zinc, faits à l'Institut, le 1er mars 1813. *Liége*, 1813, in-4, br.

424. HÉRICART DE THURY. Rapport fait à la Société d'encouragement, sur les aciers damassés de sir Henry. *Paris*, 1821, in-4, br.

425. PLAY (LE). Mémoire sur la fabrication et le commerce des fers à acier dans le nord de l'Europe, etc. *Paris*, 1846, in-8, br.

426. PLAY (LE). Description des procédés métallurgiques employés dans le pays de Galles, pour la fabrication du cuivre. *Paris*, 1848, in-8, br. *H. d'A.*

427. PLAY (LE). Observations sur l'histoire naturelle et sur la richesse minérale de l'Espagne. *Paris*, 1834, in-8, av. pl.

429. MUTHUON. Traité des forges dites catalanes, ou l'art d'extraire directement le fer de ses mines. *Turin*, 1808, in-8, br.

430. Puymaurin (de). Mémoire sur les procédés les plus convenables pour remplacer le cuivre par le bronze, dans la fabrication des médailles. *Paris*, 1823, in-8, br.

431. Rivot. Description de la préparation mécanique des minerais de plomb, dans le Ober-Harz. *Paris*, 1851, in-8, br.

432. Rivot et Zeppenfeld. Description des gîtes métallifères, de la préparation mécanique et du traitement métallurgique des minerais de plomb argentifères de Pontgibaud. *Paris*, 1851, in-8, br. pl. *H. d'A.*

433. Petot. Recherches sur la chaufournerie faites au port de Brest (Ann. marit. et colon.). *Paris*, 1843, in-8, br. pl.

434. Boëttars de Montallau. Notice historique sur l'établissement des fonderies de Romilly-sur-Andelle. *Paris*, 1837, in-4, br.

EAUX MINÉRALES ET HYDROLOGIE.

435. Deville (S.-C.) Annuaire des eaux de la France, pour 1851. *Paris*, 1851, in-4, br. *H. d'A.*

436. Arcet (d'). Notice relative à la source d'acide carbonique de Montpensier, près d'Aigues-Perse (Puy-de-Dôme), (extr. du recueil de Moléon). *Paris* (s. d.), in-8, av. pl.

437. Aubuisson (d') de Voisins. Histoire de l'établissement des fontaines à Toulouse. *Toulouse*, 1830, in-8, br.

438. Bally (Victor). Eaux thermales de Lamotte-les-Bains, arrondissement de Grenoble. *Paris*, 1844, in-16, br. *H. d'A.*

439. Bertrand. Recherches sur les propriétés physiques, etc., des eaux du Mont-Dore. *Paris*, 1810, in-8, br.

440. Boirot-Desservier. Recherches historiques et observations médicales sur les eaux de Néris, en Bourbonnais. *Paris*, 1822, in-8, br. *H. d'A.*

441. Bonvin (C.-J.) Essai sur les eaux minérales de Loëche, etc. (traduit de l'allemand). *Genève*, 1834, in-8, avec planch. lithogr.

442. Caligny (de). Nouveau système de fontaines intermittentes sous-marines (extr. du Journal des mathém.). 1843, in-4, br. *H. d'A.*

443. Cazalas. Recherches pour servir à l'histoire médicale de l'eau minérale sulfureuse de Labassère (Hautes-Pyrénées), etc. *Paris*, 1851, in-8.

444. Chailland. Dictionnaire raisonné des eaux et forêts. *Paris*, 1769, in-4, rel. v. f.

445. Chatoney et Rivot. Considérations générales sur les matériaux employés dans les constructions à la mer. *Paris*, 1856, in-8, br.

446. Chevalier (A.) Notice historique sur les eaux minérales d'Uriage, près de Grenoble, etc. (Extrait du Journal des sciences physiques et chimiques.) *Paris*, 1836, in-8.

447. Dausse. Statistique des variations du niveau de la Seine, à Paris, dans le cours de 49 ans, de 1777 à 1825. *Paris*, in-4, br.

448. Dumont (André). Note sur la découverte d'une couche aquifère à la station de Hasselt. *Bruxelles*, in-8 av. pl.

449. Dumont. De l'état actuel de la question des eaux potables à Lyon. *Lyon*, 1844, in-4, br. av. cart. de Lyon et des environs. *H. d'A.*

450. Dupasquier (Alp.) Des eaux des sources et des eaux de rivières, etc. *Lyon*, 1840, in-8, br.

451. Dupont. Études comparatives de deux projets d'approvisionnement d'eau de la ville de Cette. *Montpellier*, 1845, in-8, br. carte. *H. d'A.*

452. Mémoire sur l'histoire des canaux d'arrosage et les irrigations dans le dép. des Hautes-Alpes, précédé du rapport de M. Héricart de Thury. *Paris*, 1821, in-8, br. pl.

453. Fontan. Recherches sur les eaux minérales des Pyrénées, de l'Allemagne, de la Belgique, de la Suisse et de la Savoie. *Paris*, 1853, in-8, br. avec pl.

454. Fournel et Dyèvre. Mémoire sur les canaux souterrains et sur les houillères de Worsley, près de Manchester. *Paris*, 1842, in-4, br. pl.

455. Ganderax (Ch.) Recherches sur les propriétés physiques, etc., des eaux minérales de Bagnères-de-Bigorre. *Paris*, 1827, in-8, pl.

456. Garnier. De l'art du fontenier sondeur et des puits artésiens. *Paris*, 1822, in-4, dem.-rel. fig. et cart.

457. Girard. Simple exposé de l'état actuel des eaux publiques de Paris. *Paris*, 1831, in-8, br.

458. Grangez. Précis historique et statistique des voies navigables de la France et d'une partie de la Belgique, avec carte commerciale. *Paris*, 1855, gr. in-8, br.

7

459. Héricart de Thury. Programme d'un concours pour le percement de puits artésiens. *Paris*, 1828, in-8, br. pl.

460. Jaubert de Passa. Mémoires sur les cours d'eau et les canaux d'arrosage des Pyrénées orientales. *Paris*, 1824, in-8, br.

461. Journal des bains de Rennes, connus anciennement sous le nom de Bains de Montferrand, contenant un aperçu topographique de ces bains, un précis de leur analyse chimique, etc., n° 1, contenant les observations médicales des années 1816 à 1818. *Toulouse*, 1819, in-8.

462. Julia (J.-S.-E.) Dissertation sur les eaux minérales connues sous le nom de Bains de Rennes, etc. *Toulouse*, 1814, in-8.

463. Keller. Canal de Nicaragua. Notice sur la navigation transatlantique des paquebots interocéaniques. *Paris*, 1859, in-8, br. av. cart. color.

464. Longchamp. Trois mémoires sur les eaux minérales. *Paris*, 1835, in-8. — (1. Considérations sur la constitution intérieure du globe, tirées de l'analyse des eaux thermales sulfureuses de la chaîne des Pyrénées, etc. — 2. Sur la Barégine. — 3. Sur les gaz qui se dégagent des eaux thermales.)

465. Longchamp. Sur la chaleur des eaux thermales naturelles. (Extrait des Annales de chimie et de physique). *Paris* (s. d.), in-8, H. d'A.

466. Longchamp. Annuaire des eaux minérales de la France, 1831. *Paris*, 1831, in-18, av. pl.

467. Longchamp. Sur une formation de pyrite dans une eau thermale. (Annales de chimie et de physique.) *Paris*, 1826, in-8.

468. Mallet (Ch.) Approvisionnement d'eau de Greenoke, trad. de l'anglais. *Paris*, 1831, in-8, br.

469. Marcel de Serres. Notice sur les puits artésiens. *Montpellier*, 1830, in-8, br.

470. Duguée. Rapport sur la dérivation de la Somme-Soude. Réponses au mémoire du Préfet de la Seine et au rapport du Président du conseil municipal de Paris. *Châlons*, 1859, in-4. H. d'A.

471. Lomet. Mémoire sur les eaux minérales et établissements thermaux des Pyrénées. *Paris*, an III, in-8, br. avec planches.

472. Meyrac (P.). Analyse des eaux minérales de Pouillon. *Mont-de-Marsan* (s. d.), an VI, in-8.

473. Mojon (J.). Analyse des eaux sulfureuses et thermales d'Acqui. *Gênes*, 1806, in-8, av. pl.

474. Murat. Topographie physique et médicale du territoire d'Aubin, et analyse des eaux minérales de Cransac. *Rodez*, an XIII, in-8.

475. Paramelle (l'abbé). L'art de découvrir les sources. *Paris*, 1856, in-8, br. *H. d'A.*

476. Parent-Duchatelet. Rapport sur le curage des égouts Amelot, de la Roquette, Saint-Martin, etc. *Paris*, in-8, br.

477. Polonceau. Note sur le débordement des fleuves et des rivières. *Paris*, 1847, in-8, br. *H. d'A.*

478. Prony (de). Atlas des marais Pontins. *Paris*, 1823. in-4, dem.-rel. bel exemplaire. — Des marais Pontins. *Paris*, 1818, 1 fort vol. in-4, dem.-rel. texte.

479. Prony (de). Mémoire sur les variations de la pente totale de la Seine, dans la traversée de Paris, dans les années 1788-1789-1790, avec rapport de Lavoisier, Laplace et Coulomb, etc. In-4, br. — Note sur un condensateur de forces, etc., par Prony. In-4, pl. 2 pag.

480. Sartoris. Notice sur la baie de la Somme, le barrage éclusé de Saint-Valery, etc. *Paris*, 1824, in-4, br. av. plan.

481. Seguin. Aqueduc de Roquefavour, projet présenté par M. Jules Seguin. *Lyon*, 1844, br. in-8, de 38 pag. av. pl.

482. Soubeiran. Mémoire sur la fabrication des eaux acidules gazeuses. *Paris*, in-8, br. 24 pag. pl.

483. Surell (Alex.) Études sur les torrents des Hautes-Alpes. *Paris*, 1841, in-4, br. av. pl.

484. Teissier-Rolland. Du système hydraulique en France. *Paris*, 1849-1850, 4 tom. in-8. en 2 liv.

485. Teissier-Rolland. Histoire des eaux de Nîmes et de l'aqueduc romain du Gard. *Nîmes*, 1851-1852, t. III, IIme partie, t. IV, Ire partie. 2 vol. in-8, br.

486. Vallée. Du Rhône et du lac de Genève, ou des grands travaux à exécuter pour la navigation du Léman à la mer. *Paris*, 1843, in-8, br.

487. Lamarck. Hydrogéologie ou recherches sur l'influence qu'ont les eaux sur la surface du globe, etc. *Paris*, an X, in-8, v.

488. Archiac (Vicomte d'). Études sur la formation crétacée des versants sud-ouest et nord-ouest du plateau central de la France. (Extr. des Annales des sciences géolog.) *Paris*, 1843, in-8, br. av. pl. *H. d'A.*

489. BEAUMONT (Élie de). Notice sur les systèmes de montagnes. *Paris*, 1852, 3 vol. in-12, dem.-rel. av. cart.

490. BOUÉ. Mémoire géologique sur le sud-ouest de la France, etc., et en particulier sur les bords du Rhin. *Paris*, 1824, in-8, av. cart. — BOUÉ. Geognostiches Gemalde von Deutschland, etc. herausgegeben von C. C. von Leonhard. *Francfort-sur-le-Mein*, 1829, in-8, avec pl. br. en cart.

491. BRONGNIART (Al.) Classification et caractères minéralogiques des roches homogènes et hétérogènes. *Paris*, 1827, in-8, br.

492. BURAT. Géologie appliquée. Supplément sur les relations des gites métallifères avec les roches éruptives et sur la continuité des minerais en profondeur. *Paris*, 1853, in-8, br. planch.

493. BUVIGNIER. Statistique géologique, minéralogique, métallurgique et paléontologique du dép. de la Meuse. *Paris*, 1852, in-8, br.

494. CATULLO (T.-A.) Trattato sopra la costituzione geognostico-fisica dei terreni alluviali o postdiluviani delle provincie Venete. *Padova*, 1844, in-8, br. *H. d'A.*

495. DELAFOSSE. Plusieurs notices in-4 et in-8, sur la minéralogie et la cristallographie; 5 pièces.

496. DUROCHER. Études sur le métamorphisme des roches. (Soc. géolog.). *Paris*, 1846, in-8, br.

497. GOURNERIE (DE LA). Mémoire sur l'extraction des rochers de la passe d'entrée du port du Croisic. *Paris*, 1848, in-8, br. 57 pag. avec carte.

498. DIVERS mémoires de l'abbé Haüy sur la minéralogie; 21 pièces in-4, et 3 in-8, avec planches. *H. d'A.*

499. HENWOOD (W. Jory.) The metalliferous deposits of Cornwall and Devon; with appendices on subterranean temperature, the electricity of rocks and veins, etc. *London*, 1843, in-8, pl. cart. *H. d'A.*

500. HUMBOLDT (Al. DE). Essai géognostique sur le gisement des roches dans les deux hémisphères. *Paris.* 1823, in-8. br.

501. HUGUENET. Considérations générales sur l'origine et la formation des asphaltes, etc. *Paris*, 1847, in-8, br. pl.

502. HUOT. Tableau géologique des roches. *Paris*, 1827, in-8, br.

503. JACQUOT. Etudes géologiques sur le bassin houiller de la

Sarre, faites en 1847, 1848 et 1850. *Paris,* Impr. impériale, 1853, in-8, br. cart.

504. OMALIUS (D') D'HALLOY. Des roches considérées minéralogiquement. *Paris,* 1841, in-8, br. *H. d'A.*

505. ORBIGNY (D'). Classification et principaux caractères minéralogiques des roches d'après la méthode de M. Cordier, prise à son cours de géologie. (Extrait du Dictionn. universel d'histoire naturelle). *Paris,* 1848, br.

506. RIVIÈRE (A.) Essai sur les roches. — Etudes géologiques aux environs de Quimper, etc., pl. color. — Notice géologique sur les environs de Saint-Maixent. — Coup d'œil sur les grottes. — Notice sur les terrains d'atterrissement, pl. col. — Note sur un énorme fossile trouvé dans la Louisiane, pl. color. *Paris,* 1839, 1 vol. in-8, br.

MÉLANGES ET RECUEILS.

507. DÉBRIS organiques fossiles, ancienneté de la race humaine. — NOTICE analytique sur les travaux zoologiques et paléontologiques de M. Alcide d'Orbigny. *Paris,* 1844, in-4, br. — MÉMOIRE sur l'accroissement des polypes lithophytes, par Quoy et Gaimard. (Extrait des Annales des sciences naturelles). *Paris,* 1825. — FISCHER DE WALDHEIM. Lettre sur le Rhopalodon, genre de saurien fossile du versant occidental de l'Oural. *Moscou,* 1841, grav. in-8, br. — RIVIÈRE. Note paléontologique ou description de quelques espèces animales fossiles. *Paris,* 1836. — FISCHER DE WALDHEIM. Notice sur l'Eurypterus de Podolie et le Ghirotherium de Livonie. *Moscou,* 1839, in-4, pl. br. — FRIED. HŒNINGHAUS. Note sur le Carpinus macroptera, av. pl. *Crefeld,* 1840. — LEYMERIE. Thèse sur les caractères distinctifs des huîtres, des gryphées et des exogyres. *Paris,* 1840, in-8, br. — AGASSIZ. Revue critique des poissons fossiles, figurés dans l'Ittiolitologia veronese. *Neufchâtel,* 1835, liv. in-8. — Fr. HŒNINGHAUSS. Note sur un Aspergillum fossile et pl. *Crefeld,* 1827. — DESNOYERS. Ossements humains, prétendus fossiles, des cavernes du midi de la France. (Académie des sciences. Société géologiq. de France.) 6 fév. 1832. — CHRISTOL. Notice sur les ossements humains fossiles des cavernes du dép. du Gard. *Montpellier,* 1829, in-8, br. — L'abbé CANETO. Description d'une dent molaire de Dinotherium, découverte à la Bastide d'Armagnac. *Paris,* 1847, in-8, br. pl. — A. VALENCIENNES. Observations sur les mâchoires fossiles des couches oolithiques de Stonesfield, nommées Didelphis Prevostii et Didelphis Bucklandii (Ext. des comptes rendus de l'Ac. des sc.), 1838, in-4, br. — RIVIÈRE. Note sur un énorme fossile trouvé dans la Loui-

siane. *Paris*, 1837, br. in-8. — Rapport verbal fait à l'Ac.
des sciences, le 18 juillet 1831, sur l'histoire des végétaux
fossiles, publ. par Brongniart, par M. Beudant, in-8, br.—
Lair. De la pêche, du parcage et du commerce des huîtres
en France. *Caen*, 1826, br. in-8. — John Scoulers. An
account of some fossil crustacea. — Geoffroy Saint-Hilaire. Mémoire sur quelques espèces nouvelles du genre
musaraigne. (Extrait des mémoires du Muséum.) *Paris*,
1827, in-4, br. — Agassiz. Prospectus annonçant la publication des 5 vol. in-4 des Recherches sur les poissons fossiles. *Paris*, 1833, in-4, br. — Eyriès. Recherches sur la
population du globe terrestre. *Paris*, 1833, in-8, br. —
Rapport fait à la Société royale de géographie sur le
concours relatif à la géographie et aux antiquités de l'A-
mérique centrale. *Paris*, 1836, in-8, br. — Traullé. Notice
sur les tombes ou tombelles de l'arrondissement d'Abbeville. *Abbeville*, 1823, in-8. br.

508. Chevalier (Léopold). Rapport historique sur l'île d'Elbe, etc.
Paris, 1806, in-8. — Brocchi (G.) Sulla Lignite Bruna di
Valgandino, Memoria estratta dal Giornale della Soc.
d'Incoraggiamento delle scienze etc., di Milano (t. V).
(S. l. n. d.), in-8.— Maraschini. Osservazioni geognostiche,
sopra alcune località del Vicentino. *Milano*, dall' Imp.
e R. Stamperia. (Estratte della Biblioteca italiana.)
(2 ex^{es}). — Le même. Dei filoni pirossenici del Vicentino.
Milano, dall' I. R. Stamperia, in-8. — Pareto (Lorenzo). Sopra alcune alternative di strati marini e fluviali, nei terreni
di sedimento superiore dei colli subapennini, Memoria
letta al congresso di Torino. (S. l.), 1843, in-8, avec pl.
(Estr. dal Giornale Toscano di scienze mediche, etc.,
tom. I, 1843.) — Brocchi (G.) Sulla miniera di piombo ar-
gentifero di Viconago, estratta dal Giornale della Soc.
d'Incoraggiamento delle scienze, etc., di Milano. (T. VIII,
oct. 1809). — Carte géologique du terrain entre le lac
d'Orta et celui de Lugnano, par M. Léopold de Buch ; ossia
Tipogeognostico del terreno, etc. Notizia communicata dal
dottor Claro-Giuseppe Malacarne, S. M. p. *Milano*, 1829.
(Bibl. Ital., t. LVI). — Amoretti (Carlo). Elogio litterario
del signor Alberto Fortis, etc. Inserito nel tomo XIV della
Soc. Italiana delle scienze. *Verona*, 1809, in-4, portr.

509. Dumont (André). Note sur la position géologique de l'argile
rupelienne et sur le synchronisme des formations tertiaires de la Belgique, de l'Angleterre et du nord de la
France. (Lu à la séance de l'Acad. royale de Belgique, le
2 août 1851.) (S. l. n. d), in-4. 19 p.—Le même. Acad. royale
de Belgique (Extr. du tome XVI, etc.). Rapport sur la
carte géologique de la Belgique. (Lu à la séance de l'Aca-

démie, le 10 novembre 1849). (S. l. n. d.), in-8. — FURET. Extr. des Bulletins de la Soc. industrielle de Mulhouse. Notice lue dans la séance du 28 novembre 1849, sur les mines métalliques du Haut-Rhin. *Mulhouse* (s. d.), in-8. — Itinéraire proposé à la Société géologique de France, dans sa réunion extraordinaire, etc. (S. l. n. d.), in-8. — DELANOUE (J.) Des caractères et des limites du terrain dévonien inférieur dans le bassin boulonnais-westphalien. (Extr. du Bulletin de la Soc. géolog. de France, 1er avril 1850.) *Paris*, 1850, in-8, 7 p. — LEVALLOIS (J.) Notice sur des roches d'origine ignée (avec talc et fer oxydulé), observées au milieu des marnes supra-liasiques, à la côte de Thélod, départ. de la Meurthe, etc. *Nancy*, 1847, in-8, 11 p. — LE MÊME. Notice sur la minière de fer de Florange (Moselle), et sur ses relations avec le grès super-liasique (Marly-sand stone des Anglais). *Paris*, 1850, in-8. — LE MÊME. Aperçu de la constitution géologique du départ. de la Meurthe. Note à l'appui de la carte géologique de ce départ. (Extrait des Annales des mines, t. XIX.) *Paris*, 1851, in-8. — MARCOU (Jules). Notice géologique sur les hautes sommités du Jura, comprises entre la Dôle et le Reculet. (Extr. du Bulletin de la Soc. géolog. de France), etc. Séance du 1er février 1847. *Paris* (s. d.), in-8, avec pl. — LEVALLOIS (J.) Observations sur la roche ignée d'Essey-la-Côte, arrondissement de Lunéville. *Nancy*, 1846, in-8, pl. 8 p. (Extr. des Mém. de la Soc. royale des sc., lettres et arts de Nancy), 1846. (2 exemp.) — LESOINE. Rapport sur les gîtes métallifères d'Engis, Prayon et Verviers (province de Liége), 18 juin 1844. *Paris*, 1844, in-4. — AUTRE rapport sur les mêmes gîtes (de *Saint-Brice, J. Wyld* et *L. Comte*, 18 octobre 1844). *Paris*, 1844, in-4, avec pl. — LEVALLOIS (J.) Mémoire sur le gisement du sel gemme dans le département de la Moselle, etc., 24 juin 1846. (Ann. des mines, t. XI). *Paris*, 1847, in-8. — RAULIN. Essai sur l'orographie du départ. de l'Yonne. (Extr. du Bulletin des sc. histor., etc., de l'Yonne). *Auxerre* (s. d.), in-8. — LANDRIOT (l'abbé). Notice géolog. sur la formation des schistes de Muse. (Extr. des Mém. de la Soc. éduenne.) *Autun* (s. d.), in-8, pl. — RIVIÈRE (A.) Notice sur la distillation de schistes bitumineux, etc. *Paris*, 1830, in-8, avec pl. — VOLTZ. Notice sur le grès bigarré de la grande carrière de Soultz-les-Bains. (S. l. n. d.), in-4. — PRÉCIS sur la mine de sel gemme de Vic (Meurthe) et sur les principales mines de sel de l'Europe; suivi du rapport fait à l'Acad. des sciences par M. d'Arcet, etc. *Paris*, 1824, in-8. — VOLTZ et LÉGER. Extr. des Mém. de la Soc. d'histoire natur. de Strasbourg. Notice sur le Bradford-clay de Bouxvillers et de Bavillers. Nouvelle espèce de Dugong (Oryx des anciens).

Note sur les chaux hydrauliques du Bas-Rhin. (S. l. n. d.), in-4. 8 p. — CORRESPONDANCE des élèves brevetés de l'École roy. des mineurs de Saint-Étienne, etc., n° 1. *Saint-Étienne*, 1827, in-8, avec pl. — HOURY. Notice sur les concrétions des grottes de Baume et de Loisia, lue à la séance de la Soc. d'émulation, le 27 septembre 1835. *Lons-le-Saulnier*, 1835, in-8. — HÉRICART DE THURY (le vicomte). Notice sur les mines d'asphalte, bitume et lignites de Lobsann (Bas-Rhin). *Paris*, 1838, petit in-4, avec cartes et pl.

510 bis. SAINTE-CLAIRE DEVILLE. Études de lithologie, 36 p. in-8. (Ann. de chimie.)—MODIFICATION du soufre sous l'influence de la chaleur. 20 p. in-8. (Ann. de chimie.) — Études de lithologie, 2e Mém. in-4. (Comptes rendus de l'Ac. des sc.) — DIX lettres à M. Élie de Beaumont, sur l'éruption du Vésuve en 1855, in-4. — SUR les émanations volcaniques. *Paris*, 1857, in-4.

511. Constant PRÉVOST. Extrait d'une lettre adressée à l'Académie des sciences, sur le nouvel îlot volcanique de la mer de Sicile, le 3 octobre 1831. In-8, br. — VOYAGE à l'île Julia, en 1831 et 1832, par le même. Rapport à l'Académie des sciences. *Paris*, in-8 br., 1re partie, 2 exemplaires. — NOTES sur l'île Julia, pour servir à l'histoire de la formation des montagnes volcaniques, par le même; in-4. br., avec cart. pl. et grav. — TURNBULL-CHRISTIE. Sur certains dépôts récents de la Sicile. Mém. lu à la Soc. géolog. de Londres, le 2 nov. 1831. *Paris*, 1832, in-8. br.—GEMELLARO. Sopra alcuni pezzi di granito e di lave antiche trovati presso alla cima dell' Etna osservazioni fisiche. *Catania*, 1823, in-8. br. — F. FERRARA. Memoria sopra i tremuoti della Sicilia en 1823 (marzo). *Palermo*, 1823, in-8, br. av. carte. — COSSOLA et PILLA. Lo spettatore del Vesuvio e dei campi flegrei. *Napoli*, 1832, 3 livraisons in-8, br. — DOLOMIEU. Mémoire sur les tremblements de terre de la Calabre en 1783. *Rome*, 1784, in-8, br. — DUREAU DE LAMALLE. Mémoire sur la position de la roche Tarpéienne, lu à l'Académie des inscriptions. — GUESSONE et TENORE. Osservazioni fisico-geognostiche fatte per diversi luoghi delle provincie di Terra di Lavoro e di Abruzzo, 1834.

512. ROUAULT. Note préliminaire sur une nouvelle formation. (Étage du grès armoricain, découvert dans le terrain silurien inférieur de la Bretagne. Extr. du Bulletin de la Société géologique de France, etc. Séance du 17 juin 1850.) *Paris*, 1851, in-8, avec planches. — LE MÊME. Observations faites à l'occasion d'une note de M. Durocher sur le tégument des Trilobites. Extr. du Bulletin de la Soc. géolog. Séance du 13 janvier 1851. *Paris* (s. d.), in-8. — LEVALLOIS (J.) Remarques sur l'Ostræa costata et sur l'Ostræa acuminata,

considérées comme fossiles caractéristiques. Extr. du Bulletin de la Société géolog. de France, etc. Séance du 7 avril 1851. *Paris* (s. d.), in-8. — Mougeot (le Dr Antoine). Note sur les végétaux fossiles du grès rouge, suivie de leur comparaison avec ceux du grès bigarré. *Nancy* (s. d.), in-8. — Thiollière (V.) Sur un nouveau gisement de poissons fossiles dans le Jura, du département de l'Ain ; lu à la Soc. nat. d'agriculture, etc., de Lyon, dans sa séance du 16 juin 1848. (Extr. des Annales de la Soc., etc., 1848). *Lyon* (s. d.), in-8. — Grateloup (le Dr). Géo-Zoologie. Discours sur la zoologie fossile, suivi de réflexions sur les progrès de cette étude, etc. *Bordeaux*, 1839, in-8. — Hart (John). A description of the skeleton of the fossil deer of Ireland, cervus megaceros, drawn up at the instance of the committee of natural philosophy of the royal Dublin Society. Second edition, etc. *Dublin*, 1838, in-8, avec pl. — Notice des principaux mémoires et ouvrages publiés par M. Adolphe Brongniart. *Paris* (s. d.), in-4. — Billaudel. Note sur quelques ossements fossiles de Palæotherium recueillis dans le départ. de la Gironde ; lue dans la séance du 13 août 1829, et imprimée par délibération de la Soc. (S. l. n. d.), in-8, avec pl. — Lockhart. Notice sur les ossements fossiles d'Avarai. *Orléans*, 1827, in-8. (Extr. du t. VIII des Annales de la Soc. royale des sciences, etc., d'Orléans). — Geoffroy Saint-Hilaire. Paléontographie. Considérations sur des ossements fossiles, la plupart inconnus, trouvés et observés dans le bassin de l'Auvergne, etc. (Rapport lu dans la séance de l'Acad. des sciences du 7 octobre 1833, etc.) — Des Moulins (Ch.) Extr. des Actes de la Soc. linnéenne de Bordeaux (2e livraison, 15 mars 1832). Description d'un genre nouveau de coquille vivante, bivalve, etc. *Bordeaux*, 1832, in-8. avec pl. — Le même. Extr. des Actes de la Soc. Linnéenne de Bordeaux (t. V, 4e livraison, 15 juin 1832). Catalogue descriptif des stellérides vivantes et fossiles observées jusqu'à ce jour dans le département de la Gironde, etc., auquel on a joint la description de deux espèces d'Astéries fossiles de Dax et Paris ; etc. — Description de trois genres nouveaux de coquilles fossiles du terrain tertiaire de Bordeaux, savoir : Spiricella, par M. Rang, Cratelupia et Jouannetia, par M. Charles Desmoulins. (Extr. du Bulletin d'histoire naturelle de la Soc. linnéenne de Bordeaux, t. II, etc., 23 décembre 1828.) *Bordeaux*, 1831, in-8, avec pl. — Roulland. Observations sur les Ichthyosarcolithes et sur les Hippurites, adressées à la Soc. linnéenne de Bordeaux, le 5 août 1829, etc. *Angoulême*, 1829, in-8. (2 exempl.). — Hœningaus (Fréd.-Guill.). Isocardia Humboldtii. *Grefeld*, 1829, br., in-4. avec pl. (latin-allemand). — Divers écrits sur le fossile humain : Barruel (J.-P.). Réponse aux principaux écrits qui ont paru sur le fossile humain trouvé dans le mois de septembre 1823, au Long-Rocher de Montigny près Moret (Seine-et-Marne). *Paris*, 1824, in-8. — Le même. Notice sur le fossile humain trouvé près Moret, etc. *Paris*, 1824, in-8. — Lettre sur le prétendu fossile humain des environs de Moret ; 23 juillet 1824. *Paris*, 1824, in-8. — Thiébaut de Berneaud. Rapport à la Soc. linnéenne de Paris sur le fossile trouvé au Long-Rocher, dans la forêt de Fontaine-bleau (14 août 1824). *Paris*, 1824, in-8. — Huot. Notice géologique sur le prétendu fossile humain trouvé près de Moret, etc. *Paris*, 1824, in-8. — Payen, Chevalier et Julia-Fontenelle. Encore un mot sur le fossile, ou Examen de la réponse de M. Barruel. *Paris*, 1824, in-8. — Grate-loup. Mémoire de Géo-Zoologie sur les oursins fossiles (Échinides), qui se rencontrent dans les terrains calcaires des environs de Dax (départ. des Landes). (Extr. des Actes de la Soc. linnéenne de Bordeaux, t. VIII, etc., 15 juillet 1836). *Bordeaux*, 1836. in-8, avec pl. — Fromentel (E. de). Description des Polypiers fossiles de l'étage Néo-comien. *Paris*, 1857, in-8, avec pl.

513. Prévost. (Constant). Essai sur la constitution physique et géognostique du bassin à l'ouverture duquel est située la ville de Vienne en Autriche. In-4. avec pl. — Fitton (W.-H.) Notes on the progress of Geology in England. (London and Edinburgh Philosophical Magazine.) *London*, 1833, in-8, avec pl. — Greenough's and Murchison's Addresses delivered at the Geological Society of London. 1832-34, in-8. — Fitton (W.-H.) A geological sketch of the vicinity of Hastings. *London*, 1833, in-18, avec fig. color. — Notes relatives à la présentation de M. Constant Prévost dans la section de minéralogie et de géologie de l'Académie des sciences. *Paris* (s. d.), in-4. — Allan (Thomas). Memorandums respecting some minerals from Greenland. — Brongniart (Alexandre). Notice sur des blocs de roches des terrains de transport en Suède, etc. (Annales des sciences naturelles.) *Paris*, 1824, in-8, avec pl. — Fitton (W.-H.) Inquiries respecting the geological relations of the beds, between the Chalk and the Purbeck limestone in the South-East of England. (Annals of Philosophy.) *London*, 1824, in-8, avec pl. — Sedgwick. On the Geology of the isle of Wight, etc. (S. l.), 1822, in-8.

514. Peltier. Notice sur des faits principaux et des instruments nouveaux ajoutés à la science de l'électricité. *Paris*, in-4, 7 pages. — Météorologie électrique, in-8, br. (Extr. du supplément à la Bibliothèque universelle de Genève). — Quetelet. Résumé des observations sur la météorologie,

sur le magnétisme, etc., faites à l'observatoire de Bruxelles,
en 1840. In-4, publié en 1841. — SECOND mémoire sur le
magnétisme terrestre en Italie. *Bruxelles*, 1840, in-4. br,
— DE GASPARIN. Des climats européens par rapport aux
pluies. (Tiré de la Bibliothèque universelle 1828.) *Genève*,
1828, in-8, br. — Rob. WERE FOX's. On the electro-magne-
tic properties of metalliferous veins in the mines of Cornwall. *London*, in-4, 1830. Pl. — GANNAL. Mémoire sur
l'état des cimetières ; lu à l'Académie des sciences, le
5 mars 1838. *Paris*, in-8, br. — LADAME. Essai sur la composition, etc., de l'atmosphère ; lu à la séance de l'Académie de Neufchâtel, le 6 nov. 1846. *Neufchâtel*, 1846, in-8.
br. — DESPRETZ. Observations sur le déplacement et sur
les oscillations du zéro du thermomètre à mercure. Prés.
à l'Institut, le 19 juin 1837. *Paris*, 1837, in-8, br. — BEAU-
PERTHUY. Thèse sur la climatologie, soutenue le 23 août
1837. *Paris*, 1837, in-4, br. — Daniel PARET. Cosmologie
physique, ou essai sur la cohésion appliquée à la théorie
physico-chimique des princip. phénom. de la nature. *Grenoble*, 1840, in-8, br., de 216 pag., av. pl. — LEBLANC. Recherches sur la composition de l'air confiné. *Paris*, 1842,
in-8, br. — RECHERCHES sur la composition de l'air dans
quelques mines. *Paris*, 1845, in-8, br.

515. LARTET (Ed.) Notice sur la colline de Sansan, suivie d'une
récapitulation des diverses espèces d'animaux vertébrés
fossiles trouvés, soit à Sansan, soit dans d'autres gisements du terrain tertiaire miocène, dans le bassin sous-
pyrénéen ; avec une liste des coquilles terrestres, lacustres
et fluviatiles fossiles du même terrain ; par M. Nouet...,
par M. l'abbé Dupuy.... et par M. de Boissy. *Auch*, 1851,
in-8. — RAULIN. Rapport sur un Mémoire de M. J. Delbos,
intitulé : Recherches sur l'âge de la formation d'eau douce
de la partie orientale du bassin de la Gironde. *Bordeaux*,
1848, in-8. — NORDLINGER (H.) Essai sur les formations
géologiques des environs de Grand-Jouan. *Stuttgart*, 1847.
in-8. — RIVIÈRE. Géologie de la Vendée. Groupe créta-
cique, etc., de la Vendée et de la Bretagne. Extrait des
Annales des sciences géologiques, etc., 1842. *Paris*, 1842,
in-8, avec pl. n. et color. — RIVIÈRE. Études géologiques
faites aux environs de Quimper, etc., accompagnées d'une
carte et de douze coupes géologiques. *Paris*, 1838, in-8.
— RIVIÈRE. Notice sur les terrains d'atterrissement, et en
particulier sur les buttes coquillières de Saint-Michel-en-
l'Herm. (Extrait du Dictionnaire pittoresque d'histoire
naturelle.) *Paris* (s. d.), in-8, avec pl. col. — RIVIÈRE.
Quelques mots sur les îles voisines des côtes de France,
et en particulier de l'île de Noirmoutiers. (Extr. du Dictionnaire pittoresque d'histoire naturelle). *Paris* (s. d.), in-8.—

Rivière. Notice géologique sur les environs de Saint-Maixent (Deux-Sèvres). *Paris*, 1839, in-8. — Fleuriau de Bellevue. Mémoire sur l'état physique du territoire de la Charente-Inférieure, etc. *La Rochelle*, 1838, in-4. — Voyage de deux Anglais dans le Périgord, fait en 1825, et traduit sur leur journal manuscrit. *Périgueux*, 1826, in-18 (avec une *Note statistique* extraite de l'Annuaire de la Dordogne, 1827). — Gaullieur-l'Hardy. Premier exposé fait dans le sein de la commission chargée par ordonn. royale et l'arrêté du préfet de la Gironde, du 17 janvier 1833, de procéder à une enquête sur le projet présenté au gouvernement, par M. C. Deschamps, etc., pour l'ouverture d'un canal de navigation à travers les petites Landes, faisant communiquer la Garonne avec l'Adour. *Bordeaux*, 1833, in-8. — Billaudel. Ossements fossiles, découverts en janvier 1826, dans la grotte de l'Avison, près Saint-Macaire, départ. de la Gironde. (Extr. d'un Mémoire publié, en 1826 et 1827, dans le Bulletin de la Société linnéenne de Bordeaux.) (S. l. n. d.), in-8. — Jouannet. Recueil académique. Année 1822. Notice sur quelques produits naturels des Landes, de la Gironde, etc. (S. l. n. d.). in-8. — Le même. Recueil académique. Année 1826. Notice sur les sablières de Terre-Nègre ; suivi de l'Éloge de Bordeaux, trad. d'Ausone. (S. l.), 1826, in-8. — Grateloup. Notice géognostique sur les roches de Tercis, aux environs de Dax (Landes), etc. *Bordeaux*, 1833, in-8. — Gindre (Jules). Mémoire géologique sur les environs de Bayonne et sur la non possibilité d'y trouver de la houille. *Paris*, 1840, in-8. — Lartet (Ed.) Notice contenant quelques aperçus géologiques sur le département du Gers. (Extr. de l'Annuaire du départ. du Gers pour 1839.) *Auch* (s. d.), in-16. — Reboul. De l'antiquité relative des terrains de Béziers et de Pézenas. *Béziers* (s. d.), in-8, avec planche lithogr. — Marcel de Serres. Observations générales sur la constitution géognostique du département de l'Hérault. (Extr. des Mémoires de la Soc. linnéenne de Normandie. (S. l. n. d.), in-8. — Varin. Mémoire sur un gisement de blende dans le départ. du Gard, et sur la possibilité d'en tirer parti. (Extr. des Annales des mines, t. VII, année 1830.)

346. Notice analytique sur les travaux de zoologie de M. Alcide d'Orbigny, 1823-1850. *Corbeil*, 1850, in-4. — Gérard. De l'espèce dans les corps organisés. (Extr. du Dict. univ. d'histoire naturelle.) *Paris*, 1844, in-8. — Virey. Réflexions sur l'Essai de statique-chimique des êtres organisés de M. J. Dumas. (Extr. du Journal de pharmacie et de chimie. Août 1842.) *Paris*, 1842, in-8. — Chambre des Pairs. Séance du 12 février 1846. Projet de loi tendant à modifier les articles 219 et suivants du Code forestier, relatifs aux défrichements,

avec l'Exposé des motifs par le ministre des finances. (M. Lacave-Laplagne). (S. l. n. d.), in-8. — Koninck (L. de). Notice sur quelques fossiles du Spitzberg. (Acad. royale de Belgique. Extr. du t. XIII, n° 6, des Bulletins.) (S. l. n. d.), in-8. — Christol (de). Notice sur les ossements humains fossiles des cavernes du départ. du Gard, présentée à l'Acad. des sciences, le 29 juin 1829. *Montpellier*, 1829, in-8, avec pl. — Brullé (Aug.) Académie de Paris. Faculté des sciences. Thèse pour le doctorat ès sciences, soutenue devant la Faculté, en décembre 1839, sur le gisement des insectes fossiles, et sur les secours que l'étude de ces animaux peut fournir à la géologie. *Paris*, 1839, in-4. — Des Moulins (Charles) Troisième mémoire sur les Echinides. Synonymie générale des espèces décrites jusqu'à ce jour. (Extr. des actes de la Soc. linnéenne de Bordeaux, t. IX, etc., 1er et 15 décembre 1837. *Bordeaux*, 1837, in-8.) (On y a joint les deux premiers mémoires et le mém. de M. Grateloup, sur les Oursins fossiles.) — Des Moulins (Charles). Premier mémoire sur les Échinides. Prodrome d'une nouvelle classification de ces animaux. Extr. des Actes de la Soc. linnéenne de Bordeaux, t. VII, 4e livraison, 15 août 1835. *Bordeaux*, 1835, in-8, av. pl. — Grateloup (le Dr). Tableau statistique des coquilles univalves fossiles trouvées dans les couches tertiaires du bassin de l'Adour (environs de Dax). *Bordeaux*, 1838, in-8. (Extr. des Actes de la Soc. linnéenne de Bordeaux, t. X, etc. Novem. 1838.) — Boucher de Perthes. Antiquités antédiluviennes. Réponse à MM. les antiquaires et géologues présents aux Assises archéologiques de Laon. (Extr. du Bulletin de la Soc. des antiquaires de Picardie.) *Amiens*, 1859, in-8.

547. Elie de Beaumont. Faits pour servir à l'histoire des montagnes de l'Oisans. — Sur un gisement de végétaux fossiles et de graphite, situé au Col du Cardouet (Hautes-Alpes). (Annales des sciences natur.) — Lorenzo Pareto. Osservazioni per servire allo studio della parte meridionale del dipart. del Varo. In-8, br. — Lorenzo Pareto. Giunta alle osservazioni geognostiche fatte nel dipart. del Varo. In-8, br. — Rapport à l'Académie des sciences, par Héricart de Thury et Brongniart, sur un Mémoire relat. à la géologie des environs de Fréjus. In-8, br. — Rozet. Mémoire géognostique sur une partie des environs d'Aix (B.-du-Rhône). 1829, in-8, br. — Elie de Beaumont. Notes sur la constitution géognostique des environs de Martigues. 1826. — Notice géognostique sur les terrains secondaires de la partie sud du littoral de l'étang de Berre (B.-du-Rhône), par MM. Delcros et Rozet. In-8, br., avec carte géogr. et géolog. — Brongniart. Rapport sur un Mémoire de Dufrénoy : Des caractères que présente le

terrain de craie dans le sud de la France et sur les pentes des Pyrénées. Av. pl. — ANNALES des sciences, etc., du midi de la France, publiées par la Société de statistique de Marseille. *Marseille*, 1832, t. I, n° 1, in-8 br., pl. — ITINÉRAIRE proposé à la Société géologique de France, le 30 août 1856. — NIVELLEMENT barométique de l'Aquitaine, par Victor Raulin. (Actes de l'Académie de Bordeaux.) In-8, br. — DESCRIPTION des fossiles du terrain éocène des environs de Pau, par Rouault. 1848, in-8.

518. BUTLER-KING. Rapport sur la Californie. In-8, br. — TRÉMAUX. Notes sur la localité où sont situées les principales mines d'or du Soudan oriental. *Paris*, 1850, in-8, br., av. carte. THE JOURNAL of the Indian archipelago and eastern Asia. Sketch of the physical geography and geology of the Malay peninsula. In-4. br., 1848. — A Catalogue of American minerals, fresh-water shells, etc. *New-York*. 1851, in-12, br. — NOTICE sur les sables et terrains aurifères de la république de l'Équateur. — ACADÉMIE des sciences. Rapport sur un Mémoire de Lamare-Picquot sur son dernier voyage dans l'Amérique septentrionale et l'introduction en France du psoralea esculenta et de l'apios tuberosa, plantes alimentaires. — NOTICE sur feu M. de Beaufort, voyageur en Afrique. — GARELLA. Notice minéralogique sur la province d'Alger. *Alger*, 1850, in-8, br.

519. MALAGUTI, DUROCHER et SARZEAUD. Recherches sur la présence du plomb, du cuivre et de l'argent dans l'eau de la mer, et sur l'existence de ce dernier métal dans les plantes et les êtres organisés. (Extr. des Annales de chimie et de physique, 3° série, t. XXVIII.) *Paris* (s. d.), in-8. — SAULCY (F. de). Réponse à un Mémoire sur la mer Morte, par M. E. Quatremère. (Journal des savants, sept. 1851.) *Paris*, 1851, in-4. — NOTICE sur les travaux scientifiques de M. Balard. *Paris*, 1844, in-4. — MARCOU (Jules). Une leçon de M. Charles Martins sur les anciennes lignes de niveau de la mer. (Bibl. univ. de Genève, n° 17. 5 mars 1847.) (S. l.) 1847, in-8, 23 pages. — DUROCHER (J.) Études sur la limite des neiges perpétuelles. (Extr. des Annales de chimie et de physique, 3° sér., t. XIX.) *Paris* (s. d.), in-8, pl. — NOTE sur les travaux de M. Daussy, ingénieur-hydrographe en chef, etc. (15 octobre 1842.) *Paris*, 1842, in-4. — DELAUNAY (Ch.) Mémoire sur la théorie des marées. (Extr. du Journ. de mathémat. pures et appliquées, t. IX, 1844.) *Paris*, 1844, in-4. — TERQUEM. Observations sur le lias du départ. de la Moselle. *Metz*, 1847, in-8. — SÉRIE chronologique des plus importants envahissements connus faits par la mer, depuis le VIII° siècle jusqu'à nos jours; par M. Ad. Balbi. (Années 808-1800.) (S. l. n. d.), in-8., 2 pag. — DOMENGET

(le D[r]). Aperçu sur la nature et les propriétés médicinales des eaux minérales de Challes en Savoie. *Chambéry*, 1841, in-8. — EAUX minérales de Hombourg, près Francfort-sur-le-Mein. *Paris*, 1841, in-8. (Notice.) — An essay on the art of boring the earth for the obtainment of a spontaneous flow of water, with hints towards forming a new theory for the rise of waters. *New-Brunswick*, 1826, in-8. (Une note mss. sur la couv. imp. attribue cet ouvrage à madame Marie Griffith, résidant aux États-Unis.) — HÉRICART DE THURY. Soc. d'encouragement pour l'industrie nationale. Séance générale du 11 août 1841, etc. Rapport fait au nom du Comité des arts mécaniques sur la sonde française de M. Corberon. *Paris*, 1841, in-8. — GUEYMARD (Em.) Notice sur le sondage du Bois-Rolland près de Grenoble ; lu à la Soc. de statistique du départ. de l'Isère, séance du 15 novembre 1839. (S. l. n. d.), in-8 de 7 pages. — HÉRICART DE THURY (le vicomte). Un mot sur les puits artésiens. Janvier 1838. (Extr. des Annales de l'agriculture française, 1838.) *Paris*, 1838, in-8. de 7 pag. — LE MÊME. Soc. roy. et cent. d'agriculture. Programme pour le percement de puits forés suivant la méthode artésienne, etc., suivi de considérations géologiques et physiques sur le gisement de ces eaux, etc. *Paris*, 1828, in-8, av. pl. — ANALYSE et résumé de la demande ci-incluse, faite par M. Moussier (24 novembre 1831), propriétaire, à M. le ministre du commerce et des travaux publics, tendant à obtenir une somme de 8,000 fr. pour la continuation du forage d'un puits artésien, etc. *Paris* (s. d.), in-fol., av. pl. — COUPE géologique d'un puits foré, dit artésien, fait à Saint-Denis et à Elbeuf, par Mulot, mécanicien. 6 pl. in-fol. — HÉRICART DE THURY. Rapport sur le mémoire de M. Viollet : De l'application et du calcul à l'état dynamique des puits artésiens, etc. *Paris*, 1838, pl, in-4, br. — RAPPORT à l'Académie des sciences sur le concours pour le prix de mathématiques, en 1827, dont l'objet est relatif à la compression des liquides. — JAUBERT. Mémoire sur l'ancien cours de l'Oxus. *Paris*, 1833, Imp. royale, in-8, br., 22 pag, — DAUBRÉE. Note sur le phénomène erratique du nord de l'Europe, et sur les mouvements récents du sol scandinave. *Paris*, in-8, br., carte, 16 pages. — TRAULLÉ. Abrégé des Annales du commerce de mer d'Abbeville. *Abbeville*, 1849, gr. in-8, broché.

520. PROSPECTUS de la Collection géologique des roches du département du Puy-de-Dôme. *Clermond-Ferrand*, 1840. — HÉRICART DE THURY. Rapport fait à la Société d'encouragement sur l'état des différentes carrières de marbre en France. *Paris*, 1822, in-4 br. — WEAVER. On the composition of chalk rocks and chalk marl by invisible organic bo-

dies, etc. *London*, 1861, in-8 br. — Schulber. Recherches sur les propriétés physiques des terres. Trad. par de Gasparin. *Paris*, 1827, in-8 br. — Fournet. Mémoire sur la décomposition des minerais d'origine ignée et leur conversion en kaolin. Ext. des Annales de Chimie, 1834, in-8 br. — Fournet. Observations sur la production des tubercules ferrugineux dans les tuyaux des fontaines de Grenoble. *Paris*, 1834. (Extr. des Annales de Chimie, 1834.) — Michelotti. Sur la composition de l'or natif du Piémont. *Turin*, 1830, in-4 br. — Lonchamp. Note additionnelle à ma Théorie de la nitrification. *Paris*, 1823, in-8 br., 16 p. Héricart de Thury. Rapport fait à la Société d'encouragement sur l'état actuel des différentes carrières de marbre en France. *Paris*, 1823, in-8 br. — Leonard und Gmelin. Nephelin in dolerit am kazzenbukkel. *Heidelberg*, 1822, br. in-8.—C. G. Gmelin. II. Ueber ein besondere Bildungsveire der Bittersalzer in den mineralwassern. In-8 br.

521. Arago. Rapport fait en 1842 pour la réimpression des œuvres mathématiques de Laplace. *Paris*, 1842, in-8 br. Un autre exemplaire. *Paris*, 1842, in-18 br. — Faye. Note sur ses travaux astronomiques. *Paris*, 1847, in-4 br., 8 pages. — Le Verrier. Sur la planète Neptune. Extr. des Comptes rendus de l'Académie des sciences en 1848. *Paris*, 1848, in-4 br. — Le Verrier. Du progrès de nos connaissances dans la constitution du système du monde. Fragments lus dans la séance des cinq académies, octobre 1848. *Paris*, 1848, in-4 br. — De Montlosier. Lettre à la Société géologique de Paris. *Clermont*, 1838. — De Los Llanos Montanos. Exposition d'une théorie nouvelle à propos des puits artésiens. *Paris*, 1841, in-12 br. — Rozet. Extrait d'un mémoire sur la sénélogie. *Paris*, 1846, in-8 br. — Archiac (d'). Discours sur l'ensemble des phénomènes qui se sont manifestés à la surface du globe. *Paris*, 1848, in-4 br. — Ampère. Théorie de la terre. *Paris*, 1833, in-8 br. 12 pag. — Virlet. Lettre sur le déluge de la Samothrace. *Paris*, in-8 br., 8 pages. — Essai sur la destinée des mondes et sur celle de tous les êtres qui en dépendent. *Paris*, 1836, in-8 br., 48 pag. — Caffin. Nouvelle théorie de la géologie. *Paris*, 1840, in-8 br. — Pouchet. Introduction à la zoologie, 1re Leçon du Cours de M. Pouchet. *Rouen*, 1834, in-8 br., 16 pag. — Guérard de Provins. Mémoire sur l'antiquité de la civilisation et des dernières révolutions du globe. *Paris*, 1821, in-8 br. — De Ferussac. Examen analytique de la conférence de Mgr l'évêque d'Hermopolis, dans laquelle Moïse est considéré comme historien des temps primitifs. *Paris*, 1827, in-8 br., 14 pag. — Morel de Vindé. Des révolutions du globe. *Paris*, 1844, br. in-8, 40 pag. — Frossard. Thèse soutenue dans la Faculté de

théologie protestante de Montauban sur l'accord entre le récit de Moïse sur l'âge du genre humain et les phénomènes géologiques. *Montauban*, 1824, in-8 br. — NOTE sur les comètes, en réponse à un mémoire du docteur Olbers. *Paris*, 1828, in-8 br., 16 pag. — DESROCHES. Coup d'œil rapide sur une théorie de la terre. *Paris*, 1830, in-8 br., 37 pag. 2 exemplaires. — PASSOT. Lettre à l'Académie des sciences, réfutation du système de la gravitation universelle. *Paris*, 1830, in-8 br. — Immobilité de la terre et réfutation de l'opinion de la pluralité des mondes. *Paris*, 1841, in-8 br. — PONTÉCOULANT. Introduction à la théorie analytique du système du monde. *Paris*, in-8 br. — PAUL LAURENT. De la formation des corps (n° 1, Ovules). *Nancy*, 1834, in-8 br.

520. DUVAU. Essai statistique sur le département d'Indre-et-Loire ou l'ancienne Touraine. *Paris*, 1828, in-8 br. — ORBIGNY (D'). Notice géologique sur les environs de Paris. *Paris*, 1838, in-8 br. — BUTEUX. Mémoire sur la géologie d'une partie du département de la Somme. *Paris*, 1835, in-8 br. — HUOT. Notice géologique sur les terrains qui s'étendent à l'est de Rambouillet. *Versailles*, 1836, in-8 br. pl. — HÉRICART DE THURY. Notice sur les recherches entreprises à Luzarches et sur la possibilité d'y trouver des mines de houille. *Paris*, 1830, in-8 br. pl. — EUGÈNE ROBERT. Mémoire sur les ossements fossiles découverts dans le calcaire marin de Nanterre et de Passy (Ann. des sciences d'observation, mars 1830), in-8 br. pl. — BRONGNIART. Note sur la présence de la webstérite dans l'argile plastique à Auteuil (Annales des sciences naturelles, mars 1828), in-8 br., 8 pl. — ROZET. Description géologique du bas Boulonnais. *Paris*, 1828, in-8 br. pl. — RAVIN. Mémoire géologique sur le bassin d'Amiens. *Abbeville*, 1836, in-8 br. — HÉRAULT. Extrait d'un mémoire sur les terrains du département du Calvados. *Paris*, 1824, in-8 br., 18 pag. 2 exemplaires. — HÉRAULT. Mémoire sur les principales roches du Calvados. 1824, in-8 br. — SUPPLÉMENT à un mémoire sur les terrains du Calvados, 1827, in-8, 6 pag. — NOTICE sur le kaolin du Bourg-des-Pieux, in-8, 4 pag. — HARLÉ. Aperçu de la constitution géologique du Calvados. *Caen*, 1853, in-8 br., 30 pag.

521. UNE DEMI-FEUILLE du journal le Messager, traitant du tremblement de terre de la Guadeloupe. *Paris*, 12 mars 1843. — CAGNIARD-LATOUR. Expériences sur la cristallisation du charbon, présenté à l'Académie des sciences, le 12 juillet 1847. — TABLE abrégée pour le calcul des différences de niveau, etc., au moyen des observations thermo-magné-

tiques. — Delcros. Notice sur les comparaisons des baromètres. (Extrait du Voyage en Islande et au Groënland en 1838.) — Girard. Mémoire sur le nivellement général de la France et les moyens de l'exécuter. *Paris*, 1825, in-8 br. 16 pag. — Rapport sur le concours de 1825, relatif au prix des montagnes. M. de Férussac, rapporteur. — Comte Andréossy. Mémoire sur les dépressions de la surface du globe, lu à l'Académie des sciences les 13 et 20 fév. 1826. Demonville. Vrai système du monde précédé de la question de longitude sur mer, etc. *Paris*, 1833, in-8 br. — Doctrine de la sphère soumise à l'examen de l'Académie des sciences le 26 août 1833. — Joseph (J. D.) Essai sur les modifications apportées à la conformation de la terre. *Paris*, 1828, in-8 br.

522. Notice sur les travaux de M. Constant Prévost de 1809 à 1847. Travaux publiés en commun avec M. Desmarest, in-4 br. — Notice sur les travaux géologiques de M. le vicomte d'Archiac. *Paris*, in-4 br. — Leymerie. Thèse sur le sens qu'on doit attacher aux expressions fondamentales de stratification, strate, etc., soutenue en juin 1840. *Paris*, 1840, gr. in-8 br., 16 pag. — Rivière. Coup d'œil sur les grottes et quelques excavations analogues, etc. Extrait du Dictionnaire pittoresque d'histoire naturelle. *Paris*, in-8 br. — Desnoyers. Observations sur un ensemble de dépôts marins dans le bassin de la Seine. (Extr. des Ann. des sciences naturelles, fév. 1828. *Paris*, in-8 br. en 2 livraisons. — Henri Reboul. De la détermination géognostique du terrain marin tertiaire. *Béziers*, 1829, in-8 br. — Notice sur les brèches osseuses et les minerais de fer pisiforme, par Al. Brongniart. Extraite des Ann. des sciences naturelles, août 1828. *Paris*, 1828, br. in-8. — Al. Brongniart. Essai sur les orbicules siliceux. *Paris*, 1831, in-8 br. avec pl. Extrait des Annales des sciences naturelles. — Jobert aîné. Mémoire sur le fait de la division des terrains, etc. *Paris*, in-8 br. Extrait des Annales des sciences naturelles, oct. 1829. — Boubée. Tableau mnémonique des terrains primitifs. *Paris*, 1831, in-8 br. — Omalius d'Halloy (d'). Observations sur la division des terrains, lues à la séance, du 28 avril 1830. *Paris*, 1830, in-4 br. — Un Nᵒ The West Briton and Cornwall Advertiser. *Truro*, december 9 1836. — De Tondy. Tableau synoptique d'oréognosie donné dans son cours particulier, 1841. — Horneman Bresdorff. De mappis geognosticis. *Haunia*, 1828, in-4 br. pl.

523. Lavizzari (L.) Sui minerali della Svizzera Italiana, Memoria, etc. *Capolago*, 1845, in-16. — Le même. Istruzione popolare sulle principali rocce, ossia sulle pietre e terre più communi del cantone Ticino, etc. *Lugano*, 1849, in-16. —

Merian (P.). Uebersicht der Beschaffenheit der Gebirgs-
bildungen im dem Umgebungen von Basel, etc. *Basel*,
1821, in-8, avec carte et planc. — Necker (L.-A.). Notice
sur l'Hyperstène et la Siénite hypersténique de la Valte-
line; lue à la Société de physique et d'histoire naturelle
de Genève, le 16 avril 1829. (Bibliothèque universelle,
octobre 1829. *S. l. n. d.*), in-8, 15 pag.— Le même. Mémoire
sur la vallée de Valorsine. (Extrait des Mémoires de la Société de physique et d'histoire naturelle de Genève.) *Genève*, 1828, in-4, carte et planches. — Élie de Beaumont
(L.). Notice sur un gisement de végétaux fossiles et de
Bélemnites, situé à Petit-Cœur, près Moutiers, en Tarentaise. (Extrait des Annales des sciences naturelles, juin
1828.)—Observations sur les végétaux fossiles des terrains
d'anthracite des Alpes. *Paris*, 1828, in-8. (Extrait des Annales des sciences naturelles.) — Lardy (Ch.). Examen de
la brochure de M. le professeur Struve, intitulée : Résumé
des principaux faits que présentent les montagnes salifères
en général, et celles du district d'Aigle en particulier.
Lausanne, 1819 , in-8. — Necker (L.-A.). Géologie. Lettre
à l'un des rédacteurs de la Bibliothèque universelle sur les
filons granitiques et porphyriques de Valorsine, etc. (Bibliothèque universelle, septembre 1826. *S. l. n. d.*), in-8.—
Borson (le professeur). Notice sur quelques fossiles de la
Tarentaise. (*S. l.*), 1827, in-4 avec planche. — Buckland
(W.). Notice of a paper laid before the geological Society,
on the structure of the Alps and adjoining parts of the continent, and their relation with the secondary and transition
rocks of England. (From the Annals of Philosophy for
june, 1821.) *London*, 1821, in-8. — Delcros. Extrait du
Bulletin de la Société de géographie. Nivellement barométrique de la Forêt-Noire, ou de Schwartzwald et de ses
environs, exécuté et publié par M. Ern. Michaëlis,... extrait de l'Hertha de 1827, etc. *Paris*, 1827, in-8. (2 exemplaires.)—Rapport sur l'état actuel de la vallée de Bagne,
dans le Valais, relativement aux mesures propres à la pré-
munir contre l'effet destructeur du glacier inférieur de Gé-
troz, présenté au gouvernement du canton par la commission chargée de cet examen. *Zurich*, 1724, in-8.—Appel à la
nation suisse pour la délivrance des habitants des bords
du lac de Wallenstadt et de la vallée de la Linth, réduits
par les inondations et les marécages à la plus affreuse
misère, etc. (*S. l.*), 1807, in-8. — Billiet. Résumé des Observations météorologiques faites à Chambéry en 1822.
(*S. l. n. d.*), in-8 de 42 pages. (Avec une notice manuscrite
sur la lignite de Sonnaz, copiée par M. Billiet sur l'original.)

524. Exposé de la question des soufres en Sicile. *Paris*, 1840, in-4, br. 28 pag. — Plaidoyer de M. Crémieux, défenseur de Virlet dans l'affaire de Saint-Bérain. *Paris*, 1838, in-8, br. — Notice sur les mines et houillères de Gémonval (Doubs), par les propriétaires Mollerat, de Blum et Borne. *Paris*, 1838, in-8, br. 14 pag. — Exposé des travaux minéralurgiques de l'année 1835-36 dans les départements du Puy-de-Dôme, Haute-Loire et Allier. *Clermont-Ferrand*, 1836, in-8. br. — Nouvelles applications de l'anthracite en Angleterre, par Odolant-Desnos. *Paris*, in-8, 32 pag. — Vauquelin et Jaume Saint-Hilaire. Mémoire sur la nature des terres qui, sans engrais et sans culture, sont, etc. Lu à la Société centrale d'agriculture, fév. 1830. *Paris*, in-8, 8 pag. — Desormes. De l'influence du prix du sel sur sa consommation. *Paris*, 1834, in-8, 30 pag. — Chevallier et Thevet. Recherches sur les falsifications qu'on fait subir au sel de cuisine. *Paris*, 1833, in-8, br. 32 pag. — Alluaud aîné. Histoire et statistique de la porcelaine en Limousin. *Limoges*, 1837, in-8, br. — Chevallier et Langlumé. Mémoire sur l'art du lithographe. *Paris*, 1828, in-8, br. avec pl. — Fournel. Notice sur la pierre asphaltique du Val de Travers; préface du comte de Sassenay, in-4, br. *Paris*, 1838. 2 exemplaires. — Michel Chevalier. Poêles et calorifères à anthracite en usage aux États-Unis et ressources de la France en anthracite. *Paris*, 1840, in-8, br. avec pl.—Collet D-escotils. Notice sur le fer argileux; pages détachées d'un ouvrage. 364 à 370.—Ferrum niccoliferum. Nickoline or meteoric Iron. Fragm. d'un ouvr. angl. pag. 133 à 139 avec pl. — Boblaye. Recherches sur les roches désignées par les anciens sous les noms de marbre lacédémonien et d'ophites. (Extr. de l'expédition scientifique de Morée et lu à l'Académie des sciences), juin 1833, in-4, br. — Collegno. Thèse pour le doctorat (géologie). *Paris*, 1838, in-4, br. — Puton. Des métamorphoses et des modifications survenues dans certaines roches des Vosges. *Paris*, 1838, in-8, br. — Arcet (d'). Notice sur la nécessité d'augmenter le diam. des prises d'air et des bouches de chaleur des poêles et calorifères. Livraison d'avril 1843, br., in-8, 12 pag. — Saint-Brice, Comte et Wild. Rapport sur les gîtes métallifères d'Engis, Pragon et Verviers. *Paris*, 1844, in-4, br. 8 pag. — Éclairage à l'hydrogène liquide perfectionné. *Paris*, in-12, 8 pag. avec fig. — Delesse. Note sur le chrysotil des Vosges. 1847, in-8, 4 pag. — Le même. Notice sur la terre verte de Vérone (tirée de la Bibliothèque universelle de Genève, 1848), in-8, br. 8 pag. — Notice sur les caractères de l'arkose dans les Vosges. *Genève*, 1848, in-8, br. 20 pag. — Badon. Mémoire sur la solidification du grès

friable et de toutes les pierres peu compactes. *Paris*, 1841, in-4, br. 12 pag.

525. DE SÉNARMONT. Observations sur les propriétés optiques des Micas et sur leur forme cristalline. Ann. Chimie, t. XXXIII et XXXIV. *Paris*, 22 pag. in-8, pl. — EXPÉRIENCES sur la formation des minéraux par voie humide dans les gîtes métallifères. Ann. Chimie, t. XXXII, in-4, br. Et une note à part de l'antimoine oxydé naturel de forme octaédrique. Extr. *id.*, t. XXXI, in-8, 5 pag. — EXPÉRIENCES sur la formation artificielle par voie humide de quelques espèces minérales qui ont pu se produire, etc. Extr. du t. XXVIII, *id.* in-8, br. — MÉMOIRE sur la conductibilité des corps cristallisés pour la chaleur. 1er mémoire. *Paris*, 1847, in-8 br. 35 pag. — MÉMOIRE sur la conductibilité superficielle des corps cristallisés pour l'électricité de tension. Ann. de l'Académie des sciences, séance du 17 déc. 1849 et 14 janv. 1850, in-8, br. 26 pag. — NOTES de quelques formules qui peuvent servir à transformer les notations symboliques des faces d'un cristal quand on change de forme primitive. Ann. des Mines, extr. d'auteur. *Paris*, 6 pag. — OBSERVATIONS sur quelques groupements de cristaux du système régulier. *Paris*, ext. 1848, 8 pag. in-8, pl. — Sur un groupement remarquable de certains cristaux de spath calcaire, avec pl. — RECHERCHES sur quelques propriétés optiques biréfringentes des corps isomorphes. Ann. Chimie. t. XXXIII. *Paris*, in-8, br. — NOTICE des travaux de M. de Sénarmont. *Paris*, in-4, 19 pag. br.

526. ALCIDE D'ORBIGNY. Notice analytique sur ses travaux de géologie, de paléontologie et de zoologie, 1823-1856. *Corbeil*, 1856, in-4, br. — LE MÊME. Ses travaux, ses voyages, par Albert Gaudry. Extr. de la Revue des Deux-Mondes, fév. 1859. *Paris*, 1859, in-8, br.

527. OBSERVATIONS sur un essai de carte géologique de la France, des Pays-Bas et des contrées voisines. (Extr. des Ann. des Mines, 1822), avec carte géologique. — P. DE SAINT-BRICE. Mémoire sur la géognosie du département du Nord. *Lille*, 1826, avec pl. — DESNOYERS. Observations sur quelques systèmes de la formation politique du nord-ouest de la France. (Mémoire lu à la Société philom. en 1825, avec pl. — VITALIS. Précis historique des travaux qui ont été entrepris pour la recherche d'une mine de charbon de terre dans le département de la Seine-Inférieure. Extr. des Actes de l'Académie des sciences, etc., de Rouen, 1808. — AUGUSTE DUVAU. Notice sur trois dépôts coquilliers situés dans les départements d'Indre-et-Loire et des Côtes-du-Nord, lue à la séance du 3 janvier 1825, avec pl. — Journal des Mines. JOHANN DE CHARPEN-

TIER (Saxon). Mémoire sur la nature et le gisement du pyroxène en roche, connu sous le nom de l'herzolite. 1812. — DISCOURS en forme de dissertation sur l'état actuel des montagnes des Pyrénées, par M. d'Arcet. *Paris,* 1776, in-8, dem.-rel.

528. LACÉPÈDE. Notice historique sur la vie et les ouvrages de Dolomieu. Extrait du Journal des Mines. *Paris,* 1802, in-8, demi-rel. — CHEVANDIER et WERTHEIM. Mémoire sur les propriétés mécaniques du bois. (Comptes rendus de l'Académie des sciences, 1846), in-4, br. — NOTICE sur les travaux de M. Chevandier. *Paris,* 1847, in-4, br. — CHEVANDIER. Recherches sur la composition élémentaire des différents bois et le rendement annuel d'un hectare de forêts. *Paris,* 1844-1847, 3 mémoires in-8. — CHEVANDIER. Recherches sur l'influence de l'eau sur la végétation des forêts. *Saint-Germain,* 1844, in-8, br. — LE MÊME. Note sur les travaux de reboisement exécutés dans les Vosges. *Saint-Germain,* 1847, in-8, br. — CHEVANDIER et WERTHEIM. Note sur l'élasticité et sur la cohésion des différentes espèces de verre. *Paris,* 1847, in-8, br. — CHEVANDIER. Expériences sur la production des futaies. 1er mémoire, expériences faites pendant 1836 et 1837. *Nancy,* 1844, in-8, br.

529. DE FREYCINET. Essai sur la vie, les opinions et les ouvrages de *Faujas de Saint-Fond. Valence,* 1820, in-4, br. — PAYEN. Éloge de M. de Mirbel. *Paris,* 1858.

530. NOTICES sur les travaux scientifiques de MM. Bally, Berthelot, Breguet, Cahours, Chevandier, Descloiseaux, Lartigue, Longet, Payer, Peltier, Phillips, Prévost, Sénarmont, Treuil, Villar, Weddell, Würtz. 16 brochures, in-8 et in-4.

531. ARAGO. Biographie de J. Sylvain Bailly. *Paris,* 1852, in-4, br. — FRÉDÉRIC DUBOIS. Éloge de M. Guéneau de Mussy. *Paris,* 1859, in-4, br.

532. COMPTE RENDU de la Commission chargée de l'érection de la statue de Geoffroy Saint-Hilaire à Étampes, discours, liste des souscripteurs, etc. *Paris,* 1857, in-4, br. — PÉRON. Sa vie, appréciation de ses travaux, par Maurice Girard. *Paris,* 1857, in-8, br., portr. de Péron. *H. d'A.*

533. J. MARCOU. Recherches géologiques sur le Jura salinois, in-4, br. pl. — NOTICE sur les différentes formations des terrains jurassiques. *Neufchâtel,* 1846, in-4, br. 21 pag. — NOTICE sur la formation Keupérienne dans le Jura salinois. *Salins,* 1846, in-4, br. — RECHERCHES géologiques sur le Jura salinois, in-8, br. — RÉPONSE à une note de M. Ernest Royer, sur la non-existence des groupes portlandun et kimmeridun dans les monts Jura, in-8.

534. FOURNET. Géologie des Alpes entre le Valais et l'Oisans. *Lyon*, 1845, in-8. — Histoire de la dolomie. *Lyon*, 1847, in-8, pl. ESSAI sur les filons métallifères de l'Aveyron. *Lyon*, in-8, pl. — APERÇUS sur quelques phénomènes chimiques et de cristallisation produits dans les filons. *Lyon* , in-8, br. pl. Sur les travaux géologiques de V. Thiollière et Fournet. *Lyon*, 1848, in-8, br. — DU CARACTÈRE d'association des minéraux. *Lyon*, in-8, br.

535. MINES de la Loire. Bassin houiller de Saint-Etienne. 32 pièces in-4 et in-8.

536. RAULIN (Victor). Essai d'une division de l'Aquitaine en pays. *Bruxelles*, 1844, in-8, br. — RAPPORT à l'Académie des sciences à Paris sur un mémoire de M. Victor Raulin. — Nouvel essai d'une classification des terrains tertiaires de l'Aquitaine, par M. Cordier, etc. Séance du 31 juillet 1848. In-4, br.

537. DESCLOIZEAUX. Sur l'emploi des propriétés optiques biréfrigérantes pour la détermination des espèces cristallisées. *Paris*, 1859, in-8, br. — NOTICES minéralogiques. *Paris*, 1856, in-8, br. pl. — DÉTERMINATION des formes primitives et secondaires de la gay-lussite, in-4, 8 pages lithographiées avec planches. — EXAMEN cristallogique et réunion du néoctèse à la scorodite. — Mémoire sur la cristallisation et la structure intérieure du quartz. *Paris*, 1856, in-8, br. pl. avec un rapport à l'Académie sur cet ouvrage.   MÉMOIRE sur les formes cristallines de la greenovite, etc. — DÉTERMINATION de l'ottrélite par Damour et Descloizeaux. — NOUVELLE détermination de la forme primitive, etc., du gypse. — ANALYSE de quatre espèces d'arséniate de cuivre par Damour. — NOTE sur deux diamants offrant une astérie fixe. — THÈSES de minéralogie et de chimie présentées à la Faculté des sciences. *Paris*, 1857, in-4, br. — NOTICE sur les travaux minéralogiques et géologiques de Descloizeaux. *Paris*, 1856, in-4, etc.

538. GMELIN. Chemische Untersuchung eines Lithion-haltigen Glimmers, des Helvins und Diploits, in-8, br. *Tubingen*, 1825. — DE BORDORFF. Nouvelles recherches sur la composition de l'argent antimonié sulfuré (Haüy), in-8, br. *Paris*. — DE BONSDORFF. Mémoire sur l'analogie de composition des minéraux qui cristallisent à la manière de l'amphibole, 1821, in-8, br. — AUG. BREITHAUPT. Vorlaufige Nachricht von der Auffindung fünf sehr, etc. *Freiberg*, 1829, in-8, br. — GMELIN. Observationes oryctognosticæ et chemicæ de Hauyna et quibusdam fossilibus, etc. *Heidelberg*, 1844, in-8, br. pl. — GAULTIER DE CLAUBRY. Thèse. De la classification des minéraux. *Paris*, 1824, in-4, br.—SAVART. Recherches sur l'élasticité des corps qui cristallisent ré-

gulièrement, in-8, br. planches.—Notice des articles composant le cabinet chinois de Bertin, ministre de Louis XV et Louis XVI. *Paris*, 1845, in-8, br. — Notice de la Collection minéralogique de feu Lucas fils. *Paris*, 1826, in-8, br. — Catalogue des minéraux et des collections de Frédéric Moldenhauer, à *Heidelberg*, 1825. — Catalogue de la collection chinoise de M. Sallé. *Paris*, 1826, in-8, br.—A Catalogue of minerals contained in the cabinet of B. de Witt. *Albany*, 1820, in-8, br. — Casaseca. Analyse d'une nouvelle substance minérale la *thénardite*. *Paris*, 1826, in-8, br. 8 pag. — Résumé de la théorie atomique de M. Gaudin. *Paris*, 1832, in-8. — L. A. Necker. Note sur un échantillon remarquable de la substance nommée cuivre hydro-siliceux. *Genève*, 1828, in-4, br. — A. Necker. On mineralogy considered as a branch of natural history, etc. *Edinburgh*, 1832, in-8.—Wewell's. Report on the recent progress and present state of mineralogy.

539. Notice sur les travaux géologiques de M. Amédée Burat. *Paris*, 1851. — Notice de M. Sainte-Claire Deville. *Paris*, 1856, in-4.— Notice sur les titres scientifiques et universitaires de M. Hébert, candidat à la chaire de géologie. *Paris*, 1857, in-8, br. — Liste des travaux de M. Rozet, de M. Rivière, de M. Delesse, de M. Durocher. *Paris*, in-8.

540. Daubrée. Recherches sur la présence de l'arsenic et de l'antimoine dans les combustibles minéraux, dans diverses roches et dans l'eau de mer. *Strasbourg*, 1851, in-8, br. 16 pag. — Rapport sur un mémoire de M. Daubrée : Sur la production artificielle de quelques espèces minérales cristallines, etc. — Mémoire sur les dépôts métalliques de la Suède et de la Norwége. *Paris*, 1844, in-8, br. — Mémoire sur le gisement du bitume, du lignite et du sel dans le terrain tertiaire des environs de Richelbromn et de Lobsann. *Paris*, 1850, in-8, br. planch. — Mémoire sur la formation journalière du fer des marais et des lacs. *Paris*, 1846, in-8, br. pl.—Notice sur la température des sources dans la vallée du Rhin, dans la chaîne des Vosges et au Kaiserthal, 1849, planc. — Observations sur le métamorphisme, 1858, in-8. — Recherches expérimentales sur le striage des roches dû au phénomène erratique, 1858, in-8. Mémoire sur le gisement, la constitution et l'origine des amas de minerai d'étain. *Paris*, 1844, in-8. — Recherches sur la production artificielle des minéraux de la famille des silicates et des aluminates, 1834, in-4. — Notice sur les filons de fer de la région méridionale des Vosges et sur la corrélation des gîtes métallifères des Vosges et de la Forêt-Noire. *Strasbourg*, in-4, br. — Note sur le phénomène erratique du nord de l'Europe et sur les mouvements

récents du sol scandinave. *Paris*, in-8, fig. — NOTICE manuscrite des travaux de M. Daubrée, 16 pag. petit in-folio. — MÉMOIRE sur la distribution de l'or dans la plaine de l'or. *Paris*, 1846, in-8, br. — EXPÉRIENCES sur la production artificielle de l'apatite, de la topaze. *Strasbourg*, in-8, — NOTICE des travaux de M. Daubrée. *Paris*, 1857, in-4. br. — OBSERVATIONS sur les alluvions anciennes et modernes d'une partie du bassin du Rhin. *Strasbourg*, 1850, in-4, planc.

PHYSIQUE ET CHIMIE.

541. LA PHYSIQUE des anciens, par Dominique Révérend. *Paris*, 1701, in-12, v. br. — MARIOTTE. Œuvres de Mariotte. *La Haye*, 1740, 2 vol. in-4, bas. avec cartes.

542. DICTIONNAIRE de physique portatif, par le P. Paulian. *Avignon*, 1767, in-8, bas.

543. BRISSON. Traité élémentaire ou principes de physique. *Paris*, 1789. 3 vol. in-8, dem.-rel.

544. HASSENFRATZ. Cours de physique céleste, ou Leçons sur l'exposition du système du monde données à l'École polytechnique, en l'an X. *Paris*, an XI (1803), in-8, avec planches, dem.-rel.

545. L'ABBE HAÜY. Traité élémentaire de physique. *Paris*, 1806. 2 vol. in-8, br.

546. LE MÊME. Traité élémentaire de physique. 3e édition, etc. *Paris*, 1821. 2 vol. dem.-rel. *H. d'A.*

547. AJASSON DE GRANDSAGNE. Leçons élémentaires de physique et d'astronomie. *Paris*, 1828, in-12, dem.-rel. pl.

548. DESPRETZ. Traité élémentaire de physique, etc. 2e édition. *Paris*, 1827, in-8, avec planches, dem.-rel.

549. DE HUMBOLDT. Cosmos, essai d'une description physique du monde. Traduit par Galusky. T. IV. *Paris*, 1859, in-8, br.

550. BOUTIGNY (d'Évreux). Nouvelle branche de physique, ou Étude sur les corps à l'état sphéroïdal. 2e édition, ornée de fig. intercalées dans le texte, etc. *Paris*, 1847, in-8, br.

551. LAMÉ. Leçons sur la théorie analytique de la chaleur. *Paris*, 1861, in-8, br. *H. d'A.*

552. PAMBOUR (DE). Théorie de la machine à vapeur. *Paris*, 1839, in-8.

553. ROULAND. Tableau historique des propriétés et des phénomènes de l'air. *Paris*, 1784, in-8, dem.-rel.

554. BRAVAIS et CH. MARTIN. Comparaisons barométriques faites dans le nord de l'Europe. *Bruxelles*, 1841, in-4, br. *H. d'A.*

555. BECQUEREL (Edm.) Climat de la France. *Versailles*, 1832, in-4, br. *H. d'A.*

556. Francœur. Mémoire sur l'aréomètre et en particulier sur l'aréomètre centigrade. *Paris*, 1842, in-4, br.

557. Brame. Essai sur l'air atmosphérique dans ses rapports avec l'hygiène et l'agriculture. *Tours*, 1858, in-8, br.

558. Regnauld (Joseph). Recherches sur les forces électriques. *Paris*, 1855, in-8. br., pl.

559. Héricart de Thury. Considérations géologiques et physiques sur la cause du jaillissement des eaux des puits forés, et recherches sur l'origine ou l'invention de la sonde, etc. *Paris*, 1829, in-8, avec pl. *H. d'A.*

560. Cumenge. Note relative à la vapeur d'eau. *Paris*, 1852, in-8.

561. Dumas. Dissertation sur la densité de la vapeur de quelques corps simples. Thèse soutenue devant la Faculté des sciences. *Paris*, 1832, broch. in-8. *H. d'A.*

563. L. Cordier. Note sur la température souterraine aux États-Unis d'Amérique. (Extr. des Mém. du muséum). *Paris*, in-4.

564. Observations des phénomènes périodiques (Extr. des Mém. de l'Acad. de Belgique). 4 brochures in-4.

565. Michell et Canton. Traité sur les animaux artificiels, trad. par le P. Rivoire. *Paris*, 1752, br. v. rac., in-8.

566. Gay-Lussac et Pouillet. Instruction sur les paratonnerres. *Paris*, 1855, in-12, br.

567. Gonon. Des télégraphes aériens et électriques. *Paris*, 1845, in-8, br.

568. Peltier. Essai sur la coordination des causes qui précèdent les phénomènes électriques. *Bruxelles*, 1844, in-4, br., pl.

569. Francklin. Expériences et observations sur l'électricité, faites à Philadelphie, en Amérique. *Paris*, 1752, in-12, v. marb.

570. Goupy. L'éther, l'électricité et la matière ; *quære et invenies*, etc., etc. *Paris*, 1854, br. in-8. *H. d'A.*

571. Haldat (de). Exposition de la doctrine magnétique, ou Traité philosophique, historique et critique du magnétisme. *Nancy*, etc., 1852, in-8, avec pl., br.

572. Zaliwiski. Attraction universelle des corps, au point de vue de l'électricité. *Paris*, 1856, in-8.

573. Haüy (l'abbé). Exposition raisonnée de l'électricité et du magnétisme. *Paris*, 1787, in-8, br.

574. Deleuze. Histoire critique du magnétisme animal. *Paris*, 1819, 2 vol. in-8, br.

575. Poisseuille. Recherches expérimentales sur le mouvement des liquides dans les tubes de très-petits diamètres. *Paris*, 1844, in-4, br.

576. MACQUER. Dictionnaire de chimie. *Paris*, 1778, 4 vol. in-12, v. m.

577. LAVOISIER. Traité élémentaire de chimie. *Paris*, 1789, 2 vol. in-8, dem.-rel.

578. FOURCROY. Eléments d'histoire naturelle et de chimie. *Paris*, an II, 5 vol. in-8, br. (Le premier vol. est taché.)

579. CHAPTAL. Eléments de chimie. *Paris*, an III, 3 vol. in-8, br.

580. THÉNARD. Traité de Chimie élémentaire, théorique et pratique. *Paris*, 1848, 4 vol. in-8, avec pl., dem.-rel.

581. BERZELIUS. Essai sur la théorie des proportions chimiques, et sur l'influence chimique de l'électricité. *Paris*, 1819, in-8, dem.-rel.

582. PELOUZE et FRÉMY. Traité de chimie générale. *Paris*, 1851-1857, 6 vol. in-8 et planches.

583. TRAITÉ comparé de chimic théorique et pratique. *Paris*, 1851, in-12, br.

584. HUARD. Traité comparé de chimie théorique et pratique. *Paris*, 1852, in-12, br. *H. d'A.*

585. HUARD. Traité comparé de chimie organique. *Paris*, 1852, in-12, br. *H. d'A.*

586. BERTHELOT. Chimie organique fondée sur la synthèse. *Paris*, 1860, 2 vol. in-8, br. n. coup. *H. d'A.*

587. NOTICE sur les mémoires de chimie publiés par M. E. Frémy. *Paris*, 1857, in-4, br.

588. GAY-LUSSAC. Instruction pour l'usage de l'alcoolimètre centésimal et des tables qui l'accompagnent. *Paris*, 1824, br. in-16.

589. DELAFOSSE. Thèse. De la structure des cristaux. Sur l'importance de l'étude de la symétrie. *Paris*, 1840, in-8, br.

590. DELAFOSSE. Mémoire sur une relation qui se manifeste entre la composition atomique et la forme cristalline, etc. *Paris*, 1848, in-8, br.

591. GAUDIN. Recherches sur le groupement des atomes dans les molécules, et sur les causes les plus intimes des formes cristallines. *Paris*, 1847, in-8, br. pl.

592. GAY-LUSSAC. Instruction sur l'essai des matières d'argent par la voie humide. *Paris*, 1832, in-4, br.. pl.

593. CHIMIE agricole. Des fumiers considérés comme engrais. *Caen*, 1840, in-8, br.

594. KULLMANN. Applications des silicates alcalins solubles au durcissement des pierres poreuses, à la peinture, etc. , et études théoriques et pratiques sur la teinture, etc. *Paris*, 1857, in-8, br.

595. BERZELIUS. De l'emploi du chalumeau dans les analyses chimiques et les déterminations minéralogiques. Trad. par Fresnel. *Paris*, 1821, in-8, dem.-rel.

596. BERTHIER. Traité des essais par la voie sèche ou des propriétés, de la composition et de l'essai des substances métalliques et des combustibles. *Paris*, 1834, 2 vol. in-8. dem.-rel.

597. CHEVALLIER. Recherches sur les dangers du vert de Schweinfurt, du vert arsenical et de l'arsénite de cuivre. *Paris*, 1859, in-8, br.

598. PROCÉDÉ Légé et Fleury-Peronnet, pour la conservation des bois au sulfate de cuivre. *Neuilly*, 1859, in-8, br., pl.

599. KULLMANN. Instruction pratique sur l'application des silicates alcalins solubles. *Paris*, 1857, in-8, br. — MÉMOIRE sur les chaux hydrauliques et la formation des roches par la voie humide. *Lille*, 1857.

600. MOLON (DE) Du phosphate de chaux et de son utilité dans la végétation. *Paris*, 1858, in-8, br.

601. VÜRTZ. Mémoire sur les glycols, ou alcools diatomiques. *Paris*, 1859, in-8, br.

602. MOLON (DE). Fertilisation du sol par le phosphate de chaux fossile. *Paris*, 1860, in-8, br.

603. SOUBEIRAN (E.) Traité de pharmacie théorique et pratique. *Paris*, 1836, 2 vol. in-18. *H. d'A.*

604. VICAT. Recherches sur les causes de la destruction des composés hydrauliques par l'eau de mer. *Paris*, 1858, in-4, br.

605. PATTU. Rapport sur la chaux hydraulique, et notamment sur celle du Calvados. *Caen*, 1824, broch. in-8, 16 p.

606. VICAT. Recherches sur les chaux de construction, les bétons et les mortiers. *Paris*, 1818, in-4, br.

607. VICAT. Résumé des connaissances actuelles sur les mortiers et ciments calcaires. *Paris*, 1828, in-4, br. pl. — NOUVELLES études sur les pouzzolanes artificielles comparées à la pouzzolane d'Italie, etc. *Paris*, 1846, in-4, br.

MATHÉMATIQUES.

608. BEZOUT. Cours de mathématiques. *Paris*, 1789, 3 vol. in-8, d. r.

609. BOSSUT. Cours de mathématiques à l'usage des élèves du génie. 5e édit. *Paris*, 1795, in-8, pl. dem.-rel.

610. DELAMBRE. Rapport historique sur les progrès des sciences mathématiques depuis 1789, et sur leur état actuel. *Paris*, 1810, in-4, br.

611. VOLTAIRE. Éléments de la philosophie de Newton. *Amsterdam*, 1736, in-8, v. f., fig., grav.

612. CHASLES. Histoire de l'arithmétique. Explication des traités de l'Abacus, et particulièrement du traité de Gerbert. *Paris*, 1843, in-4, br. *H. d'A.*

613. BRIOT. Leçons nouvelles d'arithmétique. *Paris*, 1849, in-8, dem.-rel. *H. d'A.*

614. MAUDUIT. Leçons élémentaires d'arithmétique, ou principes d'analyse numérique. *Paris*, 1793, in-8, dem.-rel.

615. LACROIX. Traité élémentaire d'Arithmétique. *Paris*, 1804, in-8, dem.-rel.

616. MAZEAS. Éléments d'arithmétique, d'algèbre et de géométrie. *Paris*, 1766, in-8, bas.

617. LAGRANGE. Théorie des fonctions analytiques, contenant les principes du calcul différentiel, etc. *Paris*, an v, in-4, bas. *H. d'A.*

618. DELAUNAY. Mémoire sur le calcul des variations. *Paris*, 1843, in-4, br.

619. PRONY (DE). Recueil de cinq tables pour faciliter les calculs des formules relatives au mouvement des eaux dans les canaux, tuyaux, etc. *Paris*, 1835, in-4. br. — FORMULE pour calculer l'effet d'une machine à vapeur. In-4. *H. d'A.*

620. CALLON. Rapport sur un appareil compteur de M. Phillips. *Paris*. 1857, in-8, br.

621. CALLET. Tables portatives de Logarithmes. *Paris*, 1705, in-8, bas.

622. LAPLACE. Essai philosophique sur les probabilités. 2ᵉ édit., etc. *Paris*, 1814, in-8, dem.-rel. *H. d'A.*

623. MAUDUIT. Introduction aux sections coniques. *Paris*, 1761. in-8, dem.-rel.

624. LARKIN (E.-J.) An introduction to solid geometry, and to the study of crystallography. *London*, 1820, in-8, cart. *H. d'A.*

625. FREZIER. Coupes des pierres et des bois. *Paris*, 1754, 3 vol. in-4, bas. fil.

626. LAMÉ. Cours de physique de l'École polytechnique. *Paris*, 1840, in-8, br., 3 vol. un peu fatigués.

626 bis. ACADÉMIE DES SCIENCES. Rapport sur l'ouvrage de Jacobi : Fundamenta nova theoricæ functionum ellepticarum. *Paris*, 1830, in-4, br.

627. De Verneuil et de Lorière. Tableau des altitudes observées en Espagne pendant l'été de 1853. *Paris*, 1854, in-8. *H. d'A.*

628. Corabœuf. Mémoire sur les opérations géodésiques des Pyrénées et la comparaison du niveau des deux mers. *Paris*, Imp. roy., 1834, in-4, br.

629. Ant. d'Abbadie. Géodésie d'une partie de la haute Éthiopie. *Paris*, 1860, 2 parties, in-4, br. *H. d'A.*

630. Monge. Traité élémentaire de Statique. *Paris*, 1788, in-8, pl. dem.-rel.

631. Brousseaud. Mesure d'un arc du parallèle moyen entre le pôle et l'équateur. *Limoges*, 1839, in-4, br. avec pl. *H. d'A.*

632. Second mémoire sur le balisage et la navigation descendante de la Dordogne. *Clermont-Ferrand*, 1837, in-4, br.

633. Tarbé. Manuel des poids et mesures et du calcul décimal. *Paris*, 1807, in-18, bas.

634. Bour. Thèses de mécanique céleste d'astronomie. *Paris*, 1855, in-4, br. *H. d'A.*

635. Le Verrier (U.-J.). Théorie du mouvement de Mercure. *Paris*, 1845, gr. in-8, br. — Recherches sur l'orbite de Mercure et sur ses perturbations déterminatives de la masse de Vénus et du diamètre du soleil. *Paris*, 1843, in-4, br. *H. d'A.* — Le même. Développement de la théorie des perturbations des planètes. *Paris*, 1842, n°s 1, 2 et 3, in-4, br. — Le même. Exposé sommaire des recherches astronomiques, comptes rendus et extraits de 1839 à 1843. *Paris*, in-4, br.

636. Cornuel. Notice sur la course des mouvements de rotation et de translation de la terre des autres planètes. *Paris*, 1854, in-8, br.

637. Dubus. Types de calculs de navigation et d'astronomie nautique. *Saint-Brieuc*, 1844, in-4, br.

638. Poinsot. Théorie nouvelle de la rotation. *Paris*, 1834, in-8, br.

639. Françœur. Théorie du calendrier et collection de tous les calendriers des années passées et futures. *Paris*, 1842, in-12, cart. — Rondonneau. Concordances des calendriers républicain et grégorien, depuis 1793 jusques et compris l'an XXII, etc., 6e édition. *Paris*, 1812, in-8, dem.-rel.

640. Prony. Mécanique philosophique. *Paris*, an VIII, in-4, cart. *H. d'A.*

641. Delaunay. Thèse de mécanique. Distinction des *maxima* et des *minima*. *Paris*, 1841, in-4, br.

642. Phillips. Thèse de mécanique et d'astronomie présentée à l'Acad. des sciences de Paris. *Paris*, 1849, in-4, br.

643. Hachette. Notice historique sur les unités employées en mécanique et sur les dynamomètres. *Paris*, 1827, in-4, br.

644. Sonnet. Notions de mécanique exigées pour l'admission à l'École polytechnique. *Paris*, 1851, in-8, br. *H. d'A.*

645. Furiet. Eléments de mécanique. *Paris*, 1856, in-8, br.

646. Pattu. Analyse d'un mémoire sur la digue de Cherbourg, par le baron Calhin. *Caen*, 1821, in-4, br.

647. Napoléon Garella. Projet de jonction de l'océan Pacifique et de l'océan Atlantique à travers l'isthme de Panama. *Paris*, 1845, in-8, br. *H. d'A.*

648. Keller. Notice sur la navigation transatlantique des paquebots interocéaniques. (Canal de Nicaragua). *Paris*, 1859, in-8, br. cartes géogr.

649. Dureau de Lamalle. Poliorcétique des anciens, ou de l'attaque et de la défense des places avant l'invention de la poudre. *Paris*, 1849, in-8, br. et atlas in-4.

650. Monge. Description de l'art de fabriquer les canons. *Paris*, an II, in-4, avec pl. — Instruction sur l'art de séparer le cuivre du métal des cloches, in-4, dem.-rel.

651. Marsat (fils). Les canons, notes historiques sur la fabrication et l'emploi des bouches à feu. *Paris*, 1845, in-8, br.

652. Cagniard-Latour. Exposé relatif à la vis soufflante ou cagniardelle. *Paris*, 1834, in-8, pl.

653. Trouessart. Rapport sur le puits à air comprimé. *Angers*, 1845, in-8, br.

654. Guenyveau. Essai sur la science des machines. *Lyon*, 1840, in-8, br. n. coup. *H. d'A.*

655. Vincendon-Dumoulin et de Kerkallet. Manuel de la navigation dans le détroit de Gibraltar. *Paris*, 1857, in-8, dem.-rel. avec pl.

656. De Morel-Vindé. Essai sur les constructions rurales, économiques, leurs places, coupes, etc. Détails de construction, etc., par Lusson, architecte. *Paris*, 1824, in-fol. avec pl. cart.

657. Schattemnann. Mémoire sur le rouleau compresseur et sur son emploi, etc. *Strasbourg*, 1842, in-8, br. 40 pag. pl.

658. D'Artigues. Four à chaux perpétuel construit à la manufacture royale de Vonêche. *Paris*, 1829, in-8, 8 pag. pl.

659. Lefroy. Mémoire sur les fourneaux fumivores. *Paris*, 1833, in-4, br. pl.

660. Bineau. Mémoire sur les divers procédés mis en usage pour remplacer le charbon de bois par le bois dans les hauts-fourneaux, etc. *Paris*, 1838, in-8, br. avec pl. *H. d'A.*

661. Dessins et notices relatifs à diverses constructions en ciment de l'exploitation de Vassy-lès-Avallon, appartenant à MM. Gariel et Garnier. *Paris*, 1845, in-4, obl., 18 pl.

662. Villarceau. Théorie de la stabilité des machines locomotives en mouvement. *Paris*, 1852, in-8, br. f. et tab. *H. d'A.*

663. Phillips. Théorie de la coulisse servant à introduire la détente variable dans les machines à vapeur, etc. *Paris*, 1853, in-8, br. n. coup. *H. d'A.*

664. De Pambour. Théorie des machines à vapeur, ouvrage suivi d'un appendice. *Paris*, 1844, in-4, br. n. coup. *H. d'A.*

665. De Pambour. Calcul de la force des machines à vapeur. *Paris*, 1845, in-8, br. n. coup. *H. d'A.*

666. Voizot. Mémoire sur les explosions des chaudières à vapeur. *Paris*, 1833, in-8, br. pl.

667. Baron Séguier. Mémoire sur les appareils producteurs de vapeur, et rapport à l'Ac. des sciences par MM. Arago, etc. *Paris*, 1832, in-8, br. *H. d'A.*

668. Clément-Désormes et A. Dubu. Mémoire sur l'application des gaz des hauts-fourneaux au chauffage des chaudières à vapeur. *Lyon*, 1848, in-4. br., pl.

669. De Prony. Rapport à la Cour royale de Paris sur la nouvelle et l'ancienne machine à vapeur du Gros-Caillou, etc. *Paris*, 1826, in-8, br. pl.

670. Trémery. Recherches sur l'écoulement de la vapeur. (Extr. des Ann. des Mines, t. XX), in-8, br. pl. 16 pag. 2 exempl.

671. Combes. Notice sur les explosions de machines à vapeur. (Extr. des Ann. des Mines.) *Paris*, 1842, in-8, br.

672. Marestier. Sur les explosions des machines à vapeur et sur les précautions à prendre pour les prévenir. *Paris*, 1828, Imp. imp., in-8, br. 20 pag.

673. Cousté. Recherches sur l'incrustation des chaudières à vapeur. *Paris*, 1854, in-8, br. pl. *H. d'A.*

674. Cabrol. Du tarif à l'entrée en France des fontes et des fers. *Paris*, 1834, in-8, br. *H. d'A.*

675. Manès. Note sur l'état actuel de l'industrie du fer dans les Landes de Gascogne. (Extr. des Recueils de l'Acad. de Bordeaux.) *Bordeaux*, 1847, in-8, br. *H. d'A.*

676. HÉRON DE VILLEFOSSE. Mémoire sur l'état actuel des usines de la France au commencement de 1826. *Paris*, 1826. in-8 br.

677. LOVE. Mémoire sur la loi de résistance des conduits intérieurs à fumée dans les chaudières à vapeur, déduite des expériences de M. Fairbairn. *Neuilly*, 1859, in-8, br.

678. PHILLIPS. Théorie de la coulisse servant à la détente variable dans les machines à vapeur. *Paris*, 1857, in-8 br. planch.

679. GALY-CAZALAT. Recherches des causes d'explosion des chaudières à vapeur. (Extr. d'un mémoire présenté à l'Institut.) *Paris*, in-4, br. 32 pag. — JACQUEMET. Mémoire sur la cause des explosions des machines à vapeur. *Paris*, 1840, in-4 br. lithog. pl. *H. d'A.*

680. HACHETTE. Extrait du Traité élémentaire des machines. *Paris*, 1828, in-4 br.

681. NAVIER. Mémoire sur l'écoulement des fluides élastiques dans les vases et les tuyaux de conduite, lu à l'Académie des sciences, 1er juin, 1829. *H. d'A.*

683. PHILLIPS. Calcul de résistance des poudres droites, in-8, br. (Extr. des Ann. des Mines, 1855.) Un 2e exemplaire. 1857.

685. AD. BRONGNIART. Considérations sur la nature des végétaux qui ont couvert la surface de la terre aux diverses époques de sa formation. *Paris*, 1838, in-4, br. 28 pag.

686. MÉMOIRES de la Société linnéenne de Normandie publiés par M. de Caumont. IIe série, Ier vol., Ire partie. Cont. *de Buch.* Iles Canaries, *Boué*. Classification des terrains. *Paris*, 1829, in-4, br.

687. GERVAIS (Paul). Thèse de géologie devant l'Acad. des sciences, 5 août 1844. Remarques sur les oiseaux fossiles, 1844. *Paris*, in-8, br. 45 pag. *H. d'A.*

688. NICOLO DO RIO. Orittologia euganea. *Padova*, in-4, br. 1836, planch.

689. FISCHER DE WALDHEIM. Notice sur le crioceras Voronzovii de Sperk. *Moscou*, 1849, in-4, br. 7 pag. *H. d'A.*

690. BRAVAIS. Le Mont-Blanc ou description de la vue et des phénomènes que l'on peut apercevoir du sommet du Mont-Blanc. *Paris*, in-12, br. avec une pl. *H. d'A.*

691. BROCCHI. Catalogo ragionato di una raccolta di rocce per servire alla geognosia dell' Italia. *Milano*, 1817, in-8, br.

692. ED. COLLOMB. Preuves de l'existence d'anciens glaciers dans les vallées des Vosges. *Paris*, 1847, in-8, br. fig. pl. col. *H. d'A.*

693. DELESSE. Mémoire sur la constitution minéralogique et chimique des roches des Vosges. *Besançon*, 1847, gr. in-8, br.

pl. *H. d'A.* — Delesse. Mémoire sur la constitution minéralogique et chimique des roches des Vosges. Gr. in-8, br. (Extrait.)

694. Durocher. Mémoire sur la limite des neiges perpétuelles, sur les glaciers du Spitzberg, etc., etc., avec pl. Présenté en mars 1843 à l'Académie des sciences. In-8, br. 172 pag. et une carte, extrait des Voyages en Scandinavie. *H. d'A.* — Jules Grange. Recherches sur les glaciers. 2 thèses, une de géologie et une de botanique. *Paris*, 1846, in-4, br. *H. d'A.* — Ch. Martins. Remarques et expériences sur les glaciers de la chaîne du Faulhorn. (Ann. des sciences géol.) 1842, in-8, br.

695. Hébert. Note sur le terrain tertiaire moyen du nord de l'Europe suivie d'une carte des mers. *Paris*, 1855, in-8, br. de 14 pag. avec carte. (Extr. du Bulletin de la société géologique de France.) *H. d'A.*

696. Comte de Montlosier. Le mont Dore, de sa composition, de sa formation, de son origine. *Clermont-Ferrand*, 1834, in-8, br.

697. A. Perrey. Documents relatifs aux tremblements de terre du Chili. *Lyon*, 1854, in-8, br.

698. Constant Prévost. Remarques sur un mémoire de M. Elie de Beaumont sur la corrélation des différents systèmes de montagnes. (Comptes rendus de l'Acad. des sciences, t. XXXI.) *Paris*, 1850.

699. Rivière. Notice relative à certains gîtes métallifères d'une partie des Alpes. *Paris*, 1850, in-8, br.

700. Rozet. Mémoire géologique sur la masse de montagnes qui séparent le cours de la Loire de ceux du Rhône et de la Saône, in-4, br. pl. et carte géognost. *H. d'A.*

701. Schaub. Physikalisch mineralogisch bergmanische Beschreibung des Meissners. *Cassel*, 1799, in-12, dem.-rel. (Description physique, minéralogique et géologique du Meissner dans la Hesse.) Tiré de la bibliothèque de M. Haüy.

702. Ad. Sedgwick. Roches. Clivage transversal, métamorphisme. *Cambridge*, 1835, in-4, br. pl.

703. Sismonda. Notizia e schiarimenti sulla costituzione delle Alpi Piemontesi. *Torino*, Stamperia reale. (Memorie della R. Academia delle scienze.) In-8, br. *H. d'A.*

704. Ville. Recherches sur les roches, les eaux et les gîtes minéraux des provinces d'Oran et d'Alger. *Paris*, 1852. Imprimerie nationale, in-4, br. cart. et pl.

705. Mémoires divers sur les roches. (Extraits des Annales des sciences naturelles.) *Paris*, in-8, dem.-rel.

706. Extrait des Comptes rendus de l'Académie des sciences, août 1840. — Rapport sur quatre mémoires relatifs aux montagnes qui séparent la Saône de la Loire, in-4, br.

PONTS ET CHAUSSÉES.

707. Navier. Rapport à M. Becquey et mémoire sur les ponts suspendus. *Paris*, 1823. Imprimerie royale, in-4, dem.-rel. avec pl. — Baron de Prony. Notice biographique sur M. Navier. *Paris*, 1837, in-8, br. 23 pag.

708. Courtin. Travaux des Ponts et Chaussées depuis 1800. *Paris*, 1812, in-8, br.

709. Colomes de Juillan. Recherches sur les grandes voies de communication nécessaires à la région comprise entre la Garonne et l'Èbre. *Paris*, 1841, in-4, br. *H. d'A.*

710. Gayffier. Manuel des Ponts et Chaussées Ire partie, routes et chemins. *Paris*, 1838, petit in-12, dem.-rel.

711. Garella. Notice sur les plans inclinés de Liége. (Extrait des Annales des Ponts et Chaussées, mars et avril 1843), in-8, pl. 35 pag. *H. d'A.*

712. Bineau. Chemins de fer d'Angleterre. Application à la France des résultats de l'expérience de l'Angleterre et de la Belgique. *Paris*, 1840, in-8, dem.-rel. av. cart. géogr.

713. Girard. Recherches sur les grandes routes, les canaux de navigation et les chemins de fer. *Paris*, 1827. in-8, br.

714. Lechatelier. Chemins de fer d'Allemagne. Description statistique, système d'exécution, etc., etc. *Paris*, 1845.

715. Bourdaloue. Nouvelle notice sur les nivellements. *Valence*, 1847, in-8, br. av. pl.

716. Breton. Traité du nivellement théorique, pratique, etc. *Paris*, 1848, in-8, br. av. pl. *H. d'A.*

717. Comte Daru. Des chemins de fer et de l'application de la loi du 11 juin 1842. *Paris*, 1843, in-8, br.

718. Le Père. Mémoire sur la communication de la Méditerranée par la mer de Soueys. *Paris*, 1845, Impr. royale, in-4, d.-rel. dos v.

719. Minard. Des conséquences du voisinage des chemins de fer et des voies navigables. *Paris*, 1844. — Un épisode de la guerre ouverte entre les chemins de fer et les voies navigables. *Paris*, 1845. — Second mémoire sur l'importance du parcours partiel sur les chemins de fer. *Paris*, 1843, 3 petites br. séparées, in-8.

720. Bourgoing (le baron Paul de). Tableau de l'état actuel et des progrès probables des chemins de fer de l'Allemagne et du continent européen. *Paris*, 1842, in-8, avec carte, br.

721. Pambour (le comte de). Traité théorique et pratique des machines, locomotives, etc., suivi d'un Appendice contenant l'exposé des dépenses de ces machines pour le halage des fardeaux sur les chemins de fer. 2ᵉ édition. *Paris*, 1840, in-8, avec planche, br.

722. Collignon. Du concours des canaux et des chemins de fer, au point de vue de l'utilité publique. *Paris*, 1845, in-8, br. n. coup.

723. Jullien. Du prix des transports sur les chemins de fer de la Belgique en 1842 et en 1843 (Extrait des Ann. des p. et chauss.). *Paris*, 1844, in-8, br. n. coup. *H. d'A.*

724. Phillips. Mémoire sur les ressorts en acier employés dans le matériel des chemins de fer. *Paris*, 1852, in-8, br. *II. d'A.*

725. Phillips. Manuel pratique pour l'étude et le calcul des ressorts en acier employés dans le matériel des chemins de fer.

726. Noel. Tableaux graphiques des produits bruts hebdomadaires de la circulation sur les chemins de fer français pendant 1858 et 1859, avec une note explicative, in-4 br.

727. Documents statistiques sur les chemins de fer, publiés par ordre de S. E. le ministre du commerce, etc. *Paris*, 1856, Imp. impériale, in-4, br.

728. Enquête sur les moyens d'assurer la régularité et la sûreté sur les chemins de fer, publ. par ordre du ministre du commerce. *Paris*, 1858, Imp. Impériale, in-4, br.

729. Morin. Expériences sur le tirage des voitures et sur les effets destructeurs qu'elles exercent sur les routes. *Paris*, 1842, in-4, br. pl. *H. d'A.*

730. Système Hédiard. Notice sur un chemin de fer d'essai établi à Saint-Ouen. *Paris*, 1846, in-4, br. av. pl. *H. d'A.*

731. Thomé de Gamond. Étude pour l'avant-projet d'un tunnel sous-marin entre l'Angleterre et la France. *Paris*, 1857, in-4, br. pl.

732. Société autrichienne J. H. P. des chemins de fer de l'État. Troisième assemblée générale tenue à Vienne le 20 mai 1858. *Paris*, 1858, in-4, br. plan sur la couverture.

733. Grande société des chemins de fer russes. Notice, carte des chemins de fer russes, documents officiels. *Paris*, 1857, in-4, br. av. carte.

734. Delorme et Rivière. Mémoire au ministre des travaux publics relatif au chemin de fer projeté d'Unieux à Saint-Étienne, avec embranchements, etc. *Paris*, 1853, in-4, br.

735. C. Couche. Des mesures propres à prévenir les collisions sur les chemins de fer. *Paris*, 1852, in-8, br.

736. Railway reform ou Considérations sur la nécessité de réformer les bases du système des chemins de fer de la Grande-Bretagne. *Londres*, 1843 (trad. ext. du Journal des travaux publics.) *Paris*, 1843, in-8, br.

737. Julien. Notes diverses sur les chemins de fer en Angleterre, en Belgique et en France. *Paris*, 1845, in-8, br. *H. d'A.*

738. De Gallois. Des chemins de fer en Angleterre et notamment à Newcastle. *Paris*, 1818, in-8, br.

739. Peyret-Lallier. Nouveau système de chemins de fer automoteurs. *Paris*, 1840, in-8, br. 29 pag.

740. Cahier des charges pour l'établissement des chemins de fer de Saint-Dizier à Gray. *Paris*, 1846, in-8, br. en cah.

741. Cahier des charges pour la concession du chemin de fer de Caen à Paris et à Rouen. *Paris*, 1846, in-8, br.

742. Cahier des charges pour la concession du chemin de fer de Paris à la frontière de Belgique avec embranchement de Lille sur Calais et Dunkerque. *Paris*, 1845, in-8.

743. Cahier des charges pour l'établissement du chemin de fer de Dijon à Mulhouse. *Paris*, 1846, in-8, br.

744. Navier. Note sur le mouvement uniforme des wagons dans les parties des chemins de fer en ligne courbe. *Paris*, 1835, in-8, br., 16 pag., pl.

745. Mary. Notice sur les voitures à vapeur en Angleterre sur les routes ordinaires. *Paris*, 1833, in-8, br., pl.

746. Dubern. De l'application de l'air atmosphérique aux chemins de fer. *Paris*, 1846, br., in-8. *H. d'A.*

747. Annuaire du corps des ponts et chaussées de 1806 à 1831. *Paris*, 25 vol. in-12 d.-rel.

748. Arnoux. Système de voitures pour chemins de fer de toute courbure. *Paris*, 1848, in-4, br., 20 pag., pl. *H. d'A.*

749. Couche. Des contre-poids appliqués aux roues motrices des machines locomotives. *Paris*, 1853, in-8, br. *H. d'A.*

750. Dumas. De l'entretien des routes d'empierrement ou du système du balayage. *Paris*, 1842, in-8, br. *H. d'A.*

751. Dugué. Du système d'entretien des chaussées d'empierrement depuis 1847, dans le département de la Sarthe. *Paris*, 1841, in-8, br. *H. d'A.*

752. Jullien et Valério. Notice sur un nouveau système de chemins de fer atmosphériques. *Paris*, 1845, in-8, br. pl. 8 pag.

753. Beaudumoulin. Considérations administratives sur les ponts et chaussées, les chemins vicinaux, etc. *Paris*, 1833, br., in-8. *H. d'A.*

754. Eug. Flachat. De la traversée des Alpes par un chemin de fer. *Neuilly*, 1859, in-8, br.

755. Arnoux. De la nécessité d'apporter des économies dans la construction des chemins de fer. *Paris*, 1860, in-8, br., pl. *H. d'A.*

756. Phillips. Mémoire sur les ressorts en acier employés dans le matériel des chemins de fer (Ann. des Mines, t. I, 1852). *Paris*, 1857, in-8, br., pl.

757. Al. Doin. Mémoire sur le canal latéral à la Garonne. *Paris*, 1835, in-4, br., tr.-g. carte.

758. Corrèze et Manès. Mémoire sur les routes et sur le roulage. *Paris*, 1832, in-8, br., pl. (Extr. des Annales des ponts et chaussées.)

759. Rapports du conseil d'administration et de la commission des comptes. Compagnie du chemin de fer d'Orléans, assemblée gén. du 30 mars 1855. *Paris*, 1855, in-4, br.

760. Michel Chevalier. Histoire des voies de communication aux États-Unis. *Paris*, 1840-1841, 2 vol. in-4, br.

761. Love. Observations sur les prescriptions administ. réglant l'emploi des métaux dans les appareils et constructions. *Paris*, 1859, in-8, br. *H. d'A.*

762. De Billy. Mémoire sur la dépréciation d'un matériel roulant de chemin de fer. *Paris*, 1859, in-4, br. *H. d'A.*

763. Teisserenc. Rapport au ministre sur les chemins de fer. *Paris*, 1843, Imp. royale, in-4, br. pl.

764. De Caligny. Notice historique et critique sur les machines à compression d'air du Mont-Cenis. *Turin*, Imp. roy. 1860, in-4, br. *H. d'A.*

765. Carte routière de la France, dressée par ordre du directeur général des Ponts et Chaussées, 1846, en 6 parties sur toile et pliées dans un carton.

766. Ricerche sulla fabbricazione dei fili di ferro negli stati di S. M. il re di Sardegna. *Torino*, 1843, in-8, br. Ouvrage en italien et en français, avec pl.

767. Pillet-Will. Examen analytique de l'usine de Decazeville (Aveyron). *Paris*, 1832, in-4, br. cart. pl. Tableaux.

768. Comte Daru. Rapport sur le tracé du chemin de fer de Paris à Chalon-sur-Saône. *Paris*, 1843, Imp. imp., in-4, br. av. cart.

769. Jules Petiet. Accident du 8 mai 1842 sur le chemin de fer de Versailles (rive gauche). Considérations techniques. *Paris*, 1843, in-4, br. pl.

770. Ch. Arnoux. Système de voitures pour chemins de fer de toute courbure. *Paris*, 1840, in-4, br. grav. pl. 2 exemplaires. *H. d'A.*

771. Commission formée sous la présidence du ministre du commerce. Enquête sur les fers. *Paris*, 1829, Imp. royale, in-4, dem.-rel.

772. Fournel. Examen de quelques questions de travaux publics. *Paris*, 1838, in-8, br. *H. d'A.*

773. Tarbé de Vauxclairs. Dictionnaire des travaux publics civils militaires et maritimes. *Paris*, 1835, in-4, v. viol. f. dent.

774. Dutens. Mémoire sur les travaux publics de l'Angleterre. *Paris*, 1819, in-4, av. pl. cart. n. rog.

775. Circulaires du ministère de l'intérieur de 1797 à 1821 inclusivement. *Paris*, 1821-1834, Imp. royale, 6 vol. in-8, d.-rel.

776. Flachat (Eugène). Établissements commerciaux. Docks de Londres. Entrepôts de Paris. Projets de docks à Marseille. *Paris*, 1836, gr. in-8, avec pl. br. *H. d'A.*

777. Exposition universelle de 1851. Travaux de la commission française sur l'industrie des nations, publiés par ordre de l'empereur, 10 vol. br. n. coup. *Paris*, 1854-1858.

778. Delesse. Matériaux de construction de l'Exposition universelle de 1855. *Paris*, 1856, in-8, br.

779. Andraud. Une dernière annexe au Palais de l'industrie. *Paris*, 1855, in-8, br.

780. Rapport du jury central sur les produits de l'industrie française, exposés en 1839. *Paris*, 1839, 3 vol. in-8, br. n. coup.

781. Etat industriel de l'Allemagne et parallèle des expositions de Paris et de Berlin, in-8, br., n. coup.

782. Henri Bourdon. Rapport sur l'industrie des soies, suivi de considérations sur les diverses applications des procédés de ventilation par M. d'Arcet. *Paris*, 1838, in-8, br.

783. Bourgnon de Layre. Rapport sur la situation de l'industrie serigène. *Poitiers*, 1839, in-8, br. 34 pag. *H. d'A.*

784. Compte rendu au roi, par M. Necker, directeur général des finances. *Paris*, 1781, in-4, d. rel. av. carte.

785. Compte des finances rendu au roi au mois de mars 1788. *Paris*, 1788, Imp. royale, in-4, d. rel.

786. Comptes du trésor de l'empire pour l'année 1840, par le ministre du trésor. *Paris*, 1841, Imp. impér., in-4, br.

787. Em. Vincens. Des sociétés par actions. Des banques en France. *Paris*, oct. 1837, in-8, br. *H. d'A.*

788. Condy Raguet. Traité des banques et de la circulation. *Paris*, 1840, in-8, br. *H. d'A.*

789. Bartholony. Simple exposé de quelques idées financières et industrielles. *Paris*, 1859, in-8, br.

790. Fedor Thoman. Theory of compound interest and annuities. *London*, 1859, in-12, cart.

791. Droz. Économie politique ou principe de la science des richesses, par S. Droz; suivi du catéchisme d'économie politique, par J.-B. Say; notes et préface de Ch. Comte. *Bruxelles*, 1841, in-8. br.

792. Dutens. Analyse raisonnée des principes fondamentaux de l'économie politique. *Paris*, an XII (1804), in-8, d.-rel.

793. Dupuit. La liberté commerciale, son principe et ses conséquences. *Paris*, 1861, in-12, br. *H. d'A.*

794. Des assurances et associations sur la vie. *Paris*, 1839, in-8, br.

795. Appert. Bagnes, prisons et criminels. *Paris*, 1836, in-8, d.-rel. pl.

796. D'Omalius d'Halloy. Notions élémentaires de statistique. *Paris*, 1840, in-8, br. *H. d'A.*

797. Fabre. Mémoire pour servir à la statistique du département du Cher. *Bourges*, 1838, in-8, br., cart. color.

798. Guichard. Code des expropriations ou instructions sur l'exécution des lois du 11 br. an VII, en ce qui concerne les expropriations volontaires ou forcées. *Paris*, prairial, an VII, in-12, dem. rel.

799. Victor Masson. Des assurances contre la grêle. *Paris*, 1847, in-8, br.

800. Lélut. De la distribution de l'affouage aux habitants des communes, in-8, br. *Paris*, 1851.

801. Docteur Auzoux. Insuffisance en France du cheval de guerre et de luxe, etc., in-8, br., 12 pag. *Paris*.

802. Boucher de Perthes. De l'industrie primitive ou les arts à leur origine (lu à la Société d'émulation d'Abbeville en 1843, 44-45 et 46.) *Paris*, 1846, in-8, br.

803. Bulletin des travaux de la Société d'émulation, etc. (de la Seine-Infér., année 1854-1855). *Rouen*, 1855, in-8, br. — Bulletin des travaux de la Société libre d'émulation du commerce et de l'industrie de la Seine-Infér., *Rouen*, 1856, in-8, br. n. coup.

804. Gonon. Mémoire sur le système télégraphique nouveau pour le jour et la nuit. *Paris*, 1844, in-4, br. pl.

805. Ch. Texier. Mémoires sur la ville et le port de Fréjus. *Paris.* 1847, Imp. impériale, in-4, br. pl. *H. d'A.*

806. Annuaire du Bureau des longitudes pour 1861. *Paris*, in-12, br. — Annuaire du Bureau des longitudes de 1860 à 1861, 38 vol. in-18, br.

807. Annuaire du Cosmos. *Paris*, 1861, pet. in-12, br. *H. d'A.*

808. Baron Tupinier. Examen des questions relatives au contrôle dans le départ. de la marine. *Paris*, 1842, Imp. royale, in-8, br. de 34 pag. — Le même. Rapport sur le matériel de la marine. *Paris*, 1838, Imp. royale, in-8, br. n. coup, *H. d'A.*

809. Comité des houillères françaises. Navigation intérieure de la France. Suppression des droits de navigation, etc. *Paris*, 1860, in-8, br. — Enquête de 1824 sur les causes de la cherté relative de la navigation française. *Paris*, 1840, Imp. royale, in-8, br.

810. Baron Tupinier. Considérations sur la marine et sur son budget. *Paris*, 1841, Imp. royale, grand in-8, br. *H. d'A.*

811. Chasseriau. Précis historique de la marine française, son organisation et ses lois. *Paris*, 1845, 2 vol. in-8, br. n. coup. Imp. royale.

812. La France en Afrique. *Paris*, 1846, in-8, br.

813. Brossard (le général de). Mélanges sur l'Afrique. *Perpignan*, 1838, broch. in-8.

814. La Moricière et Bedeau. Projets de colonisation pour les provinces d'Oran et de Constantine. *Paris*, Imp. royale, 1847, in-8.

815. Sagot de Nantilly. Mémoire sur la nécessité d'un changement de système et d'un gouvernement civil en Algérie, adressé aux chambres législatives de France par la Société coloniale d'Alger, etc. *Paris*, 1840, broch. in-8.

816. Rogniat (le lieut.-général vicomte). Opinion sur la question de l'Algérie, à l'occasion des crédits supplémentaires. *Paris*, broch. in-8.

817. Citati (Gaëtan). Des propriétés et des propriétaires d'Alger. *Toulon*, 1840, broch. in-8.

818. Catalogue de l'exposition des produits de l'Algérie à l'Exposition de 1855. *Paris*, 1855, in-8, br.

819. Annuaire du ministère de l'agriculture, du commerce et des travaux publics. (Années 1854, 1855, 1856, 1857, 1859.) *Paris*, 1854-1859, 5 vol. gr. in-8.

820. Dictionnaire raisonné d'histoire naturelle, par Valmont de Bomare. *Paris*, 1764, 5 vol. petit in-8, et supplément. 1 vol. *Paris*, 1768, petit in-8, v. rac.

821. Jourdan. Dictionnaire raisonné, étymologique, synonymique et polyglotte des termes usités dans les sciences naturelles. *Paris*, 1834, 2 vol. in-8, dem.-rel. *H. d'A.*

822. D'Orbigny. Dictionnaire universel d'Histoire naturelle, atlas, 3 vol. in-4, d.-rel., dos mar. *Paris*, 1849.'— Ch. d'Orbigny. Dictionnaire universel d'Histoire naturelle, avec la collaboration de MM. Arago, Becquerel, Cordier, Decaisne, Brongniart, Milne-Édwards, Desnoyers, Geoffroy Saint-Hilaire, Quatrefages, etc. *Paris*, 1841-1849, 13 vol. gr. in-8 et 3 vol. d'atlas, fig. col., en tout 16 vol., dem.-rel. mar. Bel exemplaire.

823. Seba. Planches de la collection de son cabinet d'Histoire naturelle, 45 livraisons de 10 planches chacune, réimpression de 1827. Le texte que devait y joindre M. Guérin n'a jamais paru.

824. Annales du Muséum d'Histoire naturelle par les professeurs de cet établissement. *Paris*, an XI (1802-1813), 20 vol. et 1 vol., de table générale, ensemble 21 vol. in-4, fig. d.-r. Hist. nat.

825. Annales des sciences naturelles de, etc., compris janv. 1844 à janv. 1849 inclusiv. 1 livraison par mois, in-8, br., pl. — Annales des sciences, 20 années de 1824 à 1843, 52 vol. in-8, demi-rel. avec fig., 4 vol., atlas, in-4, demi-rel.

826. Mémoires du Muséum d'Histoire naturelle, par les professeurs de cet établissement, ouvrage orné de gravures. *Paris*, 1815-1832, 20 vol. in-4, demi-rel. avec pl.—Nouvelles annales du muséum d'Histoire naturelle ou Mémoires publiés par les professeurs de cet établissement, etc. *Paris*, 1832-1835, 4 vol. in-4, demi-rel. avec nombr. grav. et planches.

827. Audouin, Brongniart et Dumas. Annales des sciences naturelles. *Paris*, 1824-1833, 30 vol. in-8 br., 1 vol. supplém. 1829 br., 4 vol. atlas in-4 br.

828. Bernard et Couailhac. Le Jardin des plantes. Description du Muséum d'Histoire naturelle, de la ménagerie, des serres, etc. *Paris*, 1842-1843, 2 forts vol. grand in-8 demi-maroq., fil. tranch. dor. avec nombr. grav. et planch. color. Bel exemplaire.

829. Guide des étrangers dans le Muséum d'Histoire naturelle, in-12, br. *Paris*, Curmer, 1855, plan et grav. dans le texte.

830. Deleuze. Histoire et description du Muséum d'histoire naturelle. *Paris*, 1823, in-8, dem.-rel. av. plans et 14 vues de jardins, etc. 2 volumes.

831. Michel Adanson. Cours d'Histoire naturelle fait en 1772; introduction et notes par Payer. *Paris*, 1845, 2 vol. in-12, br.

832. **Isid. Geoffroy Saint-Hilaire.** Considérations historiques sur les sciences naturelles. (Extrait de la Revue des Deux-Mondes, 1er avril 1837.) In-8, br. 31 pages. *H. d'A.*

833. **Duméril (Constant).** Éléments des sciences naturelles ; 3e édition. *Paris*, 1825, 2 vol. in-8, avec 33 planc. dem.-rel.

834. **Cuvier.** Tableau élémentaire de l'Histoire naturelle des animaux. *Paris*, an VI, in-8, dem.-rel.

835. **Latreille.** Familles naturelles du règne animal. *Paris*, in-8, dem.-rel.

836. **Photographie** zoologique, publiée par L. Rousseau et A. Deveria. 4 livraisons in-4, renfermant 28 planches photographiées, représentation d'animaux des diverses classes de l'Histoire naturelle.

837. **Cuvier (Frédéric).** Des dents des mammifères considérées comme caractères zoologiques. *Paris*, 1825, etc., in-8, av. planch. cart.

838. **Cuvier.** Leçons d'anatomie comparée de G. Cuvier, publiées par Duméril. *Paris*, an VIII, 2 vol. in-8 br.

839. **Notice** sur les travaux d'Histoire naturelle, d'anatomie et de pathologie de Ch. Robin. *Paris*, 1852, in-4, br.

840. **Polonceau.** Notice sur les chèvres asiatiques à duvet de cachemire. *Versailles*, 1824, in-8, br. de 36 pag. avec grav. et planc.

841. **Dureau de la Malle.** De l'influence de la domesticité sur les animaux depuis le commencement des temps historiques jusqu'à nos jours. *Paris*, gr. in-4, br.

842. **Huzard (fils).** De la garantie et des vices rédhibitoires dans le commerce des animaux domestiques. *Paris*, 1833, in-12, br.

843. **Audouin** et **Milne-Edwards.** Recherches pour servir à l'histoire naturelle de la France. *Paris*, 1832, gr. in-8, cart., t. I et II en 1 vol., introduction, planc.

844. **Eug. Robert.** Histoire et description naturelle de la commune de Meudon. *Paris*, 1843, in-8, br. n. coup.

845. **Palassou.** Mémoire pour servir à l'histoire naturelle des Pyrénées et des pays adjacents. *Pau.* 1815-1819, 2 vol. in-8, dem.-rel.

846. **Faujas Saint-Fond.** Histoire naturelle de Saint-Pierre de Maestricht. *Paris*, an VII, in-4, cart. pl.

847. **Joly** et **Lavocat.** Études tératologiques sur un anencéphale anoure appartenant à l'espèce bovine. *Toulouse*, in-8, br. 16 pag. planches.

848. DE LA JONKAIRE. Considérations sur la pêche de la baleine. *Paris*, 1830, in-8, br. *H. d'A.*

849. ROUSSEAU. Mémoire zoologique et anatomique sur la chauve-souris commune, dite murin. Lu à l'Académie des sciences 19 mars 1838, in-8, br.

850. TRAITÉ d'ornithologie, ou tableau méthodique des ordres, sous-ordres, familles, tribus, genres, sous-genres et races d'oiseaux. Ouvrage entièrement neuf, formant le catalogue le plus complet des espèces réunies dans les collections publiques de France, par R. P. Lesson. *Paris*, 1831, 2 vol. in-8, cart. dont un de planches.

851. LAMARCK. Système des animaux sans vertèbres, ou Tableau général des classes, des ordres et des genres de ces animaux ; etc. *Paris*, an IX, 1801, in-8, bas.

852. INTRODUCTION à l'entomologie comprenant les principes généraux de l'anatomie des insectes, des détails sur leurs mœurs et un résumé des principaux systèmes de classification proposés jusqu'à ce jour pour ces animaux, par M. Th. Lacordaire. *Paris*, 1834, 2 vol. in-8, dem.-rel.

853. DE LAPORTE. Traité élémentaire d'entomologie. *Paris*, 1839, in-12, br. n. coup. *H. d'A.*

854. DUFOUR. Sur la circulation dans les insectes. *Bordeaux*, 1849, in-8, br. 40 pag.

855. GEOFFROY SAINT-HILAIRE. Sur le système intravertébral des insectes. *Paris*, in-8, br. 16 pag.

856. JOLY. Nouvelles expériences tendant à refuter la prétendue circulation péritrachéenne des insectes. (Extrait des Mémoires des sciences de Toulouse.) *Toulouse*, in-8, 9 pag.

857. Docteur ROBERT. Recherches sur les mœurs et les ravages de quelques insectes xylophages dans les arbres et sur les statues et monuments de pierre, etc. *Paris*, 1846, in-8, br. pl. col. *H. d'A.*

858. SYNOPSIS reptilium Sardiniæ indigenorum, auctore Josepho Gené. (Extr. de l'Acad. des sciences de Turin.) 1 vol. in-4, cart.

859. DUMÉRIL. Description des reptiles nouveaux ou imparfaitement connus de la collection du Muséum. 2e mém. (Archiv. du Muséum, t. VIII), gr. in-4, br.

860. SOUBEIRAN. De la vipère, de son venin et de sa morsure. *Paris*, 1855, in-8, br. fig. dans le texte.

861. FLOURENS. Expériences sur le mécanisme de la respiration des poissons. (Extr. des Annales des sciences naturelles, 1830, in-8, br.) *H. d'A.*

862. Geoffroy Saint-Hilaire. Mémoire sur la structure et les usages de l'appareil olfactif dans les poissons, suivi de considérations sur l'olfaction des animaux qui odorent dans l'air. Lu à l'Acad. des sciences 31 oct. 1825, in-8, br. 34 pag. pl.

863. Deshayes. Anatomie et monographie du genre dentale. 1825, gr. in-8, av. plus. planc.

864. Alc. d'Orbigny. Considérations sur les thèses de zoologie. Belemniten. *Paris*, 1846, in-4, 34 pag.

865. Deshayes. Description de coquilles caractéristiques des terrains. *Paris*, 1831, in-8, planc. br.

866. Kiener. Species général et iconographie des coquilles vivantes. *Paris*, 1834, 114 liv. en feuilles, planches.

867. Duvernoy. Cinq mémoires sur les crustacés, le dernier fait en commun avec M. Lereboullet. (Extraits des Ann. des sciences nat., 1841, in-8, br. planches.) *H. d'A.*

868. Polydore Roux. Mémoire sur la classification des crustacés de la tribu des solicoques. *Marseille*, 1831, in-8, br.

869. Alb. Gaudry. Mémoire sur les pièces solides des stellérides. Thèse de zoologie. *Paris*, 1852, in-4, br. *H. d'A.*

870. Bory de Saint-Vincent. Essai d'une classification des animaux microscopiques. *Paris*, 1826, in-8, br.

871. Charles des Moulins. Second mémoire sur les échinides. (Extrait des Actes de la Société linnéenne de Bordeaux.) *Bordeaux*, 1835, in-8, br.

872. Mémoires de la Société linnéenne du Calvados et de Normandie, 1824, 1825, 26, 27, 28. *Caen.* 4 vol. in-8, br. 3 atlas, 1825, 26, 27, 28, dem.-rel. in-4, br.

BOTANIQUE.

873. Comte Jaubert. Sur l'enseignement de la botanique à Paris, (1853-1857). *Paris*, 1857, in-8, br. 32 pag.

874. Comte Jaubert. La botanique à l'Exposition universelle de 1855. *Paris*, in-8, br.

875. Chatin. Anatomie comparée des végétaux. *Paris*, 1856, in-4, 40 pl. Ouvr. en 4 livraisons br. *H. d'A.*

876. Lestiboudois. Mémoire sur la structure des monocotylédonés. *Lille*, 1823, in-4, br. — Notice sur les graminées, 7 pag. *id.*, *id.* — Mémoire sur le fruit des papaveracées, 16 pag. *id.*, *id.*

877. Soubeiran. Des applications de la botanique à la pharmacie. *Paris*, 1855, in-8, br.

878. Germain de Saint-Pierre. Trois livraisons de recherches botaniques. *Paris*, 1856.

879. A. Richard. Nouveaux éléments de botanique et de physiologie végétale. *Paris*, 1825, in-8, br. n. coup. pl. *H. d'A.*

880. Richard (Achille). Botanique médicale ou Histoire naturelle et médicale des médicaments, des poisons et des aliments tirés du règne végétal. *Paris*, 1823, 2 vol. in-8, br. *H. d'A.*

881. Renati Desfontaines. Catalogus plantarum horti regii Parisiensis. *Parisiis*, 1829, in-8, br. *H. d'A.*

882. De Lamarck et de Candolle. Flore française. *Paris*, an XIII (1805), 5 vol. in-8, dem.-rel.

883. De Lamarck et de Candolle. Flore française. *Paris*, an XIII (1805), gr. in-8, 4 vol. dem.-rel. avec cart. géog. et pl.

884. Lestiboudois. Botanographie belgique ou Flore du nord de la France, 2 t. en 3 vol. in-8 br.

885. Lestiboudois. Études sur l'anatomie et la physiologie des végétaux, 235 fig. en pl. *Paris*, 1840, in-8, br. n. coup,

887. Soubeiran. Thèse. Des applications de la botanique à la pharmacie. *Paris*, 1855, in-8, br. *H. d'A.*

888. Michel Adanson. Familles naturelles des plantes ; suivies d'une histoire des familles naturelles des plantes, par Payer. *Paris*, 1847, in-4, br.

889. Payer. Botanique cryptogamique ou Histoire des familles des plantes naturelles, avec 1105 fig. *Paris*, 1850, grand in-8, br.

890. Epistolæ Caroli a Linne ad Bernard de Jussieu ineditæ et mutuæ Bernard ad Linnæum. — Curante Ad. de Jussieu. *Cantabrigiæ*, 1854, in-4, br.

891. Richard. Mémoire sur la famille des rubiacées avec 15 planc. dessinées par l'auteur. *Paris*, 1829, in-4, br. *H. d'A.*

892. Lestiboudois. Notice sur le genre hedychium, de la famille des musacées. (Balisiers et Bananiers.) (Ann. des sciences natur.) 28 pag. in-8 , br. pl. — Notice sur les travaux de botanique de Duchartre. *Paris*, in-4, 24 pag.

893. Richard. Monographie des orchidées des Iles de France et de Bourbon. *Paris*, 1828, in-4, br. pl. *H. d'A.*

894. Chatin. Anatomie des plantes aériennes de l'ordre des orchidées. *Cherbourg*, 1856, in-8, br. *H. d'A.*

895. Chatin. Mémoire sur le Vallisneria spiralis, L., considéré dans son organographie, etc. *Paris*, 1855, in-4, br. pl.

896. VOYAGE autour du monde exécuté pendant les années 1836 et 1837 sur la corvette la Bonite, commandée par le capitaine Vaillant. (Botanique par M. Gaudichaud, membre de l'Institut.) *Paris*, 1851, 2 vol. in-8, br.

897. RECHERCHES générales sur l'organographie, la physiologie et l'organogénie de végétaux, Mémoire qui a partagé, en 1835, le prix de physiologie expérimentale fondé par M. de Montyon, par Ch. Gaudichaud. *Paris*, Imp. royale, 1841, 1 vol. in-4, cart.

898. REPERTORIUM Botanices systematicæ. Auctore Guil. Gerardo Walpers, fasc. I à V. *Lipsiæ*, 1842, in-8 br.

899. ENUMERATIO Plantarum omnium hucusque cognitarum secundum familias naturales disposita, adjectis characteribus, differentiis et synonymis auctore, Kunth. *Stuttgardiæ*, 1833, 3 vol. in-8, dem.-v.

900. FLORA de Filipinas, segun el sistema sexual de Linnes por el P. Fr. Manuel Blanco Agustino Calzado, segunda impresion, corregida y aumendata por el mismo autor. *Manila*, 1846, 1 vol. in-8, dem.-v.

901. FLORA Pedemontana, sive enumeratio methodica stirpium indigenarum pedemonta, auctore Carolo Allioni. *Augustæ-Taurin*, 1785, 2 vol. in-f°. rel.

902. MOQUIN-TANDON. Éléments de tératologic végétale, etc. *Paris*, 1841, in-8, br. n. coup.

903. A. BRONGNIART. Prodrome d'une histoire des végétaux fossiles. *Paris*, 1828, in-8 , br. — BRONGNIART. Considérations générales sur la nature de la végétation qui couvrait la terre, etc. *Paris*, 1828, in-8, br. 34 pag. *H. d'A.* — BRONGNIART. Essai d'une flore du grès bigarré. *Paris*, 1828, in-8, br. 26 pag. et planc.

904. FR. UNGER. Synopsis plantarum fossilium. *Lipsiæ*, 1845, in-8, br. n. coup.

905. ANNUAIRE du ministère de l'agriculture, du commerce et des travaux publics. *Paris*, 1860, gr. in-8, br.

906. D'ALBRET. Cours théorique et pratique de la taille des arbres fruitiers. *Paris*, 1840, in-8, br. n. coup. pl.

907. LESTIBOUDOIS. Observations phytologiques. *Lille*, 1826, in-8, br. 20 pag.

908. PAYEN. Mémoire sur la conservation des bois. *Paris*, 1857, in-8, br. 31 pag.

909. ALLUAUD aîné. Mémoire sur le reboisement et la conservation des bois et forêts en France. *Limoges*, 1844, in-8, br.

910. CHEVANDIER et VERTHEIM. Mémoire sur les propriétés mécaniques du bois. *Paris*, 1848, in-8, br. n. coup. *H. d'A.*

911. Mémoire pour les propriétaires de bois. *Paris*, 1829, in-8, br.

912. Gueymard. Rapport sur la conservation des bois par le procédé Boucherie. *Grenoble*, 1843, in-8, br.

913. Dugiad. Projet du boisement des Basses-Alpes, présenté au ministre de l'intérieur. *Paris*, 1849, in-4, br.

914. Héricart de Thury, rapporteur. Rapport à la Soc. d'agriculture sur le projet de défrichement et de plantation des landes de Bretagne, par de Jouffroy. *Paris*, 1826, in-8, br. 24 pag.

915. Deschamps. Les Landes en 1826, ou plan général d'amélioration des landes de Bordeaux. *Bordeaux*, 1826, gr. in-8, br. *H. d'A.*

916. Chevandier. Recherches sur l'emploi des divers amendements dans la culture des forêts. *Paris*, 1852, in-4, br. av. pl. 1 liv. des Ann. forestières. *H. d'A.*

917. Chevandier. Recherches sur l'influence de l'eau sur la végétation des forêts. *Saint-Germain*, 1844, in-8, br. Mémoire lu à l'Acad. des sciences. *H. d'A.*

918. De la Jonkaire. Mémoire sur la mise en culture des terres vagues dans le département des Landes. *Le Havre*, 1856, in-8, br.

919. Doyère. Mémoire sur l'ensilage rationnel, système nouveau, etc. *Paris*, 1856, in-8, br. n. coup.

920. Huerne de Pommeuse. Des colonies agricoles et de leurs avantages. *Paris*, 1832, in-8, br. de 940 pag. av. pl. *H. d'A.*

921. Agriculture française par MM. les inspecteurs de l'agriculture, publié d'après les ordres de M. le ministre de l'agric. et du comm. *Paris*, br. in-8, 7 vol. Imp. royale. Haute-Garonne, 1843. — Nord, 1843. — Isère, 1843. — Côtes-du-Nord, 1844. — Aude, 1847. — Hautes-Pyrénées, 1843. — Tarn, 1845.

922. Morel de Vindé. Quelques observations pratiques sur la théorie des assolements. *Paris*, 1822, in-8, br. *H. d'A.*

923. Puvis. De l'agriculture du Gatinais, de la Sologne et du Berry. *Paris*, 1833, in-8, br.

924. Annuaire du ministère de l'agriculture, du commerce et des travaux publics pour 1858. *Paris*, 1858, gr. in-8, broch. n. coup.

925. Bouchardat. Recherches sur la végétation appliquées à l'agriculture. *Paris*, 1846, in-12, br. n. coup.

926. De Gasparin. Coup d'œil sur l'agriculture de la Sicile. (Extr. des Mémoires de la Société d'agriculture.) 1839. *Paris*, in-8, br. 40 pag.

927. Royer. L'agriculture allemande, ses écoles, etc. *Paris*, 1857, Imp. imp., gr. in-8, br. av. pl.

928. Proceedings of the agricultural and horticultural Society of Saint-Helena. *Saint-Helena*, 1828, in-4.

929. Comptes rendus hebdomadaires des séances de l'Académie des sciences du 13 juillet 1835 à 1860, complet, 25 vol. in-4.

930. Cuvier. Rapport historique sur les progrès des sciences naturelles depuis 1789, et sur leur état actuel. *Paris*, 1810, Imp. imp., in-4, br.

931. Girardin. *Chimie agricole.* Du sol arable, de ses variétés, etc. *Caen*, in-8, br. n. coup. *H. d'A.*

932. Ajasson et Fouché. Nouveau manuel complet de physique et de météorologie. *Paris*, 1829, petit in-12, dem.-rel. pl. *H. d'A.*

933. Payen. Traité de la fabrication et du raffinage des sucres. (Extrait du Dictionnaire technologique, t. XX.) *Paris*, 1832, in-8, av. pl. br.

934. Payen. Mémoire sur l'amidon considéré sous les points de vue anatomique, chimique et physiologique. Sur les fécules des diverses plantes et leurs applications. *Paris*, 1839, in-8, fig. br.

935. Payen et Cavalier. Traité de la pomme de terre, sa culture, etc. *Paris*, in-8, br.

936. Dutrochet. De l'endosmose des acides. Mémoire lu à l'Acad. des sciences, oct. 1825, in-8, br. 28 pag. — Dutrochet. Nouvelles recherches sur l'endosmose et l'exosmose. *Paris*, 1828, in-8, br.

937. Soubeiran (J.-Léon). Études micrographiques sur quelques fécules, thèse présentée à l'Ecole de pharmacie le 31 décembre 1853. *Paris*, 1853, in-8, avec planc. br. — Soubeiran. Études micrographiques sur quelques fécules. Thèse. *Paris*, 1853, in-8, br. pl.

938. De Gasparin. Guide du propriétaire des biens soumis au metayage et culture de la garance, du safran et de l'olivier. *Paris*, 1836, br. in-8, n. coup.

939. Decaisne. Recherches anatomiques et physiologiques sur la garance. *Bruxelles*, 1837, in-4, br. *H. d'A.*

940. Ancelon et Parisot. Mémoire sur l'état de la végétation dans les terrains salifères et sur les moyens d'améliorer les terres par le chlorure de sodium. *Paris*, 1847, in-8, br.

941. Becquerel. Recherches expérimentales sur l'action du sel dans la végétation. *Paris*, 1847, in-8, br.

942. CHAPTAL. Instructions sur la manière d'extraire le goudron et autres principes résineux du pin. Imprimées par ordre du comité du salut public, in-8, br. 20 pag.

943. LESTIBOUDOIS. Notice sur Globba, 20 fév. 1830, in-8, br. *Lille*, 16 pag. pl. — Du réceptacle et de l'insertion des organes floraux, 20 pag. br.

944. SALMON. Mémoire sur l'emploi du noir animalisé comme engrais. *Paris*, 1833, in-8, br.

945. AUDOUIN. Notice sur les ravages causés par la pyrale de la vigne. *Paris*, 1838, in-8, br. 15 pag. — Considérations nouvelles sur les dégâts occasionnés par la pyrale de la vigne. *Paris*, 1838, in-8, br. 20 pag.

946. FRÉMY. Mémoires sur la maturation des fruits. *Paris*, 1848, in-8, br.

947. THOUIN. Plans raisonnés de toutes les espèces de jardins. *Paris*, 1823, in-4, obl. cartonné.

CHIMIE, PHYSIQUE

948. KUHLMANN (Fréd.). Expériences chimiques et agronomiques. *Paris*, 1847, in-8, br. *II. d'A.*

949. CHATIN. Existence de l'iode dans l'air, les eaux, le sol et les produits alimentaires. *Versailles*, 1859, in-8, br.

950. ORFILA. De la chaleur dans les phénomènes chimiques. *Paris*, 1853, in-8, br.

951. BEUDANT. Recherches sur la manière de discuter les analyses chimiques, etc.; lu à l'Acad. des sciences, le 31 mars 1828, in-4, br.

952. SOUBEIRAN. Mémoire sur les combinaisons du sucre de canne avec les bases (Extr. du Journal de pharmac., juin 1842). *Paris*, in-8, br., 14 pag. — Étude des changements moléculaires que le sucre éprouve sous l'influence de l'eau et de la chaleur (Extr. du même Journal, janv. 1842), in-8, br., 29 pag.

953. SAINTE-CLAIRE DEVILLE. Thèses de chimie et de physique. *Paris*, 1852, in-4, br., planch. *H. d'A.*

954. BLACHETTE. Du gaz hydrogène carboné, et de son application à l'éclairage. *Paris*, 1824, in-8, br.

955. FREMY (Ed.). Recherches sur une nouvelle série d'acides, formés d'oxygène, de soufre, d'hydrogène et d'azote (Annales de chimie.) *Paris*, 1845, in-8, br. *H. d'A.*

956. CHEVREUL. Recherches chimiques sur les corps gras d'origine animale. *Paris*, 1823, in-8, cart.

957. Chevreul. Considérations générales sur l'analyse organique
et sur ses applications. *Paris*, 1824, in-8, br.

958. Nouveaux éléments de minéralogie, ou Manuel du minéralogiste voyageur, par C. P. Brard. *Paris*, 1824, 2e édition,
1 vol. in-8, dem.-rel.

959. De Humboldt. Tableaux de la nature ou considérations sur les
déserts, sur la physionomie des végétaux, etc., de l'Oré-
noque. *Paris*, 1808, 2 vol. in-12, dem.-rel.

960. Encyclopédie ou Dictionnaire raisonné des sciences, des arts
et des métiers. Imp. à *Lausanne* et à *Berne* de 1778 à 1781,
36 vol., text. av. cart. et 3 vol., planch. in-8, v. m.

PHYSIOLOGIE ET MÉDECINE.

961. Bory de Saint-Vincent. Sur l'Anthropologie de l'Afrique française. (Extrait du Magasin de zoologie, publié par M. Gué-
rin-Méneville.) *Paris*, 1845, br. in-8. *H. d'A.*

962. J. Riolan. Anthropographia et osteologia. *Parisiis*, 1626, gr.
in-8, dem.-rel. de 1000 pag.

963. Coste. Embryogénie comparée, Cours sur le développement
de l'homme et des animaux. *Paris*, 1837, in-8, br. *H. d'A.*
— Planches avec explication de l'ouvr. de Coste, Embryogénie comparée, atlas du 1er vol. non attachées avec
couv. et titre.

964. Serres. Recherches d'anatomie transcendante et pathologique, etc. *Paris*, 1832, in-4, br., 18 pl. — Serres. Des lois
de l'embryogénie, etc., in-4, br., extr. d'un ouvrage de
Serres de la page 211 à 310, 9 planches.

965. Extrait des leçons orales de Cuvier sur la Physiologie.
Collége de France, an XIII, manuscrit in-f° à demi-marge,
demi-rel., 220 pag.

966. Ch. et Louis Girou de Buzareingues. Physiologie. Essai sur le
mécanisme des sensations, des idées et des sentiments.
Paris, 1848, broch. in-8.

967. Henri Glaseri. Tractatus posthumius de Cerebro. *Basileœ*,
1680, in-12, v. marb.

968. Esquirol. Aliénation mentale. Des illusions chez les aliénés.
Question médico-légale sur l'isolement des aliénés. *Paris*,
1832, in-8, br.

969. Réponses aux critiques de l'ouvrage du D**r** Broussais sur l'ir-
ritation et la folie. *Paris*, 1828, in-8, br. *H. d'A.*

970. Friedlander. Exposition du système craniologique de Gall,
in-4, br., 32 pag.. pl.

971. LÉLUT. Inductions sur la valeur des altérations de l'encéphale dans le délire aigu et dans la folie. *Paris*, 1836, in-8, br. — LÉLUT. De l'organe phrénologique de la destruction chez les animaux. *Paris*, 1838, in-8, br., av. pl. — AZAÏS. De la phrénologie, du magnétisme et de la folie. *Paris*, 1839, 2 vol. in-8, br.

973. LONGET. Traité de physiologie. *Paris*, 1852, in-8, br., 2 t. en 5 vol., fig. dans le texte, planches. *H. d'A.*

974. D. J. BOHNII circulus anatomico-physiologicus. *Lipsiæ*, 1697, gr. in-8, v. marb., pl.

975. GUILLELMI HEWSONI, opera omnia latine vertit et notas addidit van de Winpersse. *Lugduni Batavorum*, 1795, in-8, bas.

976. DE GRAAF opera omnia. *Lugd. Batav.*, 1677, in-8, v. marb., pl.

977. FISCHER. Tractatus anatomico-physiologicus de auditu hominis. *Mosquæ*, 1825, in-8, d.-rel., pl.

978. VERNEUIL. Thèse. Le système veineux (anatomie et physiologie). *Paris*, 1853, in-8, br., n. coup.

979. DUMÉRIL. Thèses. 1° Des odeurs, de leur nature et de leur action physiologique; 2° Dissertation sur quelques points de la physiologie des végétaux. *Paris*, 1843, in-8, br.

980. LONGET. Du sulfocyanure de potassium considéré comme un des éléments normaux de la salive. *Paris*, 1856, in-8, br. *H. d'A.*

981. DUVERNOY. Considérations générales sur les organes et les fonctions de propagation dans tout le règne animal. *Paris*, 1847, in-8, br. *H. d'A.*

982. GODRON. De l'espèce et des races dans les êtres organisés et spécialement dans l'unité de l'espèce humaine. *Paris*, 1859, 2 vol. in-8, br., n. coup. *H. d'A.*

983. COLOMBAT (de l'Isère). Traité médico-chirurgical des organes de la voix. *Paris*, 1834, in-8, mar. r. tr. dor. fil. or av. planches. Bel exemplaire.

984. LÉLUT. Essai d'une détermination ethnologique de la taille moyenne de l'homme en France. *Paris*, 1844, in-8, br., 22 p. — Recherches pour servir à la détermination de la taille moyenne de l'homme en France. *Paris*, 1844, in-8, br., 19 pag. *H. d'A.*

985. SERRES. Recherches d'anatomie transcendante sur les lois de l'organogénie appliquées à l'anatomie pathologique. (Ann. des scienc. nat., mai 1827, in-8, br.)

986. GEOFFROY SAINT-HILAIRE. Rapport verbal sur un ouvrage de M. Serres, intitulé Anatomie comparée du cerveau. *Paris*, 1824, in-8, br., 16 pag. — LE MÊME. Des adhérences de l'extérieur du fœtus, etc. (Ext. des Arch. gén. de médecine.) *Paris*, in-8, 15 pag.

987. Le même. Sur le principe de l'unité de composition organique. *Paris*, 1828, in-8, br. — Le même. Ext. d'un rapport à l'Académie des sciences sur deux frères attachés ventre à ventre, depuis leur naissance, présentement âgés de 18 ans. 19 oct. 1829, in-8, br., 14 pag.

988. Antonio Scarpa. Anatomicarum annotationum de nervorum gangliis et plexuribus. *Ticini regii*, 1795. Typis K. et I. monasterii S. Salvatoris, in-4, bas. fil. pl.

989. Highmorus. Corporis humani disquisitio anatomica, etc. *Hagæ comitis*, 1651, in-4, v. pl.

990. Ed. Sandifort. Descriptio musculorum hominis. *Lugduni Batavorum*, 1781, in-4, bas. marb.

991. Bleuland. De arteriis lymphaticis. *Lugduni Batavorum*, 1784, in-4, br., cartonn., pl.

992. Bleuland. De œsophagi structura cum figuris. *Lugduni Batavorum*, 1785, in-4, bas. marb.

993. Lobstein. Essai sur la nutrition du fœtus. *Strasbourg*, an X (1802), in-4, d.-rel., pl.

994. Ant. Scarpa. Anatomicæ disquisitiones de auditu et olfactu. *Mediolani*, 1644, in-fol., br., pl.

995. Paolo Mascagni. Prodromo della grande anatomia seconda opera postuma. *Firenze*, 1819, in-fol. dem.-rel., atlas in-fol. dem.-rel.

996. Ludwig. Icones cavitatum thoracis et abdominis a tergo apertarum. *Lipsiæ*, 1789, d.-in-fol., dem.-rel., pl.

997. Piccolhomini. Anatomicæ prælectiones. *Romæ*, 1686, in-4, cart. marb.

998. Spigelii. Opera omnia quæ extant. *Amsterdami*. 1645, in-fol., v. marb. f. dent. pl.

999. Avicennæ. Opera omnia. *Venetiis*, apud Juntas, 1544, dem.-in-fol. bas.

1000. Diemerbrock. Opera omnia medica et anatomica. *Ultrajecti*, 1675, planch. dem.-in-fol. bas.

1001. Godefredus de Plouquet. Litteratura medica digesta sive Repertorium medicæ praticæ, etc. *Tubingæ*, 1808-1809, 4 forts in-4 cart., 1 in-4 continuatio et supplementum, br., 1813.

1002. Joannis Veslingii. Syntagma anatomicum auctum, etc., a Gerardo Leon. Blasio. *Amstelodami*, 1666, in-4, parch., pl.

1003. Prochaska. De Structura nervorum Tractatus anatomicus tabulis illustratus. *Vindobonæ*, 1779, in-8, d.-rel.

1004. Briot. Histoire de l'état et des progrès de la chirurgie militaire en France, pendant les guerres de la révolution. *Besançon*, 1817, in-8, d.-rel.

1005. Pascal Baseilhac. De la taille latérale par le périnée et celle de l'hypogastre. *Paris*, 1804, in-8, d.-rel.

1006. Bérard. Dissertation sur les causes qui retardent ou empêchent la consolidation des fractures et des moyens de l'obtenir. *Paris*, 1833, gr. in-8, br. *H. d'A.*

1007. Humbert et Jacquier. Essai sur la manière de réduire les luxations, etc. *Bar-le-Duc*, 1835, in-8, dem.-rel. *H. d'A.* — Les mêmes. Essai sur la manière de réduire les luxations, etc. *Bar-le-Duc*, 1835, in-4, dem.-rel. planch.

1008. Barkow. Disquisitiones circa originem et decursum arteriarum mammalium. *Lipsiæ*, 1828, in-4, cart. pl.

1009. Jacobi Keilii. Tentamina medico-physica, quinque. *Lugduni Batavorum*, 1730, gr. in-8, v. marb. pl.

1010. Joh. Mayow. Tractatus quinque medico physica. *Oxonii*, 1774, in-8, bas.

1011. Petro Tarin. Adversaria anatomica. *Parisiis*, 1750, in-4, v. marb. pl. (Exemplaire de Buffon signé de lui, payé 7 fr. à la vente des livres de Mirabeau, 16 fév. 1792, cat. n° 1674. Acheté à la vente du docteur Lerminier, ex-médecin de l'empereur, le 12 août 1830, cat. n° 368.)

1012. Girou de Buzareingues. Essai sur l'enchaînement et les rapports des diverses modifications de la sensibilité. *Paris*, in-8, br.

1013. Larrey. Notice sur le docteur Ernest Cloquet, lue à l'Académie de médecine. *Paris*, 1856, in-4, br. 7 pag.

1014. Boueard. Mémoire sur la recherche de l'arsenic dans le corps de l'homme. *Clamecy*, 1853, in-8, br. 24 pag.

1015. Leconte et de Goumoens. Recherches sur les albuminoïdes, in-8, br. 12 pag. *Paris*, 1853.

1016. Jules Guérin, rapporteur, Rapport adressé au gouvenement provisoire sur les traitements orthopédiques à l'hôpital des enfants pendant les années 1834, 44 et 45. *Paris*, 1848, in-4, br.

1017. Auzoux. Thèse. Considérations anatomiques sur le larynx chez l'homme et les mammifères. *Paris*, 1860, in-4, br. *H. d'A.*

1018. Docteur Jacquart. Mélanges d'anatomie et de pathologie comparées. *Paris*, in-8, br. *H. d'A.*

1019. Owen. On the communications between the cavity of the tympanum and the palate in the crocodilia, Gavials, etc. *London*, 1850, in-4, br. pl. *H. d'A.*

1020. Richard Owen. On the development and homologies of the carapace and plastron of the chelonian reptiles. *London,* 1849, in-4, br. pl. — Owen. On the development and homologies of the molar teeth of the wart hogs (Phacochœrus), etc. *London,* 1850, in-4, br. pl. *H. d'A.* — Osteological contribution to the History of the chempanzees and orangs. (nov. IV.) Description of the cranium of an adult male gorilla, etc., etc., etc., fragm. d'un ouvrage, de la page 75 à 86, 5 pl. in-4, cart.

1021. Pouchet. Recherches sur les organes de la circulation, etc., dans les infusoires. Comptes rendus de l'Académie des sciences, 1848 et 1849, in-4, br. pl.

1022. Rusconi. Riflessioni sopra il sistema linfatico dei rettili. *Pavia,* 1845, in-4, cart. pl.

1023. Moreau de Jonnès. Rapport au conseil supérieur de santé sur le choléra-morbus. *Paris,* 1824, Imp, royale, petit in-4, br. *H. d'A.* — Rapport de la commission sur la marche et les effets du choléra, dans Paris et le département de la Seine en 1832. *Paris,* 1834, Imp. royale, in-4, br. — Blondel. Rapport sur les épidémies cholériques de 1832 et de 1849 dans les établissements de l'assistance publique. *Paris,* 1850, in-4, br. — Rapport sur l'épidémie cholérique de 1854-1854 dans les établissements de l'assistance publique. *Paris,* 1855, in-4, br.

1024. Renault. Typhus contagieux du gros bétail. *Paris,* 1856, in-8, br. 34 pag. — Renault, directeur de l'École d'Alfort. Typhus contagieux des bêtes bovines ou examen, etc. *Paris,* 1860, in-8, br.

1025. Huzard fils. Des Haras domestiques en France. *Paris,* 1829, in-8, br.

PHILOSOPHIE. — ÉCONOMIE POLITIQUE. — DROIT.

1026. De Boucheporn. Du principe général de la philosophie naturelle. *Paris,* 1853, in-8, br. *H. d'A.*

1027. Lélut. Cadre de la philosophie de l'homme. *Paris,* 1844, in-8, br. 15 pag. — Du développement du crâne considéré dans ses rapports avec celui de l'intelligence. *Paris,* in-8, br. 29 pag.

1028. Bulletin de la Société ethnologique de Paris, t. I et II. Trim. an. 1847. *Paris,* in-8, br.

1029. Eug. Bourdon. Cosmogonie moderne de l'origine de la formation de la nature. *Nantes,* 1854, in-8, br.

1030. Fermond. Études sur la symétrie considérée dans les trois règnes de la nature. *Paris,* 1855, in-8, br. fig. dans le texte.

1031. Comte DE REDERN. Des modes accidentels de nos perceptions. *Paris*, 1818, br.

1032. DE CAUNES. Psychologie élémentaire ou Essai sur la science de l'âme. *Paris*, 1830, in-12, br. *H. d'A.*

1033. LÉLUT. Du siège de l'âme suivant les anciens. *Paris*, 1842, in-8, br. 40 pag. *H. d'A.* — LÉLUT. Formule des rapports du cerveau à la pensée. *Paris*, 1843, in-8, br. 23 pag. — Sur un des points de vue de la psychologie de l'histoire. *H. d'A.* — LELUT. Du démon de Socrate. *Paris*, 1836, in-8, br.

1034. LÉLUT. L'Amulette de Pascal, pour servir à l'histoire des hallucinations. *Paris*, 1846, in-8, avec *fac-simile*.

1035. AUG. NICOLAS. Etude sur Maine de Biran. *Paris*, 1858, in-8, br.

1036. PIERRE CHARRON. De la sagesse, trois livres suivant la vraye copie de Bourdeaux. 1662, *Amsterdam*, Elzevier, petit in-12, frontisp. rel. v.

1037. SMITH. Recherches sur la nature et les causes de la richesse des nations. Trad. par Roucher. *Paris*, 1790-1794, 4 vol. in-8, bas, marb. dos fil.

1038. RICHERAND. De la population dans ses rapports avec la nature des gouvernements. *Paris*, 1837, in-8, br. *H. d'A.*

1039. CHASSÉRIAU. Précis de l'abolition de l'esclavage dans les colonies anglaises, imprimé par ordre de l'amiral Duperré. *Paris*, 1841, Imp. royale, 2 vol. in-8, br. n. coup.

1040. MOREAU DE JONNÈS. Recherches statistiques sur l'esclavage colonial et sur les moyens de le supprimer. *Paris*, 1842, in-8, br.

1041. DUVERGIER DE HAURANNE. Des principes du gouvernement représentatif et de leur application. *Paris*, 1838. in-8, br. *H. d'A.*

1042. DEVISME. La science parfaite des notaires, édition revue et augmentée sur celle de Ferrière. *Paris*, 1752, 2 vol. in-4, v. marb.

1043. RÈGLES pour former un avocat. *Paris*, 1753, in-16, v. marb.

1044. HULOT. Les cinquante livres du Digeste ou des Pandectes de l'empereur Justinien. *Metz*, 1805-1810, 14 vol. in-4, rel. v. rac. fil. dent.

1045. DE LOUVREX. Recueil des édits et réglemens faits pour le païs de Liège et comté de Looz, édition augmentée par Baudouin Hodin. *Liège*, 1750-1752, 4 vol. petit in-fol., v. marb.

1046. MAREC. Dissertation contenant l'historique d'un projet de loi sur la répression de l'indiscipline de la marine marchande. *Paris*, 1840, gr. in-8, br.

1047. SERPILLON. Code civil ou commentaire sur l'ordonnance du mois d'avril 1667. *Paris*, 1776, in-4, v. f.

1048. LOCRÉ. Esprit du Code Napoléon tiré de la discussion, etc. *Paris*, 1807, 5 vol. in-4, dem.-rel.

1049. FAUSTIN HÉLIE et AD. CHAUVEAU. Théorie du Code pénal, 6 vol. in-8, d. r. *Paris*, 1843.

1050. MEAUME. Manuel du droit forestier. *Nancy*, 1843, 5 vol. in-8, br.

1051. DOMENICHINI. Thèse. Du nantissement et des priviléges sur les meubles. *Paris*, 1847, in-8, br. *H. d'A.*

1052. LÉLUT. Discours sur la déportation. *Paris*, 1854, in-8, br. 23 pag.

1053. CHEVALLIER. Mémoire sur les faux en écriture. *Paris*, 1834, in-8, br.

RELIGION ET MORALE.

1054. LA SAINTE BIBLE trad. par Lemaistre de Sacy. *Paris*, Despretz, 1731, in-fol. rel. v.

1055. AUG. NICOLAS. Etudes philosophiques sur le christianisme. *Paris*, 1851, 4 vol. in-12, br.

1056. COLLECTION des moralistes anciens. *Paris*, 1782-1783, 16 vol. in-12, v. marb. fil. dent. tranch. dor.

1057. NICOLAS. La Vierge Marie d'après l'Evangile. *Paris*, 1857, in-8, br.

1058. NICOLAS. Du protestantisme et de toutes les hérésies dans leur rapport avec le socialisme. *Paris*, 1852, in-8, br.

BELLES LETTRES.

1059. LETELLIER. Cours complet de langue universelle. *Paris*. 1852-1855, 4 vol. in-8, br.

1060. SYSTÈME universel de sténographie par Taylor. Adapté à la langue française, par Bertin. *Paris*, an III, gr. in-8, v. rac. fil. dent.

1061. PRÉVOST. Nouveau système de sténographie. *Paris*, 1828, in-12, br.

1062. VOCABULAIRE sténographique, par Grosselin. *Paris*, in-8, br.

1063. PHILOXÈNE LUZZATO. Etudes sur les inscriptions assyriennes de Persépolis, Hamadan, van et Khorsabad. *Padoue*, 1850, in-8, br. *H. d'A.*

1064. Joach. Menant. Les écritures cunéiformes, exposé des travaux qui ont préparé la lecture, etc., des inscriptions de la Perse et de l'Assyrie. *Paris*, 1860, gr. in-8, br. — Joach. Menant. Les noms propres assyriens, recherches sur la formation des expressions idéographiques. *Paris*, 1861, gr. in-8, br.

1065. Ant. d'Abbadie. Catalogue raisonné de manuscrits éthiopiens appartenant à Ant. d'Abbadie. *Paris*, 1859, Imp. imp., in-4, br. *H. d'A.*

1066. Christophe. Dictionnaire pour servir à l'intelligence des auteurs grecs et latins. *Paris*, 1805, 2 vol. in-8, v. marb.

1067. Levée et l'abbé Lemonnier. Théâtre complet des Latins. *Paris*, 1820-1833, in-8, br. 15 vol.

1068. Horatii opera, ad usum Delphini. *Londini*, 1770, gr. in-8, rel. v. (Quelques taches.) — Virgilii opera, ad usum Delphini. *Londini*, 1765, gr. in-8, rel. v. (Quelques taches.)— Segrais. Traduction de l'Enéide de Virgile. *Amsterdam*, 1700, 2 vol. in-12, bas. av. grav.

1069. Réflexions morales de l'empereur Marc-Antonin, avec des remarques. *Paris*, 1691, 2 vol. in-16, bas.

1070. Butler. Hudibras. *London*, 1700, in-8, veau. — Pope. Les principes de la morale et du goût, édit. augmentée de la Boucle de cheveux enlevée. Trad. en vers français par l'abbé du Resnel. *Paris*, 1766, in-12, v. marb.

1071. Lord Byron's Works. *En anglais. Paris*, 1822, 5 vol. in-12, dem. v.

1072. Th. Paine. Droits de l'homme, réponse à l'attaque de Burke sur la Révolution française. Trad. par F. Soulés. *Paris*, 1791, in-8, d. rel.

1073. Miscellanies by M. de Voltaire, containing: 1° The Pupil, 2° the Princess of Babylon, 3° Zadig. — With notes historical and critical, by Smollett and Franklin. *Philadelphia*, 1788, in-8, br.

1074. Junker. Nouveaux principes de la langue allemande. *Paris*, 1768, in-8, v. marb.

1075. Meidinger. Grammaire allemande et italienne. *Francfort*, in-8, br.

1076. Th. Ehrmann. Dictionnaire de poche allemand-français et français-allemand. *Paris*, 1788, 2 vol. in-16, bas.

1077. Duhamel. Dictionnaire portatif allemand et français. *Paris*, an IX, in-8, br.

1078. Ludwig Tieck's Sammtliche Werke. Erster Band. *Paris*, 1837, gr. in-8, br.

1079. Gattel. Nuevo Diccionario espanol y frances. *Paris*, 1798, in-16, v. m.

1080. Cervantès. Don Quichotte, trad. par Bouchon Dubournial. *Paris*, 1807, 8 vol. in-12, d. rel. av. grav.

1081. Mich. Cervantes. Don Quichotte, trad. de Damas-Hinard. *Paris*, 1855, 2 vol. in-8, br. n. coup.

1082. La Lusiade de Camoens , trad. du portugais par Laharpe et d'Hermilly. *Paris*, 1776, in-8, dem.-rel.

1083. Martinelli. Dictionnaire français-italien. *Paris*, 1807, in-16, bas. fil. dent.

1084. Beccaria. Des délits et des peines. Ouvr. trad. de l'italien. *Paris*, an III, in-8, dem.-rel.

1086. Contes du Cheykh-el-Mohdy. Traduits de l'arabe par Marcel. *Paris*, 1832, 3 vol. in-8, cart.

1087. Dictionnaire de l'Académie française. *Paris*, 1835, 2 vol. in-4, v. rac. f. dent.

1088. Vocabulaire du Berry. *Bar-sur-Seine*, in-8, br.

1089. Comte Jaubert. Glossaire du centre de la France. *Paris*, 1856, 2 vol. gr. in-8, br.

1090. Pascal. Les Provinciales. *Paris*, 1667, in-16, v. marb.

1091. Apologie des Lettres provinciales de Pascal. *Rouen*, 1688, in-16, v.

1092. Fontanier. Etudes sur la langue française et sur Racine. *Paris*, 1818, in-8, v. m.

1093. De Sacy. Traités de l'amitié et de la gloire. *Clermont*, 1810, in-8, v. marb. tranch. dor.

1094. L'abbé Torné. Oraison funèbre de Louis XV, 1774, in-12, tranch. dor.

1095. Voltaire. OEuvres complètes publiées par Beaumarchais (Kehl), 1785-1789, 92 vol. gr. in-12, d. rel. (*Manque le tome LV.*)

1096. Collection de lettres de Nicolas Poussin. *Paris*, 1824, in-8, br.

1097. Lepeletier de Saint-Fargeau. Ses œuvres précédées de sa Vie, par son frère. *Bruxelles*, 1826, in-8, br.

1098. Dupin (Philippe). Plaidoyer pour la défense de M. le général de Rigny, devant le conseil de guerre séant à Marseille, le 1er juillet 1837, etc. *Paris*, 1837, in-8, avec plans, br. *H. d'A.*

1099. Progrès des sciences mathématiques par Delambre, des sciences naturelles par Cuvier et de l'histoire et littérature ancienne par Dacier. *Paris*, Imp. imp., 1810, 3 volumes in-8, br.

1100. ANDRAUD. Galvani. Drame en cinq actes, suivi de notes scientifiques. *Paris*, 1854, in-8, portr. br.

1101. DORAT. Le sBaisers, précédés du Mois de mai. *La Haye*, 1770, in-8, dem.-rel.

1102. DESBARREAUX-BERNARD. Les Lanternistes, essai sur les réunions littéraires, etc., à Toulouse. *Paris*, 1858, in-8, br.

1103. J. CHENIER. Charles IX ou la Saint-Barthélemy, Henri VIII, tragédies. *Paris*, an VII, in-12, mar. fil. tr. dor. doubl. en tab.

> Une note autographe de M. Cordier fait connaître que cet exemplaire avait appartenu à Chénier lui-même et puis à Millevoye.

1104. ATH. COQUEREL. Le Calendrier, poëme. *Paris*, 1840, in-8, br. 36 pag.

1105. BOUTREUX. Poésies. *Angers*, 1853-1854, in-8, br.

1106. VILLIERS DU TERRAGE (le vicomte de). Loisirs d'un ancien magistrat, 1830 à 1834. *Paris*, 1834, in-8, avec pl. lithograph. br. — LE MÊME. Poésies historiques ou suite et seconde édition des Loisirs d'un ancien magistrat. *Paris*, 1836, 2 vol. in-8, br.

1107. P. DARU. L'Astronomie, poëme en six chants. in-8, br. *H. d'A.*

GÉOGRAPHIE ET VOYAGES.

1108. FRAGMENTS sur divers sujets de géographie. *Paris*, 1857, in-8 avec cartes, br.

1109. JOMARD. Considérations sur l'objet et les avantages d'une collection spéciale consacrée aux cartes géographiques et aux diverses branches de la géographie. *Paris*, 1831, in-8. (Suivi de remarques sur le but et l'utilité d'une collection ethnographique, etc., trad. et extr. du *Sunday-School Teacher's Magaz.* Avril, 1831.)

1110. DESNOS. Atlas général et élémentaire pour l'étude de la géographie et l'histoire moderne. *Paris*, 1786, in-folio, d. rel.

1111. DE LAHARPE. Abrégé de l'histoire générale des voyages. *Paris*, 1780-1886, 23 vol. in-8, d. r. avec atlas in-4. (Manque le tome XXI.)

1112. ARAGO. Rapport fait à l'Académie des sciences sur le voyage de découvertes de M. Duperrey, exécuté dans les années 1822 à 1825, sur la frégate la Coquille. *Paris*, 1825, in-8. *H. d'A.*

1113. VOYAGE autour du monde par Duperrey. *Paris*, 1826-1827, 9 vol. de texte. *Paris*, 1826-1830, in-4, br. et atlas 4 vol. in-fol. dem.-rel.

1114. Dumont-d'Urville. Rapport à l'Académie des sciences sur la marche et les opérations du voyage de découvertes de la corvette l'Astrolabe, en 1826, 1827, 1828 et 1829, etc. Extr. des Annales maritimes et coloniales. *Paris*, Imp. royale, 1829, in-8.

1115. Le même. Atlas du voyage de l'Astrolabe. Hydrographie. *Paris*, 1 vol. in-fol. d. rel. bel exempl. 5 vol. in-fol. planches, dem.-rel.

1116. Gaimard. Voyage en Scandinavie, en Laponie, au Spitzberg et aux Feroë, 1838, 39 et 40, sur la corvette la Recherche. Histoire du voyage, Ire partie, par Gaimard. 2 vol. in-8, cart. avec pl. *Paris*, 1838. — Robert. Histoire du voyage sur la Recherche, IIe partie, par Robert. *Paris*, 1 vol. in-8, cart., 1850. — Robert. Voyage de la Recherche, géologie, minéralogie, etc., 2 vol. in-8, 1 cart. 1 br. *Paris*, 1840, pl. et fig. — Robert. Voyage sur la Recherche, zoologie et médecine. *Paris*, 1851, in-8, cart. — Lottin. Voyage sur la Recherche, physique. 1 tomeen 2 volumes in-8, cart. *Paris*, 1838. — X. Marmier. Voyage sur la Recherche. Histoire de l'Islande. 1 tome en 2 vol. in-8, cart. *Paris*, 1840. — Littérature islandaise. 1 tome en 2 vol. in-8, cart. *Paris*, 1843. — Durocher. Voyage sur la Recherche, géologie, minéralogie, etc. 1 tome en 2 vol. in-8, br. *Paris*.

1117. Las Cases. Journal écrit à bord de la frégate la Belle-Poule, pendant le transport des cendres de Napoléon. *Paris*, 1841, in-8, br. grav.

1118. Vaillant. Voyage de la corvette la Bonite autour du monde pendant les années 1836 et 1837. Géologie et minéralogie par E. Chevalier. *Paris*, 1844, in-8, br. pl. *H. d'A.*

1119. Guide Richard en France et Belgique. *Paris*, 1849, in-12, cart.

1120. Dralet. Plan détaillé de topographie, etc. Extrait des Mém. de la Soc. d'agriculture et du département de la Seine. *Paris*, an IX, in-8.

1121. Bouillet. Description historique et scientifique de la haute Auvergne, suivie d'un tableau des roches et minéraux, etc. avec atlas formant le deuxième volume. *Paris*, 1834, 2 vol. in-8, br.

1122. Bouillet. Itinéraire du département du Puy-de-Dôme. *Paris*, 1831, in-8, avec cartes color.

1123. Renaud de Vilbach. Voyages dans les départements de Languedoc. *Paris*, 1825, in-8, br.

1124. POLONCEAU. Canal d'irrigation de Pierrelatte (Drôme). *Paris*, 1838, in-4, av. planch.

1125. PIHET. Notice sur le canal d'irrigation dit de Mérindol, département de Vaucluse. *Avignon*, 1827, in-4, br. *H. d'A.*

1126. CAVOLEAU et RIVIÈRE. Essai d'une description de la Vendée, publ. par Rivière. *Paris*, 1836. Planches de zoologie en feuilles détachées.

1127. RAMOND. Observations faites dans les Pyrénées insérées dans une traduction des lettres de W. Coxe sur la Suisse. *Paris*, 1789, in-8, br.

1128. ETATS de population, de cultures et de commerce des colonies françaises pour 1838. *Paris*, 1850. Imp. imp. in-8, br.

1129. NOTICE statistique sur la Guyane française. Extrait des notices statistiques sur les colonies françaises imprimées en 1838. *Paris*, 1843, in-8, br. n. coup. av. cart. — TERNAUX-COMPANS. Notice historique sur la Guyane française. *Paris*, 1843, in-8, br. *H. d'A.*

1130. NOUVION (Victor de). Publications de la Soc. d'études pour la colonisation de la Guyane française. Extraits des auteurs voyageurs qui ont écrit sur la Guyane, suivis du catalogue bibliographique de la Guyane. *Paris*, 1844, in-8, br.

1131. EBEL. Manuel du voyageur en Suisse. Trad. de l'allem. *Zurich*, 1818, 3 vol. in-8, fig. et cart. dem.-rel.

1132. BERTHOUT VAN BERCHEM. Itinéraire de la vallée de Chamonix, d'une partie du bas Valais et des montagnes avoisinantes. *Lausanne*, 1790, in-12, dem.-rel.

1133. Nouveau Guide du voyageur en Italie. *Paris*, 1846, in-12, cartes et plans.

1134. REINA. Guida del forestiere in Milano e suoi dintorni o descrizione d' suoi principali monumenti, etc. *Milano*, in-16. av. cartes et fig.

1135. GUIDA di Padova e della sua provincia. *Padova*, 1842, in-8, fig. et cartes.

1136. DOLOMIEU. Œuvres, contenant : tome I. Voyages aux îles de Lipari,... suivi d'un Mémoire sur les îles Ustica et Pentellaria,... Tome II. Voyages et traités relatifs aux volcans; suivi d'un Précis des opinions de Dolomieu,... par Étienne de Drée. *Paris*, 1806, 2 vol. in-8, br. (Tome I sans titre.) Très-rare; n'a pas été mis dans le commerce.

1137. BREISLAK (Scipion). Voyages physiques et lithologiques dans la Campanie, suivis d'un mémoire sur la constitution physique de Rome, avec la carte générale de la Campanie d'après Zannoni, etc., traduits du manuscrit italien et accompagnés de notes par le général Pommereul. *Paris*, an IX (1801), 2 vol. in-8, avec planch. dem.-rel.

1138. Th. Monticelli. In agrum puteolanum camposque phlegræos commentarium. *Neapoli*, 1826, in-4, br.

1139. Richard et Quetin. Manuel complet du voyageur en Allemagne. *Paris*, 1847, in-12 cart.

1140. Voyage en Hongrie exécuté en 1851, par MM. Rivot et Duchanoy. *Paris*, 1853, in-8, br.

1141. De Born. Voyage minéralogique en Hongrie et en Transylvanie. Trad. par Monnet. *Paris*, 1780, in-8, v. marb.

1142. Beudant. Voyage minéralogique et géologique en Hongrie. *Paris*, 1822, 3 vol. in-4, cart.

1143. Léop. de Buch. Voyage en Norwége et en Laponie, années 1806, 1807 et 1808, trad. de l'allem. par Eyriès; précédé d'une introduction par A. de Humboldt. *Paris*, 1816, in-8, dem.-rel. av. cart.

1144. Hommaire de Hell. Les steppes de la mer Caspienne, le Caucase, la Crimée et la Russie méridionale, voyage pittoresque, historique et scientifique. *Paris*, 1843, 2 vol. in-8, dem.-rel. *H. d'A.*

1145. Voyage dans la Russie méridionale et la Crimée par la Hongrie, la Valachie et la Moldavie en 1837 sous la direction d'Anatole Demidoff par MM. de Saimon, Leplay, Huot, Léveillé, Rousseau, de Nordmann et du Ponceau. *Paris*, 1840, 4 vol. br. in-8, ornés de 64 gravures d'après nature. — Demidoff. Voyage dans la Russie méridionale. Album par Raffet et atlas in-folio, d. r. *Paris*, 1842, 2 vol.

1146. Paul Gaimard. Atlas zoologique médical et géograph. du Voyage en Islande et au Groënland. *Paris*, 1836, 1 vol. in-folio, dem.-rel. — Atlas historique du même voyage. *Paris*, 1836, 2 vol. in-folio, dem.-rel.

1147. Andréossy. Voyage à l'embouchure de la mer Noire ou essai sur le Bosphore et la partie de Thrace, etc. *Paris*, 1818, in-8, dem.-rel. *H. d'A.*

1148. Choiseul-Gouffier. Voyage pittoresque de la Grèce, tome I. *Paris*, 1782, in-folio, v. marb. tranch. dorées.

1149. Bory de Saint-Vincent. Expédition scientifique de Morée. 4 vol. in-4, 1832-1836. *Paris*, in-4, d. rel. bel exemplaire.— Expédition scientifique de Morée. *Paris*, 1835-1838, 3 vol. in-folio, d. rel.

1150. Viquesnel. Journal d'un voyage dans la Turquie d'Europe. Ann. des sciences géol., 1842. Carte dressée par Rivière, in-8, br. 25 pag. *H. d'A.* — Viquesnel. Voyage dans la Turquie d'Europe, description physique et géologique de la Thrace. 7 livraisons in-4, atlas en 3 livr. in-folio. *Paris*, 1855.

1151. Tavernier. Les six voyages de Tavernier en Turquie, en Perse et aux Indes. *Rouen*, 1724, 6 vol. in-12, bas. avec cart. et pl.

1152. Aucher-Eloy. Relations de voyages en Orient, de 1830 à 1838, revues et annotées par M. le comte Jaubert. *Paris*, 1843, 2 part. en 2 vol. in-8, avec carte, br.

1153. Comte Jaubert. Lettres écrites sur l'Orient. *Paris*, 1842, in-8, br.

1154. Jaubert (Amédée). Voyage en Arménie et en Perse, fait dans les années 1805 et 1806. *Paris*, 1821, in-8, avec carte et pl. lithogr. br.

1155. Alfred Gaudry. Recherches scientifiques en Orient pendant les années 1853-1854, entreprises par ordre du gouvernement. *Paris*, 1855, Imp. imp. gr. in-8, br. avec cart. et pl. *H. d'A.*

1156. Fontanier. Voyages en Orient entrepris par ordre du gouvernement français, de l'année 1821 à l'année 1829, ornés de fig. et d'une carte. Turquie d'Asie. *Paris*, 1829, in-8, br.

1157. Fontanier. Voyage en Orient, par ordre du gouvernement français, de 1833 à 1833. Deuxième voyage en Anatolie. *Paris*.

1158. Fontanier. Voyage dans l'Inde et dans le golfe Persique, par l'Égypte et la mer Rouge. *Paris*, 1844, 3 vol. in-8, avec carte br. *H. d'A.*

1159. Notice sur le voyage de M. A. Duvaucel dans l'Inde (Journal asiatique, mars et avril 1824), in-8.

1160. Jacquemont. Sa correspondance pendant son voyage dans l'Inde (1828-1832). *Paris*, 1841, in-8, d.-rel. — Extrait de plusieurs lettres de V. Jacquemont en mission aux Indes orientales (Extr. des Ann. du muséum, t. I). *Paris*, in-4, br., 19 pag.

1161. Jacquemont. Voyage dans l'Inde, 6 vol. dont 4 de texte et atlas, d.-rel. in-4, 1841-1844. Bel exemplaire.

1162. Brunet, de Nantes. Voyage à l'Ile de France, dans l'Inde et en Angleterre ; suivi de Mémoires sur les Indiens, etc., et d'une Notice sur la vie du général Benoît Deboigne. *Paris*, 1825, in-8, br.

1163. Macé Descartes. Histoire et géographie de Madagascar, depuis la découverte de l'ile, en 1506, jusqu'au récit des derniers événements de Tamatave. *Paris*, 1846, in-8, avec carte, br. *H. d'A.*

1164. Dureau de Lamalle. Géographie physique de la mer Noire, de l'intérieur de l'Afrique et de la Méditerranée. *Paris*, 1807, in-8, d.-rel. av. cartes.

1165. Rozet. Voyage dans la régence d'Alger. *Paris*, 1833, 3 vol.
in-8, avec carte, br. — 1re livraison de l'atlas du Voyage
dans la régence d'Alger, publié par Rozet. *Paris*, 1833, in-4.

1166. Peyssonnel et Desfontaines. Voyages dans les régences de
Tunis et d'Alger, publiés par M. Dureau de la Malle.
Paris, 1838, 2 vol. in-8, avec carte et pl. br.

1167. Daumas (le lieutenant-colonel). Le Sahara algérien, Études
géographiques, statistiques et historiques sur la région
au sud des établissements français en Algérie, etc. *Paris*,
1845, gr. in-8, avec carte, br.

1168. Ségur-Dupeyron (de). Service sanitaire. Mission en Orient.
Rapport adressé à S. E. le ministre de l'agriculture et du
commerce. *Paris*, Imp. royale, 1846, in-8, br.

1169. Recherches sur l'histoire de la partie de l'Afrique septentrionale connue sous le nom de Régence d'Alger, et sur
l'administration de ce pays, à l'époque de la domination
romaine, par une commission de l'Académie. *Paris*, Imp.
royale, 1835, in-8, br., t. I.

1170. Dureau de La Malle. Recherches sur la topographie de Car-
thage, avec des notes par M. Dusgate. *Paris*, 1835, in-8,
carte et plan., br.

1171. Société de Géographie. Voyage d'un Français à Tombouctou.
Paris (1828), in-8.

1172. Jomard. Coup d'œil rapide sur le progrès et l'état actuel
des découvertes dans l'intérieur de l'Afrique, in-8, avec
carte.

1173. Deux Rapports à l'Académie des inscriptions sur les recherches géographiques, etc., à entreprendre dans l'Afrique
septentrion. : 1º Rapport de M. Walckenaer, 1833; 2º Rapport de MM. Raoul-Rochette et Hase, sur les recherches
archéologiques à entreprendre dans la province de Constantine et la régence d'Alger, oct. 1838. *Paris*, 1838, Imp.
royale, in-4, br.

1174. D'Escayrac de Lauture. Mémoire sur le Soudan, géographie
naturelle et politique, etc., de l'empire de Fellatas, du
Bornou, etc. *Paris*, 1855-1856, in-8, br., av. cart. *H. d'A.*

1175. Jomard. Rapport à la Société de géographie sur le voyage
de M. Auguste Caillié à Tombouctou et dans l'intérieur de
l'Afrique. *Paris*, 1828, in-8. — Le même. Sur la communication du Nil des noirs, ou Niger, avec le Nil d'Égypte.
Extrait d'un Mémoire, etc., lu à l'Académie royale des
sciences, le 18 avril 1825, in-8, avec planch. — Le même.
Réflexions sur l'état des connaissances relatives au cours
du Dhioliba, vulgairement appelé Niger; suivies d'un
Extrait du second voyage de Clapperton, en Afrique, etc.
Paris, 1829, in-8.

11

1176. JOMARD. Compte rendu du premier et du second voyage à la recherche des sources du Bahr-el-Abiad ou Nil Blanc, ordonnés par le vice-roi Mohammed-Aly. *Paris*, 1842, in-8, suivi de : 1° Lettre de M. *d'Arnaud* à M. Jomard ; 2° Extrait d'une lettre de M. *Gauttier d'Arc*, consul général de France, en Égypte, au même; 3° Extrait d'une lettre de M. le Dr *Perron*, directeur de l'École de médecine du Caire, au même.

1177. SOCIÉTÉ de Géographie. Rapport sur le concours pour le prix annuel (Voyages de 1849), par M. Jomard. Lettre sur le haut fleuve Blanc (communiquée par M. d'Arnaud). *Paris*, 1852, in-8.

1178. ERN. DESPLACES. Le canal de Suez, Épisode de l'histoire du XIXe siècle. *Paris*, 1858, in-12, br., av. carte géogr.

1179. JOMARD. Coup d'œil impartial sur l'état présent de l'Égypte. comparé à sa situation antérieure. *Paris*, 1836, br., in-8, *H. d'A.*

1180. DE ROZIÈRES. De la constitution physique de l'Égypte et de ses rapports avec les anciennes institutions de cette contrée. Imp. royale, *Paris*, in-4, dem.-r. avec cart.

1181. **DESCRIPTION DE L'ÉGYPTE.** Recueil des observations et des recherches qui ont été faites en Égypte pendant l'expédition de l'armée française. (Ouvrage publié sous la direction de M. Jomard.) *Paris*, 1809-1828, Imp. impériale, *texte*, 9 vol., in-folio, dem.-rel., dos. v. et 9 vol. in-folio, atlas de planches.

1182. RIFAUD. Voyage en Égypte, en Nubie et lieux circonvoisins, depuis 1805 jusqu'en 1827, in-4, br. sans couverture. Prospectus.

1183. CHAMPOLLION LE JEUNE. Lettres écrites pendant son voyage en Égypte, en 1828 et 1829. *Paris*, 1829, in-8.

1184. POUSSIELGUE. Lettre de M. Poussielgue, ancien administrateur général des finances de l'Égypte, accompagnée de pièces justificatives à M. Thiers, auteur de l'Histoire du consulat et de l'empire. *Paris*, 1845, in-8.

1192. VOLNEY. Voyage en Syrie et Egypte pendant les années 1783, 1784 et 1785, 2 cart. géog. 2 pl. *Paris*, 1788, in-8, dem.-rel.

1193. REYNIER. De l'Egypte après la bataille d'Héliopolis et consid. gén. sur l'org. physiq. et politiq. du pays. *Paris*, an X, 1802, in-8, dem.-rel. avec carte de la basse Egypte.

1194. MARTHA-BEKER (comte de Mons). Le général Desaix. Etude historique. *Paris*, in-8, br. portrait.

1195. Recueil de documents relatifs à l'expédition française en

Egypte, provenant de la succession de feu le colonel Jacotin, directeur des ingénieurs géographes à l'armée d'Orient. 2 vol. gr. in-4.

Ce recueil se compose de deux gros volumes renfermant ensemble 629 pièces diverses. L'un intitulé « Ordres du jour, » renferme la collection presque complète des ordres du jour imprimés au Caire pendant l'occupation française, et divers documents relatifs à l'expédition s'élevant à 451 pièces. L'autre intitulé « Autographes, » renferme plusieurs autographes des généraux en chef qui ont successivement commandé l'armée d'Orient, de divers autres généraux et officiers supérieurs de cette armée, une nombreuse correspondance, divers rapports et journaux s'élevant à 178 pièces.

C'est l'histoire de cette mémorable expédition racontée par les pièces officielles, la correspondance de personnes qui en faisaient partie, et les autres documents qui composaient cet intéressant recueil. C'est aussi l'histoire des travaux topographiques exécutés en Egypte pendant l'expédition française.

On signale particulièrement dans ce recueil plus de 40 ordres du jour du général en chef Bonaparte qu'on ne trouve pas dans les tomes IV et V de la Correspondance de Napoléon Ier, consacrés à son commandement en Egypte ; un ordre écrit presque en entier et signé par le général en chef Bonaparte à la date du 20 messidor an VII, à 7 heures du soir, adressé au général Murat, à Terrané, pour la poursuite de Mourad-Bey aux lacs de Natron. Cette lettre, qui manque au tome V de la Correspondance de Napoléon Ier, complétait la série des ordres donnés par le général en chef dès le 14 messidor pour l'exécution des mouvements des troupes destinées à agir contre le chef des Mamelouks lors de son retour offensif dans la Basse-Egypte à cette époque.

Le volume des autographes contient en outre un autre important document historique. C'est un exemplaire authentique de la proclamation de la Porte Ottomane à l'armée française en Egypte, portant la garantie des promesses de la Porte contenues dans cette proclamation, écrite et signée par le commodore W. Sidney Smith, à bord du Tigre, 10 mai 1799 (pièce trouvée sous les murs d'Acre pendant le siége de cette place par l'armée française).

On signale encore parmi les pièces de ce volume un journal du siége d'Acre, intitulé : Notes sur le siége d'Acre écrit par le colonel Jacotin ; le journal de navigation tenu jour par jour par le même colonel, depuis le départ de l'armée de Toulon jusqu'en vue de l'île de Candie ; parmi les pièces du volume des ordres du jour, le texte authentique de la lettre de l'amiral anglais Keith au général en chef Kléber, et celui de la proclamation de ce général à l'armée, l'avant-veille de la bataille d'Héliopolis ; le jugement de condamnation de l'assassin de Kléber, etc., etc.

1196. Déodat de Dolomieu. Mémoire sur la constitution physique de l'Égypte, in-8, dem.-rel.

1197. Jomard. Extrait du catalogue raisonné et historique des antiquités découvertes en Egypte, par M. Joseph Passalacqua, etc. Examen des instruments et des produits des arts. *Paris* (s. d.), in-8.

1198. Fialin de Persigny. De la destination et de l'utilité permanente des pyramides d'Egypte et de Nubie. *Paris*, 1845, gr. in-8, br. pl.

1199. Jollois et Devilliers. Appendice aux recherches sur les bas-reliefs astronomiques des Egyptiens. Description de l'Egypte, antiquités, mémoires. *Paris*, 1834, in-8, avec planche et fac-simile d'une lettre de M. Fourier, au sujet des recherches de plusieurs points de l'Astronomie égyptienne.

1200. Al. et Em. Barrault. Politique du canal de Suez. Questions techniques et économiques. *Paris*, 1856, in-8, br. avec carte du canal.

1201. Relation de la mission du comte Becker auprès de l'Empereur Napoléon. *Clermont-Ferrand*, 1841, in-8, br.

1202. Rozière. De l'Ibis égyptien. (S. l. n. d.), in-8. (Compte rendu de l'histoire naturelle et mythologique de l'Ibis, de Savigny, adressé aux auteurs des Archives littéraires.) — L. Cordier. Description des ruines de Sân (Tanis des anciens) in-4, obl. Epreuves.

1203. Champollion-Figeac. Ecriture démotique égyptienne. Lettre à M. Ch. Lenormant. (7 février 1843.) *Paris*, 1843, in 4. (Lithographié.)

1204. Hubert (L.). Description du tombeau d'un roi égyptien. *Paris*, 1822, in-8, avec pl.

1205. Champollion le Jeune. Papyrus égyptiens historiques du Musée royal de Turin. *Paris*, 1824, in-8.

1206. Champollion le Jeune. Rapport à Son Excellence M. le duc de Doudeauville, etc. sur la Collection égyptienne nouvellement acquise, par l'ordre de Sa Majesté, à Livourne. *Paris*, 1826, in-8.

1207. Champollion-Figeac (J.-J.). Notice sur une momie égyptienne du temps d'Hadrien, déposée au Musée royal égyptien de Turin. (Bulletin universel des sciences.) *Paris* (s. d.), in-8, pl.

1208. Archéologie égyptienne. Scarabées. Système numérique. (*Champollion-Figeac.*)

1209. Champollion le Jeune. Lettre à M. le rédacteur de la Revue encyclopédique relative au zodiaque de Dendéra. *Paris*, 1822, in-8.

1210. Paravey (le chevalier de). Nouvelles considérations sur le planisphère de Dendéra, etc. *Paris*, 1822, in-8.

1211. Décade (la) égyptienne, Journal littéraire et d'Economie politique. Troisième volume, IIe cahier. *Au Kaire*, Imp. nationale, an IX de la République française, in-4.

1212. Rozet. Relation de la guerre d'Afrique, pendant les années 1830 et 1831. *Paris*, 1832, 2 vol. in-8, br. avec carte et planch.

1213. Mac-Carthy. Dictionnaire universel de géographie physique, politique, etc., avec cartes. *Paris*, 1839, in-8, dem.-rel.

1214. Atlas moderne. Collection de cartes sur toutes les parties du globe, par plusieurs auteurs. *Paris*, 1772, in-folio, v.

1215. Bulletin de la Société ethnologique de Paris, 1er trim. 1847. — Instruction générale adressée aux voyageurs, etc., etc. — Bulletin de la Société ethnologique de Paris. 3e semestre 1847. — Sabin Berthelot. Mémoire sur les Guanches. (Extrait des Mémoires de la Société ethnologique.) *Paris*, 1841, in-8, br.

1216. Ségur. Histoire universelle. *Paris*, 1821-1822, 10 vol. in-8, dem.-rel.

1217. Coeffetau. Histoire romaine. *Paris*, 1661, in-4, cart.

1218. Nougarède de Fayet. Essai sur la constitution romaine et sur les révolutions qu'elle a éprouvées jusqu'à l'établissement du despotisme militaire des empereurs. *Paris*, 1842, in-8, br. n. coup. *H. d'A.*

1219. Ortolan. Histoire de la législation romaine, etc. *Paris*, 1846, in-8, br.

1220. Panckoucke. La Germanie traduite de Tacite. *Paris*, 1824, in-8, dem.-rel. — Letellier. Tableaux historiques extraits de Tacite. *Paris*, 1835, 2 vol. in-8, v. marb.

1221. Les Commentaires de César, trad. par Perrot d'Ablancourt. *Paris*, 1683, 2 vol. in-12 bas.

1222. Ajasson de Grandsagne. Notice sur la vie et les ouvrages de Pline l'Ancien. *Paris*, 1829, in-8, br. *H. d'A.*

1223. Pline. Histoire du monde, trad. par Ant. du Pinet. *Paris*, 1615, in-4, 2 tomes en 1 vol. bas. tr. dor. avec rel.

1224. L'Antiquité expliquée et représentée en figures, par dom Bernard de Montfaucon. *Paris*, 1719-24, 15 vol. in-folio, v. m. (Plusieurs feuillets de l'un des volumes du supplément ont été arrachés.)

1225. Rapport historique sur les progrès de l'histoire et de la littérature ancienne depuis 1789 et sur leur état actuel. *Paris*, 1810, Imp. imp., in-4, br.

1226. Géographie d'Edrisi traduite de l'arabe par Am. Jaubert. *Paris*, 1836, Imp. royale, 2 vol. in-4, bas. f. dent. avec carte.

1227. Warden. Description statistique, historique et politique des Etats-Unis de l'Amérique septentrionale, trad. par Tardieu. *Paris*, 1820, 5 vol. in-8, dem.-rel. avec carte.

1228. DE LA CROIX. Constitutions des États-Unis d'Amérique. *Paris*, 1791, 3 vol. in-8, dem.-rel.

1229. WARDEN. Recherches sur les antiquités de l'Amérique septentrionale. *Paris*, 1827, in-4, br. pl. *H. d'A.*

1230. BORY DE SAINT-VINCENT. Essai sur les isles Fortunées et l'antique Atlantide ou Précis de l'histoire de l'archipel des Canaries. *Paris*, an XI, in-4, dem.-rel. cart. et pl.

1231. SHERIDAN HOGAN. Essai (couronné) sur le Canada. *Montréal*, 1855, in-8, perc. avec carte géogr. — TACHÉ. Esquisse sur le Canada considéré sous le point de vue économique. *Paris*, 1855, in-8, br.

1232. NOUVEAU VOYAGE en Espagne fait en 1777 et 1778. *Londres*, 1782, 2 vol. in-8, dem.-rel.

1233. MARTIGNAC. Essai historique sur la Révolution d'Espagne et sur l'intervention de 1823. *Paris*, 1832, tome I, in-8, br.

1234. VERTOT. Histoire des chevaliers de Saint-Jean de Jérusalem, aujourd'hui chevaliers de Malte. *Paris*, 1778, 7 vol. in-12, bas.

1235. DUVERGIER DE HAURANNE. De la situation actuelle de la Grèce et de son avenir. *Paris*, 1844, gr. in-8, br.

1236. AMI BOUÉ. La Turquie d'Europe. *Paris*, 1840, 5 vol. in-8, dem.-rel. av. cart. geog.

1237. MAHMOUD-EFFENDI. Mémoire sur le calendrier arabe avant l'islamisme et sur la naissance et l'âge du prophète Mohammed. *Paris*, Imp. imp. 1858, in-8, br. *H. d'A.*

1238. H. FOURNEL. Etude sur la conquête de l'Afrique par les Arabes et recherches sur les tribus berbères. *Paris*, 1857, in-4, br. Ire partie. *H. d'A.*

1239. SPALLANZANI. Voyage dans les Deux-Siciles et dans quelques parties des Apennins. Trad. par Toscan, notes de Faujas de Saint-Fond. *Paris*, an VIII, 6 tomes en 3 vol. d. rel. avec pl.

1240. KÜHNHOLTZ. Des spinola de Gênes et de la Complainte, etc. Tiré à 150 exemplaires seulement. *Paris*, 1852, in-4, b.

1241. LETTRES sur l'empire de Russie publiées dans le Journal des Débats en 1838 et 1839. *Paris*, 1840, in-4, br.

1242. ROBERT. Lettres sur la Russie. *Paris*, 1840, in-8, br. *H. d'A.*

1243. KLAPROTH. Tableau historique, géographique, ethnographique et politique du Caucase et des provinces limitrophes entre la Russie et la Perse. *Paris*, 1827, in-8, br.

1244. ABEL RÉMUSAT. Histoire de la ville de Khotan, tirée des Annales de la Chine et traduite du chinois. *Paris,* 1820, in-8, dem.-rel.

1245. G. KEATE. An account of the Pelew Islands situated in the western part of the Pacific ocean ; comp. from the journals and communications of captain Wilson. *Dublin,* 1788, in-8, rel. bas. rac. avec grav. carte géog. et pl.

1246. SOCIÉTÉ de l'histoire de France. Anchiennes cronicques d'Angleterre par Jehan de Wavrin, annotées par mademoiselle Dupont, tome II, 1 vol. in-8, br. *Paris,* 1859. — HISTOIRE des règnes de Charles VII et de Louis XI, par Thomas Basin, publiée par Quicherat, tome III et IV. *Paris,* 1857, in-8, br. — LE LIVRE des miracles et autres opuscules par Grégoire de Tours, traduits par Bordier. Texte et traduction. *Paris,* 1857, 2 vol. in-8, br.

1247. BOULAY (de la Meurthe). Essai sur les causes qui, en 1649, amenèrent en Angleterre l'établissement de la République, etc. Seconde édition. *Paris,* prairial, an VII, in-8, br.

1248. ROBERT HENRY. Histoire d'Angleterre, trad. par Boulard. *Paris,* 1789-1796, 6 vol. in-4, bas.

1249. LAS-CASES. Dernier mot sur sir Hudson Lowe. *Paris,* 1855, in-8, br.

1250. TOURNAL. Monuments religieux de l'Angleterre. *Toulouse,* 1840, in-8, br., 15 pag.

1251. DUVERGIER DE HAURANNE. De la Chambre des députés dans le gouvernement représentatif. *Paris,* 1838, in-8, br. — DE LA SITUATION actuelle des partis en Angleterre. *Paris,* 1838, in-8, br. — DE LA POLITIQUE extérieure et intérieure de la France. *Paris,* 1841, in-8, br. — DU ROYAUME-UNI et du ministère Peel en 1843, in-8, br. — DES RAPPORTS actuels de la France et de l'Angleterre et du rétablissement de l'alliance. *Paris,* 1845, in-8, br. — DE L'ÉTAT des partis en Angleterre. *Paris,* 1845, in-8, br. — DE LA RÉFORME parlementaire et de la réforme électorale. *Paris,* 1847, in-8, br.

1252. LETTRES sur les élections anglaises et sur la situation de l'Irlande. *Paris,* 1827, in-8, br.

1253. L'ABBÉ VELLY. Histoire de France. *Paris,* 1768, 30 vol. in-8, v. marb. — SUPPLÉMENT au nouvel abrégé chronologique de l'Histoire de France. *Paris,* 1756, in-8, v. marb.

1254. ANQUETIL. Histoire de France. *Paris,* 1820, 15 vol., in-12, dem.-rel.

1255. J. CORDIER. Histoire de la navigation intérieure de la France et de l'Angleterre, etc. *Paris,* 1819-1820, 2 vol., in-8. br.

1256. Du Boisaymé. Correspondance sur les divers gouvernements qui se sont succédé en France, depuis l'an X de la République (1802-1814), in-8, br.

1257. Allent (le chevalier). Précis de l'Histoire des arts et des institutions militaires en France, par M. le chevalier Allent. *Paris*, Ladrange, 1836, broch., in-8.

1258. Saintfoix. Essais historiques sur Paris. *Londres*, 1763, 4 vol. in-12, dem.-rel.

1259. Necker. De la Révolution française. *Paris*, an V (1797), 4 vol. in-12, dem.-rel.

1260. Desmarest. Témoignages historiques ou quinze ans de haute police sous Napoléon. *Paris*, 1833, in-8, br.

1261. Thiers. La Monarchie de 1830. *Paris*, 1831, in-8, br. *H. d'A.*

1263. Moreau de Jonnès. Population de la France comparée à celle des autres États de l'Europe. *Paris*, 1042, in-8, br., 46 pag.

1264. Varnier. Du gouvernement représentatif en France. *Bruxelles*, 1855, in-8, br.

1265. V. Juge. Mémoire sur l'annexion du comté de Nice à la France. *Nice*, 1860, in-8, br.

1266. De Saussure. Voyage dans les Alpes, préc. d'un Essai sur l'Histoire naturelle des environs de Genève. *Paris*, 1788-1796, 8 vol. in-8, d.-rel. av. car. fig. et pl.

1267. Caristie. Monuments antiques de la ville d'Orange. Articles de M. Vitet, extraits du Journal des savants, juin et juillet 1859. *Paris*, 1859, in-4, br., 26 pag. Imp. impériale.

1268. H. C. Notice historique et descriptive sur l'Église métropolitaine de Sainte-Cécile d'Albi. Biographie des évêques et archevêques d'Albi. *Toulouse*, 1841, in-8, br.

1269. L'abbé Lacoste. Observations pour faire la recherche des objets d'antiquité dans le départ. du Puy-de-Dôme. *Clermont*, 1824, in-8, br.

1270. Conseil supérieur de l'agriculture, du commerce, etc. Enquête. Traité de commerce avec l'Angleterre. *Paris*, 1859, Imp. impériale. — T. I et II : Industrie métallurgique. — T. III : Industries textiles, laine. — T. IV : Industries textiles, coton, 4 vol. in-4, br.

COLLECTIONS ACADÉMIQUES

1271. Mémoires de l'Académie des sciences, 1816-1861. — T. I à XXXI, in-4. Mémoires présentés par divers savants à l'Académie des sciences. — T. I à XV, in-4.

1272. Mémoires de l'Académie des sciences morales et politiques. T. I à X, in-4. — Sav. étrangers, 3 vol. in-4.

1273. Mémoires de l'Académie des inscriptions et belles-lettres. — T. I à XXI, in-4.

1274. Recueil de discours de l'Académie française, de 1803 à 1859. 8 vol. in-4.

1275. **LE GLOBE**, journal politique, philosophique et littéraire. Collection complète et très-rare, formée par M. Beuchot, bibliothécaire de la Chambre des députés. 8 années reliées en 5 volumes in-4 et 2 in-folio.

On sait quel rôle important a joué ce journal de 1826 à 1830, comme interprète des doctrines politiques et littéraires de MM. Guizot, Jouffroy, Dubois, de Rémusat, Duchâtel, Sainte-Beuve, etc, et de 1830 à 1832, comme organe de MM. Enfantin, Michel Chevalier, Barrault, Rodrigues, etc., apôtres de la nouvelle religion saint-simonienne.

On trouve dans cet exemplaire les placards révolutionnaires des journées de juillet 1830, quelques-uns uniques sans doute, et notamment un petit imprimé en faveur de la royauté de Louis-Philippe, émané de l'imprimerie du *National*.

OMISSIONS

1276. Orbigny (Ch. d') et Leger. Coupe figurative de la structure de l'écorce terrestre et classification des terrains, d'après la méthode de M. Cordier. 1857. Très-grand tableau colorié.

1277. Orbigny (Ch. d'). Tableau synoptique des terrains et des principales couches minérales qui constituent le sol du bassin parisien. Très-grand tableau colorié.

1278. Raulin. Carte géognostique du plateau tertiaire parisien. *Paris*, 1843, feuille grand aigle imprimée en couleur par le procédé chromolithographique de Kaeppelin.

1279. Cordier (P.-A.-L.) Carte des hautes montagnes de l'intérieur de la France, par P.-L. Cordier, ingénieur des mines de l'Empire. (1805, gravée par Tardieu, in-folio. *Voir ci-dessus*, p. 36, n° 17.)

1280. Cordier (P.-A.-L.) 1° Profil de la chaîne volcanique du *Puy-de-Dôme*, vue du Puy-de-Cournon sur l'Allier; 2° profil, élévation du *Puy-Corent*; 3° coupe verticale du cratère et du courant de lave de *Jargeau*; 4° profil des sommités porphyriques du *Mézin*, vues du Palais; 5° coupe verticale de la cavité dite *les Balmes de Monbral*; 6° profil de la chaîne granitique de la *Lozère*, vue du Palais; antérieur à 1842, une carte in-folio gravée par Tardieu, destinée à accompagner un travail de 1808, resté inachevé, sur le grand massif des montagnes de l'intérieur de la France.

1281. Cordier. Distribuzione delle Rocce e classificazione geologica dei terreni, esposta nel corso del 1822. *Milano*, 1823, in-8, br.

1282. Sainte-Claire Deville. Etudes de lithologie, in-8 de 36 pag. (Annales de chimie.) — Extrait des Comptes rendus de l'Académie des sciences : sur les Etudes de lithologie de M. Sainte-Claire Deville, premier et deuxième mémoires ; commissaires MM. Cordier, Elie de Beaumont, de Sénarmont. In-4. — Dix lettres à M. Elie de Beaumont sur l'éruption du Vésuve du 1er mai 1855. In-4. — Sur les émanations volcaniques. *Paris*, 1857, in-4. — Des modifications du soufre sous l'influence de la chaleur et des dissolvants. In-8. (Annales de Chimie). — Mémoires sur les roches volcaniques des Antilles. In-8, br. — Lettres à M. Dumas sur quelques produits d'émanations de la Sicile. In-4.

1283. Mémoire sur les lacs et les déserts de la basse Egypte et observations géologiques sur la nature et l'état ancien de cette contrée, par M. Gratien Lepère. *Paris*, Imp. royale, 1819, petit in-folio.

1284. Muséum d'histoire naturelle. Instructions pour les voyageurs sur la manière de recueillir les objets d'histoire naturelle, 5e édition. *Paris*, 1860, in-8.

1285. Catullo (prof. Tommaso-Antonio). Sulle caverne delle province Venete. *Venezia*, 1814, in-4. H. d'A.

1286. Sopra le nummulite delle Alpi venete memoria del professore Tommaso-Antonio Catullo. *Padova*, 1850, in-8, br.

1287. Quelques remarques sur les Nummulites, par Jules Ewald, avec une note du professeur Ch.-Th.-Ant. Catullo sur l'inadmissibilité de la faune fossile annotée par M. Ewald, comme caractéristique de la grande nummulitique du terrain tertiaire. *Padoue*, 1848, in-8, br.

1288. Coup d'œil sur les terrains stratifiés des Alpes vénitiennes, par Achille de Zigno. *Wien*, 1850, in-4. H. d'A.

1289. Lettre de M. Léopold de Buch à M. A. de Humboldt, renfermant le tableau géologique du Tyrol méridional. *Paris*, 1822, in-4, avec une vue et une carte.

1290. Description historique, géologique et topographique du bassin houiller de Brassac (départements du Puy-de-Dôme et de la Haute-Loire), par M. Baudin, ingénieur en chef des mines. Atlas in-folio de 24 planches coloriées. *Paris*, 1851. 2 exemplaires.

1291. Carte topographique du bassin houiller de Saint-Etienne et de Rive-de-Gier, par Nublat. Très-grande carte coloriée indiquant les noms, les périmètres et la contenance de toutes les concessions de houille.

Nota. *Le vendeur se réserve la faculté de séparer les mémoires ou opuscules qui, dans ce catalogue, ont été réunis sous un même numéro.*

TABLE DES MATIÈRES

Paris. — Imp. W. REMQUET, GOUPY et Cie, rue Garancière, 5

PARIS. — IMPRIMERIE DE W. REMQUET, GOUPY ET Ce,

Rue Garancière, 5.